갈등코칭과 협상코칭

갈등코칭과 협상코칭

원창희 지음

한국문화사

머리말

　세계에서도 유례를 찾아보기 어려운 우리나라의 괄목할 만한 경제성장은 국민의 생활을 풍요롭게 하고 생활양식에도 많은 변화를 가져왔다. 예를 들어 전 국민이 거의 한 개의 휴대폰을 소유하고 있고, 한 가구당 자동차를 한 대 정도는 소유하고 있으며, 휴대폰을 통해 수시로 정보를 교환하고 주말에는 자동차로 가족여행을 가곤 한다. 이렇게 개인의 소유가 많아지고 개인적 가치가 증대하면서 자신의 욕구가 확대되고 자신의 주장 또한 강해지고 있다. 말하자면 경제성장과 더불어 문화 수준이 향상되고 민주주의에 대한 열망이 높아진 것이다.

　이러한 경제생활과 자아의식의 변화로 사람들 간의 욕구 충돌이 더 많이 생기면서 개인 간, 집단 간 갈등이 발생하게 된다. 이러한 현상은 우리나라에서만 특별히 발생하는 것은 아니다. 그런데 우리나라가 다른 나라와 비교해 갈등 공화국이라고 불릴 정도로 갈등과 분쟁이 많은 이유는 어디에 있을까? 한편으로는 개인과 집단의 이기주의적 성향이 강해서 갈등이 많다고 할 수가 있고, 또 한편으로는 갈등을 해결하는 방법이 효과적이지 못해서 갈등이 두드러지는 것이라고 할 수도 있다. 두 가지 설명이 다 맞을 수도 있고 한 가지만 맞을 수도 있다. 그러나 우리가 학교와 사회에서 갈등해결의 학습을 제대로 받지 못해서 갈등해결이 효과적이지 못하다는 점은 분명해 보인다.

　이에 더하여 우리의 사회적, 문화적 특성상 개인적으로나 조직에서나 갈등을 드러내지 않고 숨기려는 속성이 있고 갈등과 분쟁이 발생하면 민간 갈등해결기구를 찾지 않고 법원을 찾는 경향도 있어서 갈등을 효과적으로 해결하기 어려운 점이 있다. 민간 갈등해결기구가 활성화되지 못하는 이유는 여러 가지가 있지만, 아직 전문성과 효과성 측면에서 부족한 면이 많다는 점, 비즈니스를 하기에 변호사법 등 법적 제약이 상당히 크다는 점, 갈등당사자들이 갈등을 자율적으로 해결하기로 하고 민간기구에 함께 나와서 대면하여 대화하기를 꺼릴 수 있다는 점 등을 들 수 있다.

저자는 오랫동안 성인을 대상으로 갈등, 협상, 조정, 중재를 강의하고 전문가를 양성하여 갈등관리 비즈니스를 할 수 있도록 지원하면서 깊은 딜레마를 경험하곤 했다. 갈등관리전문가 교육을 받고 비즈니스를 할 수 있겠느냐, 보수를 받고 갈등관리 서비스를 제공할 수 있겠느냐, 그러한 갈등관리 서비스를 받으려고 고객, 특히 갈등당사자들이 같이 오려고 하겠느냐 등의 질문을 받을 때 고백하건대 자신 있게 대답할 수가 없었다. 민간 갈등해결기구가 활성화되지 못하는 이유 중에서 전문성을 향상시킨다 해도 법적 제약과 갈등당사자의 대면 기피는 극복하기 어려운 과제이다. 그래서 많은 민간 갈등해결기구들이 갈등 관련 교육이나 연구에 집중하는 것도 여기에 그 이유가 있음을 알 수 있다.

저자는 한국적 상황에서 이 딜레마를 해결하는 비법을 발견하고 매우 밝은 희망을 보았다. 그것은 바로 "코칭(coaching)"이다. 코칭은 최근 몇 십 년 동안 폭발적으로 발전하며 그 적용 범위도 광범위하게 확대되어 왔다. 이 코칭이 갈등해결에 접목되면서 일방(one party)을 위한 갈등해결 지원의 영역을 개척하기 시작했다. 그래서 갈등코칭은 갈등당사자 모두가 아니라 한쪽만을 대상으로 갈등해결의 도움을 주도록 디자인되고 개발되었다. 이러한 갈등코칭의 원리를 우리 사회에 적용한다면 위에서 언급한 딜레마의 두 가지, 즉 법적 제약과 갈등당사자의 대면 기피 문제를 모두 해결할 수 있을 것으로 보인다.

이 갈등코칭의 연구배경과 목적을 확장하여 우리는 그 원리를 협상코칭에도 적용할 수 있음을 직감적으로 알 수 있다. 협상은 갈등해결의 한 방법이기도 하지만 시작부터 협상의 틀 속에서 도움을 주어야 할 상황도 많다. 협상에 익숙하지 않은 사람이 중요한 협상 국면에서 매우 어려워할 수가 있는데 협상코칭이 이러한 사람에게는 큰 도움이 된다. 조정은 두 협상당사자들 사이에서 조율하는 역할을 하지만 양 당사자를 전제로 한 상황이기 때문에 한 당사자에게 도움을 주기엔 적절하지 않은 형식이다. 반면 코칭은 협상의 한 당사자만을 위한 도움을 주기 때문에 협상의 도움을 얻고자 하는 협상당사자는 협상코칭을 찾을 가능성이 크다.

　이러한 연구배경에 따라 본 저서는 1부 갈등코칭과 2부 협상코칭으로 나누었고 1부는 다시 갈등해결 스킬과 갈등코칭 스킬로 구성하고 2부는 다시 협상 스킬과 협상코칭 스킬로 구성하였다. 갈등코칭을 배우고자 하는 사람은 우선 갈등해결 스킬에 익숙해야 하고 협상코칭을 배우고자 하는 사람은 협상 스킬에 익숙해야 한다. 코칭이 내용이 아니라 과정이 중요함과 마찬가지로 갈등해결과 협상도 내용이 아니라 과정이 중요하다. 코칭 자체에 대한 소개는 갈등코칭 초반에 포함되어 있는데 상대적으로 적은 부분을 차지하고 있다. 코칭의 전공자가 보기에는 코칭의 전문성에 기반한 응용으로서 갈등코칭, 협상코칭을 해야 한다고 주장할 수 있다. 그러나 지금까지 갈등코칭은 갈등해결과 코칭이 결합되기는 했지만 갈등해결에 기반을 두면서 코칭 스킬을 접목하여 발전해 왔음을 부정할 수 없다. 따라서 본 저서에서도 갈등해결 스킬과 협상 스킬을 토대로 코칭 스킬을 접목하여 갈등코칭과 협상코칭을 개발했음을 밝혀둔다.

　본 저서를 완성하기에 직접적으로나 간접적으로 도움을 준 분들에게 감사를 표한다. 단국대학교 경영대학원 협상학과의 김학린 교수님과 전공 학생들에게 갈등코칭과 협상코칭의 필요성을 인식하도록 도움을 준 데 대한 감사의 말씀을 전한다. 저자의 갈등과 협상 관련 연구에 늘 관심을 가질 뿐 아니라 한국에서 평화적 갈등해결방법의 발전을 기원하는 Jan Sunoo 미국 연방조정관(전)의 추천사에 진심으로 감사를 드린다.

이 책의 내용에 대한 좋은 서평을 준 김주일 한국갈등해결센터 대표, 김학린 한국갈등학회 회장 겸 단국대학교 협상학과 주임교수, 문용갑 한국갈등관리조정연구소 대표, 이영진 헌법재판소 재판관, 최동하 (사)한국코치협회 수퍼바이저코치(KSC)께 심심한 사의를 표한다.

갈등코칭의 실제 사례를 얻어내는 데서 직접 갈등코칭의 고객이 되어준 최화선 학부모께 그 노고와 열성에 경의를 표하고 감사를 드린다. 본 저서의 많은 부분에서 기존 갈등코칭의 문헌을 상당히 참고하였다. 특히 갈등코칭의 역작을 발간하여 가이드를 제공한 Jones, Tricia S. and Ross Brinkert(2008)와 갈등코칭의 CINERGY 모델을 개발한 Noble, Cinnie (2012)에게 연구의 길잡이 역할을 해 준 데 대한 고마움을 표한다.

우리나라 갈등과 협상 분야가 코칭의 결합으로 활성화하는 데 본 저서가 조금이라도 기여할 수 있다면 더 바랄 것이 없겠다. 갈등코칭과 협상코칭의 영역을 새롭게 개척하는 본 저서에 혹 오류가 있다면 이는 전적으로 저자의 책임이며 독자의 많은 지적을 환영한다.

2019년 5월
원창희 씀.

추천사

저자 원창희는 20년 이상 대학과 관련 조직에서 갈등관리, 협상, 및 조정을 연구하고 강의하였다. 그는 한국에서 잘 개발된 갈등조정의 뛰어난 선구자이다. 이 분야에서 성인을 대상으로 한 수많은 훈련을 해 왔음에도 불구하고 학생들이 제기하는 다음과 같은 질문을 응답하는 데 어려움을 겪었다고 내게 고백하였다: "갈등조정분야에서 비즈니스를 어떻게 개발할 수 있습니까?" 현재 한국에서는 변호사법이나 정부부문의 갈등비즈니스 독점이라든가, 조정인에게 당사자들이 나타나기 꺼려하는 문화 등 그러한 비즈니스를 하기에는 많은 장애가 존재한다. 이러한 현상들로 인해 갈등전문가들은 갈등해결이나 조정 그 자체를 실시하기보다 훈련이나 연구에 중점을 두고 있는 것이 현실이다.

저자는 학생들의 그 딜레마를 이해하면서 갈등관리자, 협상가, 그리고 조정인이 실무를 개발하기 위한 보다 나은 방법을 모색하게 되었다. 저자는 그 유일한 해결방법으로서 갈등이나 협상 훈련과 '코칭'의 결합을 제안하고 있다. 이 모델에서 성공의 열쇠는 갈등/협상 코치가 갈등이나 협상의 한 당사자를 지원한다는 점이다. 한 당사자에게 코칭서비스를 제공함으로써 갈등이나 협상의 보다 긍정적인 성과가 보장될 수 있다.

이 책은 갈등관리나 협상에 코칭 기법을 결합하는 훈련을 제공하는 접근방법에 초점을 두고 있다. 보다 일반적인 전문코치가 다양한 경영 분야에서 고객을 지원할 수 있음에도 불구하고 갈등과 협상전문가는 그들의 분야에서 특화된 스킬과 지식을 제공할 수 있다.

이 책은 두 개의 부분으로 구성되어 있다. 첫째는 갈등코칭이고 둘째는 협상코칭이다. 갈등코칭은 다시 갈등해결스킬과 갈등코칭스킬로 구성되어 있다. 협상코칭도 협상스킬과 협상코칭스킬로 구성되어 있다. 그래서 코칭은 갈등과 협상에 결합된다. 저자는 독자들에게 갈등과 협상코칭스킬을 배우기 전에 갈등해결과 협상스킬을 읽도록 권유하고 있다. 이 책은 한국의 현재 비즈니스환경에서 갈등/협상 전문가들이 갈등해결과 협상의 비즈니스를 개발하는 탁월한 방법을 제안하고 있다.

2019. 5.
잰 선우(Jan Jung-Min Sunoo)
미국 연방조정알선청(FMCS) 조정관(전)
태국 출라롱콘(Chulalongkorn)대학 로타리평화센터 겸임교수

Recommendation

Recommendation for
"Conflict Coaching and Negotiation Coaching"
By Chang Hee Won

The author, Chang Hee Won, has studied and taught conflict management, negotiation, and mediation in universities and relevant organizations for 20 years. He is a prominent pioneer of well-designed conflict mediation in South Korea. Although he has delivered countless trainings in these areas to adult trainees, he confessed to me that he has difficulty in answering the question raised by his students: "How can I develop a business in the field of conflict mediation?" Presently there exist many bottlenecks in doing such business in South Korea such as the Lawyer Act and government sectors monopolizing conflict resolution business as well as the reluctance of parties to show up together before a mediator. These phenomena lead to conflict experts focusing on training and research rather than practicing conflict resolution and mediation itself.

Understanding his students' dilemma encouraged the author to seek better ways for conflict managers, negotiators and mediators to develop their practice. The author proposes the unique solution of a combination of conflict or negotiation training and 'coaching.' The key point of the success in this model is for a conflict/negotiation coach to support one party in conflict or negotiations. By providing coaching service to one party a more positive outcome to a conflict or negotiation can be insured.

This book focuses on the approach of delivering a training on conflict management or negotiation combined with coaching techniques. Although more generalized professional coaches can offer clients support in multiple areas of management, only conflict and negotiation experts can offer more specialized skills and knowledge in their field.

This book consists of two parts. The first is conflict coaching and the second is negotiation coaching. Conflict coaching is comprised of conflict resolution skills and conflict coaching skills. Negotiation coaching is comprised of negotiation skills and negotiation coaching skills. Thus, coaching is merged with conflict and negotiation. The author encourages readers to read conflict resolution and negotiation skills before conflict and negotiation coaching skills. This book provides an excellent method for conflict/negotiation experts to engage businesses in conflict resolution and negotiation in South Korea's present business climate.

May, 2019

Jan Jung-Min Sunoo

Commissioner, Federal Mediation and Conciliation Service(retired)

Adjunct Faculty, Rotary Peace Center, Chulalongkorn University

차례

- 머리말_ v
- 추천사_ ix
- Recommendation_ xi

제1부 갈등코칭의 이론과 실제
제1장 갈등의 이해와 갈등해결 스킬

1-1. 갈등의 개념과 원천 ·· 3
1-2. 갈등의 동태적 모형 ·· 10
    가. 갈등의 정태적 과정 ·· 10
    나. 갈등의 동태적 모형 – TER 갈등 동태 모델 ······························· 15
1-3. 갈등 스타일과 행동패턴 ·· 18
    가. 성격 스타일(Myers Briggs 유형지수) ·· 18
    나. 사회 스타일 모델 ·· 22
    다. 갈등관리 스타일 ·· 24
1-4. 갈등해결방법과 스킬 ·· 28
    가. 갈등해결의 접근방법 ·· 28
    나. 갈등을 평가하기 ·· 30
    다. 자율적 갈등해결방법 ·· 32
    라. 제3자에 의한 갈등해결 ··· 37
1-5. 갈등해결 기초 스킬 ·· 41
    가. 브레인스토밍 ·· 41
    나. 적극적 듣기와 효과적 듣기 ··· 44
    다. "I" 메시지로 말하기 ·· 48
    라. 합의도출 ··· 50

제2장 갈등코칭의 절차와 스킬

2-1. 코칭의 원리와 방법 ········· 55
- 가. 코칭의 개념과 유형 ········· 55
- 나. 멘토링, 카운슬링, 컨설팅과 차이점 ········· 58
- 다. 코칭의 필요성과 가치 ········· 60
- 라. 코칭의 구조와 절차 ········· 62
- 마. 코칭의 성공원칙 ········· 66

2-2. 갈등코칭의 이해와 준비 ········· 70
- 가. 갈등코칭의 개념과 요소 ········· 70
- 나. 갈등코칭의 역사 ········· 72
- 다. 갈등코칭의 원칙 ········· 74
- 라. 갈등코칭의 적합성 조사 ········· 78
- 마. 갈등코칭의 착수 단계 ········· 82

2-3. 갈등코칭의 절차 ········· 84
- 가. 해외 갈등코칭 절차 모델 ········· 84
- 나. 한국형 OASDAC 갈등코칭 절차 모델 ········· 89

2-4. 갈등코칭의 스킬 1: 공감적 경청 ········· 103
- 가. 공감적 경청의 개념과 의미 ········· 103
- 나. 코칭에서의 경청 ········· 105
- 다. 경청에 관련된 코칭 스킬 ········· 107

2-5. 갈등코칭의 스킬 2: 강점탐구와 비전개발 ········· 111
- 가. 강점탐구 ········· 111
- 나. 비전개발 ········· 113
- 다. 미래 전망 ········· 115

2-6. 갈등코칭의 스킬 3: 관계, 감정, 질문, 피드백 ········· 117
- 가. 관계 형성 ········· 117
- 나. 감정 다루기 ········· 119
- 다. 가능성 질문 ········· 121
- 라. 피드백 ········· 123

제3장 갈등코칭의 도구와 활용

3-1. 갈등코칭의 윤리 ··· 126
   가. 국제코치연맹의 윤리적 행동규범(ICF Standards of Ethical Conduct) ······· 127
   나. CINERGY 갈등관리 코치 윤리행동규범(Standards of Ethical Conduct for
      Conflict Management Coaches) ·· 130
   다. 윤리적 행동규범의 공통점 ·· 134
3-2. 갈등코칭의 계약과 평가 ··· 136
   가. 갈등코칭의 계약 ·· 136
   나. 갈등코칭의 평가 ·· 139
3-3. 갈등코칭의 사례 ··· 145
   가. 갈등코칭의 준비 ·· 145
   나. OASDAC 모델에 따른 진행 ·· 146

제2부 협상코칭의 이론과 실제
제4장 협상의 전략과 스킬

4-1. 협상의 개념과 구성요소 ··· 163
   가. 협상의 개념 ·· 163
   나. 협상의 용어 ·· 165
   다. 협상의 조건 ·· 167
   라. 협상의 구성요소 ·· 169
   마. 협상의 효용성 ·· 171
4-2. 협상력의 원천과 영향 전략 ··· 174
   가. 협상력의 개념 ·· 174
   나. 협상력 원천 ·· 175
   다. 힘의 적용: 영향 전략 ··· 181
4-3. 협상의 유형과 전략 ··· 187
   가. 협상의 유형과 그 역사 ··· 187
   나. 분배적 및 통합적 협상의 작동 원리 ································· 189
   다. 분배적 및 통합적 협상의 전략 ··· 191

라. 분배적 및 통합적 협상의 비교 ···································· 194
4-4. 협상의 과정과 절차 ··· 198
　　가. 분배적 협상 과정 ·· 198
　　나. 통합적 협상 과정 ·· 203
　　다. 경쟁적-협력적 협상 절차 비교(Folberg & Golann) ········· 207
　　라. 분배적-통합적 협상 절차의 7단계 비교 ························ 210
4-5. 성공적 협상의 비결 ··· 214
　　가. 충분한 협상 준비 ·· 214
　　나. 신뢰와 친밀감을 얻는 방법 ··· 216
　　다. 협상의 윤리 ·· 217
　　라. 통합적 협상 촉진법 ·· 219
　　마. 협상의 10가지 성공 법칙 ·· 220
4-6. 협상 파괴의 극복 방법 ·· 227
　　가. 상대방이 화가 나 있거나 좌절해 있을 때 ···················· 227
　　나. 상대방이 감정적이고 공격적일 때 ······························· 228
　　다. 갈등 쟁점의 크기와 숫자가 확대될 때 ························ 230
　　라. 상호 차이점은 확대, 유사점은 축소시킬 때 ················· 232
　　마. 상대방이 자기 입장에 고착되어 있을 때 ····················· 234
　　바. 어려운 협상가를 만났을 때 ··· 235

제5장 협상코칭의 절차와 스킬

5-1. 협상코칭의 이해와 준비 ·· 241
　　가. 협상코칭의 기존 연구 ·· 241
　　나. 협상코칭의 개념과 요소 ·· 243
　　다. 협상코칭의 방법과 성과 ·· 245
　　라. 협상코칭의 착수 단계 ·· 247
5-2. 협상코칭의 절차 ·· 249
　　가. 해외 협상코칭 절차 모델 ·· 249
　　나. 한국형 OASDAC-N 협상코칭 절차 모델 ······················ 255
5-3. 협상코칭의 스킬 1: BATNA와 설득 ································ 271
　　가. 최대양보와 BATNA 활용 ·· 271

나. 설득 ·· 274
5-4. 협상코칭의 스킬 2: PAST, 평가 기준, 아이디어 차팅 ················ 283
　　가. PAST ·· 283
　　나. 평가 기준에 의한 합의 결정 ··· 286
　　다. 아이디어 차팅 ··· 290

제6장 협상코칭의 사례와 활용

6-1. 협상코칭의 계약과 평가 ··· 293
　　가. 협상코칭의 계약 ·· 293
　　나. 협상코칭의 평가 ·· 296
6-2. 협상코칭의 사례 ··· 302
　　가. 협상의 배경 ··· 302
　　나. 협상코칭의 준비 ·· 304
　　다. OASDAC-N 모델에 따른 진행 ·· 305
6-3. 협상코칭의 활용 ··· 327
　　가. 연봉협상의 코칭 ·· 327
　　나. 온라인 협상코칭 ·· 329
　　다. 협상 스킬 향상 코칭 ·· 332
　　라. 조직분쟁 체계와 협상코칭 ··· 334

■ 참고문헌 _ 339
■ 찾아보기 _ 350
■ 생각해볼 점 정답 _ 362

사례 차례

사례 1.1. 토머스-킬먼 갈등관리 5가지 스타일 ···································· 25
사례 1.2. 브레인스토밍 시작 멘트 ·· 43
사례 4.1. 분배적 협상 사례: 아파트 매매 ··· 195
사례 4.2. 통합적 협상 사례: 전자부품 납품 ······································· 196
사례 4.3. 부부의 휴가 계획 협상 과정 사례 ······································ 212
사례 4.4. 중고차 매매 협상 사례 ·· 238

표 차례

⟨표 1-1⟩ Myers-Briggs 유형 지수표 ·· 19
⟨표 1-2⟩ MBTI 유형지수 검사 결과의 예 ·· 21
⟨표 2-1⟩ CINERGY 모델의 단계별 설명 ·· 88
⟨표 2-2⟩ OASDAC 모델의 세부 절차 ·· 91
⟨표 2-3⟩ 스티븐 코비의 경청 5단계 ·· 103
⟨표 2-4⟩ 문제해결 과정과 강점탐구 과정의 비교 ······················ 113
⟨표 4-1⟩ 힘의 원천 ·· 176
⟨표 4-2⟩ 영향 전략과 사용된 힘의 원천 ···································· 182
⟨표 4-3⟩ 분배적 협상과 통합적 협상의 항목별 비교 ················ 195
⟨표 4-4⟩ 경쟁적-협력적 협상 절차 비교(Folberg & Golann) ·········· 207
⟨표 4-5⟩ 분배적-통합적 협상 절차의 7단계 비교 ······················ 211
⟨표 4-6⟩ Fisher의 협상에서 요구, 위협, 제안 체계 ···················· 235
⟨표 4-7⟩ 까다로운 협상가를 관리하는 전략 ······························ 237
⟨표 5-1⟩ 갈등코칭과 협상코칭의 차이점 ···································· 244
⟨표 5-2⟩ 협상 시작하기 일정표 ·· 251
⟨표 5-3⟩ OASDAC-N 모델의 세부 절차 ······································ 256
⟨표 5-4⟩ 기준에 의한 옵션 평가 매트릭스 ································ 288

그림 차례

[그림 1-1] 갈등의 원천과 매슬로의 욕구 5단계 간 연관성 ·················· 8
[그림 1-2] 갈등의 과정 1 ·················· 12
[그림 1-3] 갈등의 다양한 진행경로 ·················· 13
[그림 1-4] 갈등의 과정 2 ·················· 14
[그림 1-5] 개인 간 갈등의 동태적 모형 ·················· 17
[그림 1-6] 사회적 스타일 모델 ·················· 23
[그림 1-7] 토머스-킬먼의 갈등관리 모형 ·················· 25
[그림 1-8] 갈등해결의 접근방법 ·················· 29
[그림 2-1] 코칭, 멘토링, 컨설팅의 주요 차이점 ·················· 59
[그림 2-2] 코칭 성공의 8원칙 ·················· 68
[그림 3-1] 갈등코칭의 계약서(예문) ·················· 139
[그림 3-2] 코칭의 평가 ·················· 144
[그림 3-3] 고객 D에 대한 코칭의 평가 ·················· 158
[그림 4-1] ZOPA의 사례 ·················· 167
[그림 4-2] 분배적 vs 통합적 협상의 결과 ·················· 190
[그림 5-1] 옵션 순위 평가 차트 ·················· 289
[그림 5-2] 플립차트 ·················· 291
[그림 6-1] 협상코칭의 계약서(예문) ·················· 296
[그림 6-2] 협상코칭의 평가 ·················· 301
[그림 6-3] 협상코칭 사례의 평가 ·················· 326

제1부

갈등코칭의
이론과 실제

제1장
◇
갈등의 이해와 갈등해결 스킬

1-1. 갈등의 개념과 원천

아마 생활에서 가장 많이 경험하는 것 중 하나는 갈등임에 틀림없다. 우리는 믿음, 사랑, 신뢰, 배신, 사기, 헌신, 거짓, 진실 등 수많은 경험을 하면서 매일의 생활에서 크고 작은 갈등을 겪으며 살고 있다. 마치 식사, 수면, 휴식과 같은 생리적 리듬과 버금갈 정도로 하루에도 소소한 갈등에서부터 심각한 갈등에 이르기까지 많은 갈등을 겪게 된다. 늦게 일어나서 빨리 출근을 준비해야 해서 세면실을 사용하려는데 아들이 계속 화장실을 사용하고 있어서 갈등이 발생한다거나 점심시간에도 처리할 업무가 많아 구내식당에서 간단히 점심을 들려고 하는데 부서 회식으로 외부 중식당으로 가기로 결정했다며 가야 할 상황에 어찌할지 갈등하기도 한다. 또 일요일 밤 텔레비전에서 방영하는 사극을 남편이 보고 싶어 하는데 부인은 멜로드라마를 보겠다고 우기는 가족 간의 사소한 갈등도 한 번씩은 경험한다.

이렇게 일상생활에서 자주 발생하는 갈등을 느낌으로는 쉽게 알 수 있는데 개념을 정리하는 것은 그리 쉽지는 않다. 지금까지 동서양의 수많은 사전이나 학자들이 갈등을 각기 나름대로 정의하고 있어서 이 중 무엇을 기준으로 삼아야 할지 고민해 보아야 한다. 갈등의 현상을 관찰해보면 공통적인 특성을 감지할 수 있다. 갈등이 심리적이든 사실적이든 두 가지의 상반된 주장이 공존하지 못하고 서로 충돌한다는 점이다.

흥미롭게도 갈등의 어원을 보면 이러한 뜻이 포함되어 있다. 서양에서는 라틴어로 갈등은 콘피게레(configere)인데 이것은 '함께'라는 의미의 콘(con)과 '충돌'이나 '다툼'을 의미하는 피게레(figere)가 합쳐진 합성어로 서로 충돌한다는 뜻이 있다. 동양에서는 갈등의 한자표기는 갈등(葛藤)인데 여기서 갈(葛)은 칡을 말하고 등(藤)은 등나무를 말하기 때문에 갈등의 한자적 의미로는 칡과 등나무가 얽히듯 까다롭게 뒤엉켜 있는 상태를 나타내고 있다. 왜냐하면 칡나무는 왼쪽으로 감아서 올라가고 등나무는 오른쪽으로 감아서 올라가기 때문에 두 나무가 만나면 정반대로 얽혀서 풀어내기 어렵게 꼬이기 때문이다. 그래서 어원적으로 볼 때 서양에서는 갈등이 전투나 투쟁으로 서로 충돌하는 현상을 의미하는 데 반해 동양에서는 갈등이 일어나 인간관계가 까다롭게 뒤얽혀 풀기 어려운 상태를 의미한다.

학자들도 갈등을 보는 시각에 따라 조금씩 차이를 보이고 있다. 개인의 내면적 심리상태를 강조하면서 Boulding(1965)은 갈등이란 '당사자들이 잠재적 미래 입장의 불일치를 인식하고 각자가 다른 사람의 소원과 불일치되는 입장을 점유하려고 소원하는 경쟁상태'로 정의하고 있다(p.5). 한편 Hocker & Wilmot(1995)는 행위적 상태를 강조하여 '같은 목표를 추구하는 두 사람이 서로 투쟁하는 것'을 갈등으로 보고 있다(p.21). Kovac(2000)은 경제적 관점에서 '희소한 자원으로 양립할 수 없는 목표를 추구함으로써 발생하는 투쟁상태'를 갈등으로 봄으로써 갈등이 자원의 제약에서 발생함을 강조하기도 한다. 또 어떤 경우에는 개인이나 집단 사이에 목표나 이해관계가 달라 서로 적대시하거나 투쟁하는 상태를 갈등으로 봄으로써 오히려 자원의 희소성은 생략하고 심리와 행위적 측면을 강조하기도 한다. 따라서 외부적 갈등의 경우 목표가 같든 다르든, 자원이 희소하든 아니하든, 분명한 것은 두 당사자 사이에 원하는 바가 서로 달라서 투쟁 상태에 있는 것이 바로 갈등이라고 볼 수 있다.

이 책의 목적은 개인 간 갈등코칭이므로 개인 간 갈등을 좀 더 깊이 들여다볼 필요가 있다. Hocker과 Wilmot는 갈등을 '목표 달성에 있어서 상대방으로부터 양립할 수 없는 목표, 희소한 보상 및 방해를 인식하는 상호의존적인 적어도 두 당사자 사이의 표출된 투쟁'으로 정의하고 있다 (Hocker & Wilmot, 1995, p.21). 다시 말하자면 Hocker과 Wilmot는 목표를 달성하고자 하나 상대방으로 인해 목표가 충돌되고 보상이 부족해지고 방해를 받음으로써 어려움을 당하고 있어서 서로 다툼이 발생하고 있는 현상을 갈등으로 보고 있다.

이러한 갈등 정의를 좀 더 국한하여 개인 간 갈등을 설명하는 McCorkle와 Reese의 정의를 보자. McCorkle와 Reese는 개인 간 갈등(interpersonal conflict)을 '목표 달성의 인지된 방해로 발생하는 상호의존적인 두 사람 간의 투쟁'이라고 정의하고 있다(McCorkle & Reese, 2010, p.7). 여기서 인지된 방해(perceived interference)는 무엇이 이루어지지 못하도록 저지하는 행위를 인식하게 되었다는 것을 의미한다. 당사자가 그러한 방해를 인지했다는 것 자체가 중요하다. 투쟁은 우연한 의견 차이가 아니라 성과에 대한 감정적·관계적인 개입을 의미한다.

이 정의에서 가장 중요한 대목은 목표 달성이다. McCorkle와 Reese는 목표(goal)를 네 가지로 구분했다. 즉, 실질적 목표, 과정 목표, 관계 목표,

체면 목표의 네 가지 목표 중 어느 것이든 방해를 받게 되면 갈등이 발생하게 된다고 한다(McCorkle & Reese, pp.52-57). 실질적 목표(Substantive Goals)는 유형 자원 또는 바람직한 결과를 낼 수 있는 측정가능한 요소를 포함하고 있다. 특히 희소자원은 이러한 실질적 목표를 형성하는 중요한 요소가 될 수 있다. 과정 목표(Process Goals)는 의사결정이 어떻게 이루어지는지, 의사소통이 어떻게 이루어지는지, 언제 그리고 어디에서 중요한 주제를 토론할 것인지 등을 포함하고 있다. 관계 목표(Relationship Goals)는 서로에게 어떤 존재이기를 원하는지를 포함하고 있다. 우리의 관계는 무엇인지, 우리 관계에서 나의 역할에 만족하는지 등이 관계 목표에 해당한다. 체면 목표(Face Goals)는 자신에 대한 상대적으로 안정된 인식이라는 자기 개념(self-concept)을 포함하고 있다. 체면은 사회적 상호관계에서 자신이 요구하는 긍정적 이미지의 느낌이라고 정의되며 자기, 타인, 상호라는 세 가지 요소로 구성된다고 한다(Ting-Toomey, Oetzel, & Yee-Jung, 2001, p.89).

한편 갈등코칭의 CINERGY 모델을 개발한 Noble은 '가치, 욕구, 및/또는 정체성 측면의 하나 또는 그 이상이 상대방에 의해 도전받거나, 위협받거나, 손상되고 있다는 것을 인식할 때 갈등이 발생한다.'라고 개인적 갈등을 정의하고 있다(Noble, 2012, p.50). 여기서 가치는 우리가 살아가는 핵심 믿음과 원리이고 욕구는 매슬로의 생리적·심리적 욕구를 포함하고 있다. 정체성은 자신의 직업적 또는 개인적 삶에서 지위나 역할을 의미하며 성별, 연령, 피부색, 신체조건 등의 생물학적 조건뿐 아니라 직업, 근무지, 주거지, 결혼 여부 등 생활특성의 측면을 포함하기도 한다. 가치, 욕구, 정체성, 이 세 가지의 목표가 방해받으면 갈등이 발생한다는 것이다.

욕구나 정체성의 방해에 의해 갈등이 발생한다는 시각과는 달리 커뮤니케이션의 핵심 역할을 강조하는 학자들도 있다. Folger & Jones(1994, p.ix)는 '커뮤니케이션 관점의 중앙에는 갈등이 사회역사적 구조 내에서 사회적으로 창조되고 커뮤니케이션으로 관리되는 현실이라는 인식이 있다.'라고 언급하고 있다. 또한, Gergen(1999)도 '갈등이 커뮤니케이션을 통해 사회적으로 생성된다고 보는 시각은 커뮤니케이션에 집중하도록 요구하고 있다.'라고 설명하며 커뮤니케이션을 중시하고 있다. 이러한 갈등의 정의에 기초하여 존스·브린커트(Jones & Brinkert, 2008, p.29)는 갈등 코칭을 '갈등에 이르도록 한 해석과 갈등을 감소시키고 관리할 수 있는 가능한 재해석을 이해하는 과정'이라고 정의하고 있다. 사회적 건설의 강한 형태가 이야기라는 점에서 이들 학자들은 갈등이 이야기의 생산과 관리에서 나온다고 주장하고 있다.

이 책에서는 갈등을 심리적 원인의 관점에서 바라보고자 한다. 커뮤니케이션은 갈등을 유발하는 과정이나 기법으로 작용하지만 원인적 측면이 될 수는 없다. 이렇게 갈등 정의를 심리적 원인에 기초하는 이유는 갈등의 원인을 분석하고 관리하는 데 좀 더 효율적이기 때문이다. 자원, 권력, 체면, 가치, 정보, 정서, 역할 등 여러 가지 갈등의 원천은 어떻게 감정에 영향을 주는가? 그것은 바로 이 원천 속에 내재되어 있는, 인간이 가지고 있는 기본 욕구들이 손상되기 때문이다. 그래서 갈등의 원천이 어떻게 인간의 욕구와 관련성을 가지는지 [그림 1-1]에서 보면 쉽게 알 수 있다.

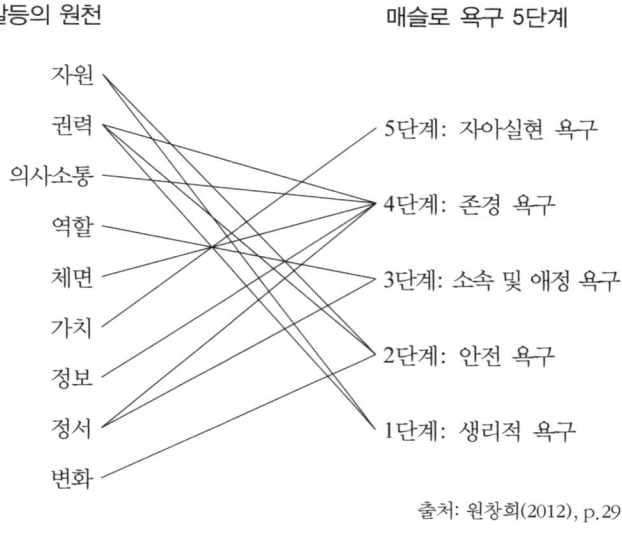

출처: 원창희(2012), p.29

[그림 1-1] 갈등의 원천과 매슬로의 욕구 5단계 간 연관성

    McCorkle & Reese의 목표 달성에서 목표가 실질적 목표, 과정 목표, 관계 목표, 체면 목표의 네 가지로 표현되어 있는데 이는 인간의 기본 욕구의 측면으로 다 포함이 가능하다. 또한, Noble은 가치, 욕구, 정체성 측면이 방해를 받을 때 갈등이 발생하는 것으로 표현하는데 여기서 욕구는 매슬로의 생리적·심리적 욕구라고 설명하면서도 가치와 정체성을 별도로 목표로 삼고 있다. [그림 1-1]에서 보는 바와 같이 가치는 자아실현 욕구와 관련이 있고 정체성은 역할과 체면이라는 원천으로서 존경 욕구와 소속 및 애정 욕구와 관련이 있다.

    이상의 논의를 토대로 개인 간 갈등을 다음과 같이 정의하고자 한다. 개인 간 갈등이란 '자신의 기본 욕구 중 하나 또는 그 이상이 상대방에 의해 방해를 받았다고 인식하는 상황'으로 규정된다. 여기서 기본 욕구란 매슬로의 5단계 욕구를 모두 포함하고 어떤 형태든 자신의 욕구가 상대방에 의해 방해를 받아 감정의 상처가 생기게 되는 그러한 욕구를 모두 포함한다. 그리고 방해를 받았다는 것은 객관적인 것이 아니라 주관적인 것이다. 자신이 욕구 손상이라는 느낌을 받았다는 주관적인 평가에 의해 갈등국면이 초래된다.

[생각해볼 점]

1-1 질문

1. McCorkle와 Reese는 목표(goal)를 네 가지로 구분하고 이 목표 중 어느 것이라도 방해를 받게 되면 갈등이 발생하게 된다고 한다. 네 가지 목표가 무엇인지 서술하라.

2. 다음의 개인 간 갈등 정의를 표현한 문장에서 (   ) 속의 단어를 기입하라. 개인 간 갈등이란 "자신의(   ) 중 하나 또는 그 이상이 상대방에 의해(   )를 받았다고(   )하는 상황"으로 정의된다.

1-2. 갈등의 동태적 모형

가. 갈등의 정태적 과정

갈등이 발생한 후 어떤 과정을 거치고 어떻게 소멸할까? 모든 갈등은 동일한 경로를 거치는 것일까? 그 갈등의 진행경로를 바꿀 수는 있을 것인가? 갈등의 코치로서 갈등이 어떻게 진화 또는 소멸하는지를 이해하는 것은 중요하다. 시간 경과에 따른 갈등 에너지 자체의 변화 과정을 먼저 살펴볼 필요가 있다.

첫째, 갈등이 어떻게 발생했다가 어떻게 소멸할까? 자신 내부의 욕구 충돌이나 다른 사람과의 욕구 충돌로 갈등이 발생했다가 일정한 해결방법을 거치면서 갈등이 감소하다가 나중에는 완전히 소멸한다. 어떤 경우에는 완전 해소되지 않고 남아 있는 경우도 있고 다른 형태로 갈등이 변형되어 나타나기도 한다. 이론적으로는 몇 가지 설명하는 모델이 있는데 우선 갈등은 의견불일치, 대결, 격화, 진정, 갈등해소의 과정을 거쳐 진행된다(장동운, 2009, pp.56-61). 갈등당사자가 서로 주장하는 바가 상반되어 의견의 불일치를 보이면서 갈등이 생성되고 서로 양보 없이 자기주장을 계속 유지하면서 대결 국면을 보이는 동안 갈등은 증가하게 될 것이다. 서로 유리하게 이끌어가려고 모종의 수단을 동원하거나 감정을 자극하는 언어나 행동을 취하게 되면 대결이 더 심화되어 갈등의 격화 단계에 이르게 된다. 서로 일부 양보하거나 해결방법을 통해 갈등을 해결할 수 있으면 갈등의 진정 국면으로 접어들게 되고 완전히 갈등이 해결된다면 갈등은 해소된다.

갈등의 발생, 증가, 극대, 감소, 해소라는 패턴은 유사하지만 다른 모형으로는 Brahm 모형이 있는데 이는 다음과 같이 갈등의 단계를 7단계로 구분하여 제시한다.[1]

1) 잠재적 갈등(Latent conflict)
2) 갈등의 출현(Emergence)
3) 갈등의 증가(Escalation)
4) 교착상태(Stalemate)
5) 갈등의 감소(De-Escalation)
6) 갈등의 해결(Settlement/Resolution)
7) 갈등 후 평화구축(Post-Conflict Peacebuilding and Reconciliation)

갈등의 전 단계와 후 단계인 1단계와 7단계를 제외하면 5단계로 표시될 수도 있다. 잠재적 갈등이 현실화해 출현함으로써 갈등의 정도가 점점 증가하여 교착상태에 이르러서는 최고조에 달했다가 점차 감소 국면으로 접어들고 종국에는 갈등이 해결된다. 갈등이 소멸한 후 갈등 후 평화가 구축되면 비로소 완성된다는 것이다. 이 단계별 갈등 상태에서 시간에 따라 갈등의 정도가 어떻게 변화하는가를 그래프로 표시해보면 [그림 1-2]와 같다. 갈등의 정도는 시간과 함수관계에 있다는 가정이다. 갈등이 출현하면서 갈등의 정도가 증가하다가 교착 상태에서 갈등이 피크를 이루고 다시 갈등이 감소하다가 해결되면서 갈등의 정도가 최저로 내려가게 된다. 첫 번째 모형과 달리 여기서는 갈등 후 평화구축이나 화해가 있어야 갈등이 완전 소멸하는 것으로 설계되어 있다.

---

[1] 이 모형에서 잠재적 갈등과 갈등 후 평화구축을 제외하고 5단계로 설정된다고 한다. Eric Brahm(2003).

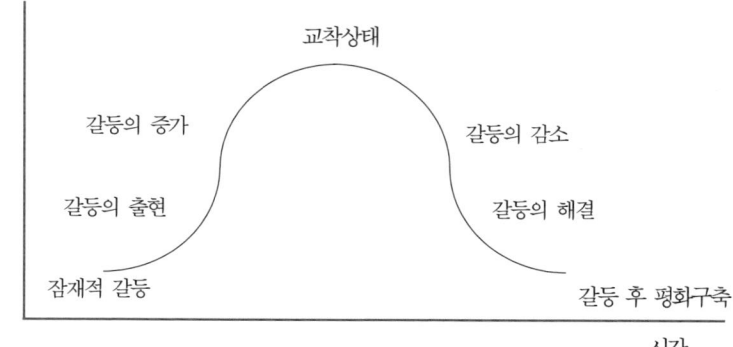

[그림 1-2] 갈등의 과정 1

둘째, 모든 갈등은 동일한 경로를 거치는 것일까? 당연히 동일한 경로를 거치지 않는다. 갈등당사자들이 어떤 마음과 어떤 해결방법을 추구하느냐에 따라 다양하게 경로가 나타나게 될 것이다. [그림 1-3]에서는 갈등이 S점에서 발생하여 증가하다가 P점에 최고조를 이루게 된 다음 점차 감소하여 소멸하는 경로들을 볼 수 있다. 원래 A곡선에 따라 갈등이 해결되어 소멸하는 경로를 표시한다면 A-곡선은 갈등해결에 더 많은 시간이 걸리고 미소한 약간의 갈등이 잔존해 있을 수 있음을 보여주고 있으며 A+곡선은 더 빨리 갈등을 해소해내는 경로를 보여주고 있다. 흥미로운 것은 WW와 LL과 같은 선이 존재한다는 것이다. WW선은 갈등당사자가 서로 윈윈(win-win)하는 해결책을 모색하여 신속히 그리고 모두 만족하는 형태로 갈등이 해결됨을 보여주는 것이다. 반대로 LL선은 갈등당사자가 모두 패패(lose-lose)하는 결과를 보여주는 곡선인데 갈등해결에 시간이 많이 걸리면서 결국 갈등이 완전 해소되지 못하고 종결되는 현상을 보여준다. 예를 들어 아버지와 딸이 아들에게만 상속하는 갈등 사건으로 법정에서 다투다가 대법원에서 판결로 끝났을 때 소송 자체는 승자와 패자가 결정 나서 형식적으로는 승패(win-lose) 게임인 것으로 보이지만 각종 비용과 정신적 황폐화 등을 고려할 때 모두가 패자가 되는 패패의 결과를 가져왔다고 볼 수도 있다. 때에 따라서는 시간이 오래 걸리지 않고 짧은 기간에 패패의 결과를 가져오기도 할 것이다.

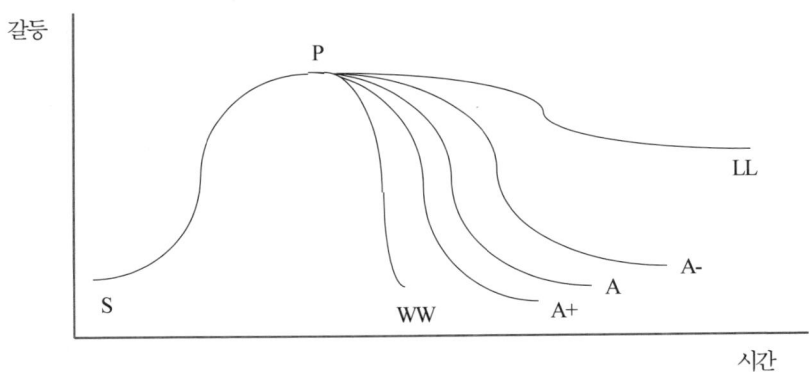

[그림 1-3] 갈등의 다양한 진행경로

셋째, 그 갈등의 진행경로를 바꿀 수는 있을 것인가? 둘째 질문에서 갈등의 경로가 다양하게 형성될 수 있음을 생각한다면 당연히 진행경로를 바꿀 수 있다. 갈등처리를 어떻게 하느냐에 따라 진행경로가 달라질 수 있는데 이를 Robbins & Judge의 갈등과정 모형에서 알아보자. 이 모형은 (1) 잠재적 반대 또는 불일치(potential opposition or incompatibility) (2) 인식과 개인화(Cognition and personalization) (3) 의도(intentions) (4) 행동(Behavior) (5) 결과(Outcome)의 5단계로 구성되어 있다.[2] 이 모형을 도

---

[2] Robins & Judge(2010)의 Chapter 13 Conflict and Negotiation에서 자세한 내용을 참조할 수 있다.

식화해보면 [그림 1-4]로 표현된다. 1단계에서 의사소통, 구조, 개인적 변수 등에 의해 잠재적인 반대나 불일치가 발생하면 2단계에서 당사자들이 인식하고 느끼게 되면서 갈등의 존재를 확인하게 된다. 3단계에서 당사자들이 갈등처리 의도 또는 갈등대처 방법을 선택하게 되는데 경쟁형, 협력형, 타협형, 회피형, 수용형의 5가지 전략이 그것이다. 이 전략의 선택에 따라 행동에서 당사자들이 상호작용을 하여 집단성과의 향상이나 하락의 결과에 이르므로 갈등당사자가 어떤 의도, 어떤 전략을 가지느냐에 따라 갈등의 경로와 결과는 달라질 것이다. 예를 들면 [그림 1-3]에서 경쟁형의 법원 소송으로 A-나 LL 경로를 갈 것인가 협력형의 상호 이익을 찾는 방법으로 WW 경로를 갈 것인가는 선택의 문제가 된다.

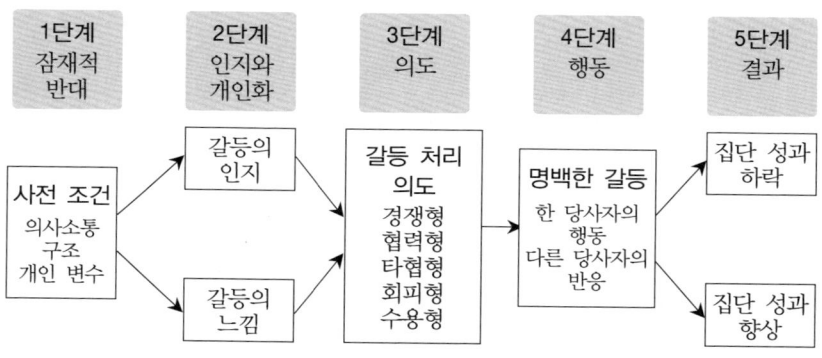

출처: Robins & Judge(2010), p.214

[그림 1-4] 갈등의 과정 2

나. 갈등의 동태적 모형 – TER 갈등 동태 모델

 개인적 갈등이 당사자 상호 간에 어떤 상호작용과 과정을 거쳐 전개될 것인가? 이를 분석하기 위해 우리는 앞 절에서 내린 갈등의 정의를 다시 살펴볼 필요가 있다. 앞에서 개인 간 갈등이란 '자신의 기본 욕구 중 하나 또는 그 이상이 상대방에 의해 방해를 받았다고 인식하는 상황'으로 정의하고 있는데 자신의 욕구가 상대방에 의해 방해를 받으면 감정의 상처가 생기게 되고 어떤 형태로든 반응을 할 것이다. 물론 자신이 감정의 상처를 받았다고 반드시 외형적 반작용을 실행하지 않고 내면적으로만 감정을 계속 품고 있는 경우가 있는데 이 경우는 갈등이 표면화되지 않고 내재화되어 있어서 별도로 관리하고 여기서는 서로 반응하는 경우를 가정한다.

 갈등 관계에 있는 두 당사자 A와 B가 있다고 하자. B가 어떤 돌발적인 행동을 하여 A가 원하는 것을 방해하자 A는 감정이 상해서 B에게 보복성의 행동으로 반응하는 상황을 쉽게 상상할 수 있다. 최초의 방아쇠를 당긴 사람은 B라서 이 방아쇠(Trigger) 행위를 T_B라고 한다. 이러한 B의 방아쇠 행위에 A가 어떤 감정을 느꼈다면 그 감정(Emotion)을 E_A라고 한다. 다시 A가 상한 감정을 참지 않고 B에게 반응할 때 그 반응(Response)을 R_A라고 한다. 그래서 A와 B의 개인 간 갈등의 초기 반응 과정은 다음과 같다.

$$T_B \Rightarrow E_A \Rightarrow R_A$$

 이제 A의 반응에 대해 B가 어떤 감정을 느낀다면 E_B로 표시할 수 있고 다시 B가 반응을 한다면 이를 R_B로 표시할 수 있다. 그래서 A와 B의 개인 간 갈등의 1라운드는 갈등의 방아쇠 단계부터 표시하여 다음과 같다.

$$T_B \Rightarrow E_A \Rightarrow R_A \Rightarrow E_B \Rightarrow R_B$$

제2라운드는 어떻게 될까? 제2라운드는 1라운드 중 방아쇠 행위 대신 R_B부터 시작하는 1라운드와 같은 패턴으로 표현이 된다.[3]

$$R_B \Rightarrow E_A \Rightarrow R_A \Rightarrow E_B \Rightarrow R_B$$

이렇게 계속해서 갈등 라운드가 반복된다면 다음과 같이 표현된다.

$$T_B \Rightarrow E_A \Rightarrow R_A \Rightarrow E_B \Rightarrow R_B \Rightarrow E_A \Rightarrow R_A \Rightarrow E_B \Rightarrow R_B \ldots$$

반대로 A가 갈등의 방아쇠를 당기고 라운드를 지속한다면 반대로 표현된다.

$$T_A \Rightarrow E_B \Rightarrow R_B \Rightarrow E_A \Rightarrow R_A \Rightarrow E_B \Rightarrow R_B \Rightarrow E_A \Rightarrow R_A \ldots$$

[그림 1-5]는 두 사람의 갈등당사자 간에 방아쇠, 감정, 반응이 작용과 반작용을 통해 갈등이 변화하는 동태적 과정을 보여주기 때문에 우리는 TER Conflict Dynamics Model, 또는 TER 갈등 동태 모델, 또는 TER 모델이라고 명명한다. TER 모델은 개인 간 갈등이 1라운드 내에 머물 수도 있고 수차례의 라운드를 지속할 수도 있는 유연성이 있을 뿐 아니라 갈등코칭 등 외부의 충격(shock)이 왔을 때 감정과 반응이 변할 수 있다는 특성이 있어서 갈등코칭을 위한 유용한 갈등 모델이 될 것이다.

---

[3] 라운드별 감정과 반응을 달리 표현한다면 제2라운드는 $R_{B1} \Rightarrow E_{A2} \Rightarrow R_{A2} \Rightarrow E_{B2} \Rightarrow R_{B2}$ 제3라운드는 $R_{B2} \Rightarrow E_{A3} \Rightarrow R_{A2} \Rightarrow E_{B3} \Rightarrow R_{B3}$로 표기될 수 있다. 여기서는 라운드별로 상이한 표기법을 생략하고 단순화하여 T_B(또는 R_B) $\Rightarrow E_A \Rightarrow R_A \Rightarrow E_B \Rightarrow R_B$로 표기한다.

TER 모델은 흥미롭게도 모양이 나비의 형태를 취하고 있어서 TER 나비 모델이라고도 별칭을 붙일 수 있다. 또한, 나비효과(Butterfly Effect)는 미세한 변화 또는 사소한 행위가 발단이 되어 예상하지 못한 엄청난 결과를 가져올 수 있다는 것을 의미하기(나무위키, "나비효과.") 때문에 한 사람의 방아쇠 행위가 갈등으로 증폭되어 큰 분쟁으로 나아갈 수 있는 TER 모델이 나비효과를 닮은 것으로도 볼 수 있다.

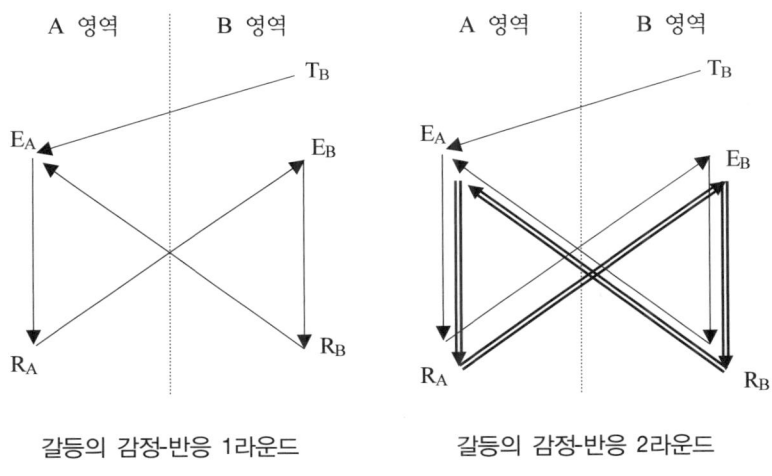

[그림 1-5] 개인 간 갈등의 동태적 모형

[생각해볼 점]

1-2 질문

1. 갈등의 경로 중 가장 바람직한 것은 어떤 것인가?

2. 갈등의 경로를 바꿀 수 있는 요소로서 당사자의 의도 또는 대처 방법 이외에 다른 요소가 있는가?

1-3. 갈등 스타일과 행동패턴

사람들이 친구나 동료 또는 가족과 문제가 생겼을 때 어떻게 대처할 것인가는 사람마다 다르게 나타날 수 있다. 사람들의 의사소통과 행동패턴은 서로 다르다. 갈등의 뿌리에는 그러한 의사소통과 행동패턴의 차이가 내재할 수 있기 때문에 갈등의 스타일을 파악해보는 것은 갈등코칭에 도움이 된다. 여기서 스타일이란 개인이 소통하는 습관적인 방법을 말한다(McCorkle & Reese, 2010, p.106). 갈등 스타일과 행동을 조사하는 방법과 모델은 많지만 여기서는 Myers Briggs의 유형지수, 사회적 스타일 모델 그리고 갈등관리 스타일을 소개하고자 한다.

가. 성격 스타일(Myers Briggs 유형지수)

성격 유형은 어떤 행동 유형을 제시하는 안정된 패턴의 사고와 과정에 대한 정보이다. 성격 검사는 한 사람의 충동이 다른 사람의 충동과 어떻게 같거나 다른지를 이해하는 데 유용하다. 우리가 알고 있는 가장 대중적인 성격 검사인 Myers Briggs 유형지수(MBTI)는 행동패턴을 네 가지의 비교 집단으로 범주화하고 있다.[4]

> **선호하는 세계:** 당신은 외부 세계를 중시하는가, 아니면 내면 세계를 중시하는가? 외향성(Extraversion, E) 또는 내향성(Introversion, I).

> **정보:** 당신은 외부에서 획득한 정보를 중시하는가, 아니면 해석하고 의미를 부여한 정보를 중시하는가? 현재 명확한 자료인가 아니면 미래 가능성인가? 감지(Sensing, S) 또는 직관(Intuition, N).

---

[4] https://www.myersbriggs.org/my-mbti-personality-type/mbti-basics/ 참조.

결정: 당신은 의사결정을 할 때 논리와 일관성을 먼저 보는가, 아니면 사람과 특별한 상황을 먼저 보는가? 사고(Thinking, T) 또는 느낌(Feeling, F).

구조: 외부 세계를 다루는 데 있어서 어떤 것이 정해져 있는 것을 선호하는가, 아니면 새로운 정보와 옵션에 가변적인 것을 선호하는가? 판정(Judging, J) 또는 인지(Perceiving, P).

〈표 1-1〉 Myers-Briggs 유형 지수표

감지 (Sensing)		직관 (Intuition)			
사고 (Thinking)	느낌 (Feeling)	느낌 (Feeling)	사고 (Thinking)		
ISTJ	ISFJ	INFJ	INTJ	판정 (Judgment)	내향성 (Introversion)
ISTP	ISFP	INFP	INTP	인지 (Perception)	
ESTP	ESFP	ENFP	ENTP	인지 (Perception)	외향성 (Extroversion)
ESTJ	ESFJ	ENFJ	ENTJ	판정 (Judgment)	

출처: myersbriggs.org 웹사이트에서 재가공함.

네 가지의 영역에서 성격 경향을 비교해서 한쪽으로 명확히 치우친 사람은 완전 반대의 가치를 인정하지 않을 경우 그 반대쪽 사람과 충돌할 가능성이 크다. 4개의 범주를 모두 결합하면 전체가 16개 성격으로 나타나는데 이를 표로 만들어 놓은 것이 <표 1-1>이다. 예를 들어 ENFP는 온화하고 열정적이고 상상력이 풍부하고 즉흥적이면서도 유연한 성격의 소유자이다. 사건과 정보를 신속하게 연관 짓고 직접 목격한 패턴에 토대해서 자신 있게 진행시킨다. ISTJ는 조용하고 진지하며 철저하고 믿을 수 있는 방법으로 성공하는 성격의 소유자이고 해야 할 일을 논리적으로 결정하고 주의가 산만해도 꾸준히 일을 하기도 한다.[5]

성격 스타일을 이해하는 목적은 스타일 차이가 언제 문제를 야기하는지를 알아내려는 것이다. 예를 들어 점심식사 시간에 외부로 식사를 나갈 때 내향적인 사람이 선뜻 나서지 않을 가능성이 있어서 외향적인 사람은 내향적인 사람이 홀로 남지 않도록 배려해야 한다. 또 감각적인 사람은 직관적인 사람이 좋은 아이디어가 있지만 서로 다른 방법으로 결론에 도달한다는 것을 인정해야 한다.

<표 1-2>는 어떤 조직에서 MBTI를 검사한 결과로 나타난 16가지의 성격별 표본 분포를 보여주고 있다. 전체 4,808명의 응답자의 분포를 보면 ISTJ가 제일 많고 그다음 ESTJ, ENTJ, INTJ 순으로 많다. 조직에서 관리자들이라서 그런지 감정보다 사고적인 유형이 더 많고 인지적이기보다 판정적인 유형이 더 많다.

---

[5] MBTI 검사를 실제로 실시해보려면 Myers-Briggs 웹사이트인 https://www.myersbriggs.org/에서 온라인으로 유료로 실시할 수 있다.

〈표 1-2〉 MBTI 유형지수 검사 결과의 예

관리자, 행정가, 감독관

N = 4808

감지 (Sensing)		직관 (Intuition)			
사고 (Thinking)	느낌 (Feeling)	느낌 (Feeling)	사고 (Thinking)		
ISTJ N = 935 % = 19.45	ISFJ N = 261 % = 5.43	INFJ N = 124 % = 2.58	INTJ N = 392 % = 8.15	판정 (Judgment)	내향성 (Introversion)
ISTP N = 175 % = 3.64	ISFP N = 80 % = 1.66	INFP N = 130 % = 2.70	INTP N = 280 % = 5.82	인지 (Perception)	
ESTP N = 158 % = 3.29	ESFP N = 93 % = 1.93	ENFP N = 203 % = 4.22	ENTP N = 285 % = 5.93	인지 (Perception)	외향성 (Extroversion)
ESTJ N = 786 % = 16.35	ESFJ N = 218 % = 4.53	ENFJ N = 177 % = 3.68	ENTJ N = 511 % = 10.63	판정 (Judgment)	

주: ■ = 견본 중 1%

출처: Gerald P. Macdaid, "CAPT Data Bank,"(1997), Center for Applications of Psychological Type, Inc.

나. 사회 스타일 모델

사회 스타일 모델은 훈련된 보다 객관적인 관찰자가 한 사람의 행동을 직접 관찰하는 방법을 사용한다. 이 모델은 단호함(assertiveness)과 민감성(responsiveness)이라는 두 가지의 범주를 상정하고 있다(McCorkle & Reese, 2010, pp.111-112). 과단성은 다른 사람과 교류할 때 질문할지, 말할지를 묘사한다. 말하기 단호(tell assertive)는 의사소통에서 직접적이고 강력하고, 강한 제스처로 눈을 마주보는 사람이다. 반면 질문하기 단호(ask assertive)는 자신에 대해 생각을 하면서 말을 적게 하고 천천히 말하는 사람이다.

반응성은 얼마나 많은 감정이 나타나는지를 측정한다. 통제된(controlled) 사람은 형식적이고 감정을 별로 표현하지도 않는다. 감정적인(emote) 사람은 느낌을 공개적으로 드러내고 더 활기 있는 사람이다. 이렇게 질문하기-말하기(ask-tell), 통제하기-감정적이기(control-emote)의 짝에서 네 가지 범주가 만들어진다(Furlong, 2005, McCorkle & Reese, 앞의 책, pp.111-112). 높은 감정과 높은 단호는 추진적(driving)이라는 명칭을 부여하고 이는 독립, 과업과 결과 중심, 확실한, 신속한, 압도적이라는 특성이 있다. 낮은 감정과 높은 단호는 분석적(analytical)이라는 명칭을 부여하고 이는 신중, 과업지향, 조심, 논리라는 특성이 있다. 낮은 단호와 낮은 감정은 온화한(amiable)이라는 명칭을 사용하고 의존적, 관계 중심, 지원적, 공개적, 유연한, 갈등회피라는 특성이 있다. 마지막으로 높은 감정과 낮은 단호는 표현하는(expressive)이라는 명칭을 사용하고 공상적, 활발한, 화려한, 신속한, 충동적인, 독단적이라는 특성이 있다.

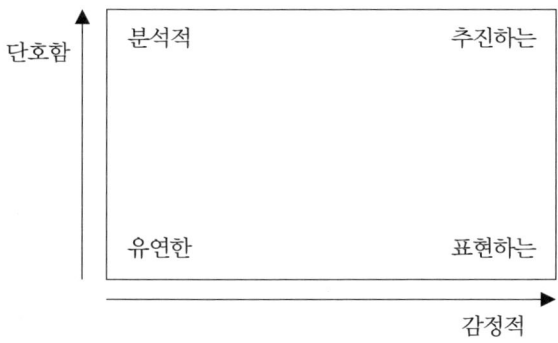

출처: McCorkle & Reese(2010), p.112

[그림 1-6] 사회적 스타일 모델

　[그림 1-6]은 사회적 스타일 모델을 표현하고 있다. 횡축은 오른쪽으로 갈수록 감정적 성향이 높아지고 왼쪽으로 갈수록 감정적 성향이 낮아지며 통제적 성향이 강해진다. 종축은 위로 갈수록 단호한 성향이 높아지고 아래로 갈수록 단호한 성향이 낮아진다. 단호함과 감정적, 두 축의 결합에 따라 분석, 추진, 유연, 표현이라는 네 가지의 사회적 스타일 유형이 나타나는 것을 볼 수 있다.

　이 사회적 스타일은 성격 스타일과 마찬가지로 의사소통의 오류가 갈등을 야기하는 영역을 식별하는 데 유용하다. 예를 들어 유능한 두 사람의 직장동료가 서로 스타일이 다른데 서로 좌절을 경험할 수 있다는 것을 예측할 수 있다. 한 사람은 유순한 스타일로서 기쁘게 일하지만 과업지향적이지 않은 반면 다른 한 사람은 추진하는 스타일로서 냉정하고 비정하며 오직 작업 완수에만 관심이 있다. 유순한 사람은 추진하는 사람이 폭력적이라고 생각할 수도 있다. 추진하는 사람은 유순한 사람을 느리고 무능한 사람이라 생각할 수도 있다. 스타일 차이를 밝혀주는 것은 서로 존중하게 하고 생산성을 높일 수 있다.

다. 갈등관리 스타일

갈등관리 스타일은 갈등상황에 대한 유형화된 반응을 말한다. 그래서 갈등관리 스타일은 문화와 사회 기대감에 의해 영향을 받게 된다. 어떤 사람은 어떤 종류의 갈등관리 스타일을 편하게 느끼지만 다른 사람은 다른 종류의 갈등관리 스타일을 편하게 느끼게 된다.

잘 알려져 있는 5가지 갈등관리 스타일은 '자신의 목표달성 관심과 상대방의 목표달성 관심의 교차에 의해 스타일이 존재한다.'는 Blake & Mouton의 1964년 개념에서 도출되었다(Hammer, 2005; Holt & DeVore, 2005). 토머스(Thomas)와 킬먼(Kilmann)은 자신에 대한 관심(단호함, assertiveness)과 타인에 대한 관심(협력성, cooperativeness)의 결합 정도에 따라 5가지의 갈등관리 스타일을 만들어 검사에 활용했다(Thomas & Kilmann, 1974). 자신과 상대방에 대한 관심이 낮으면 회피(avoidance)를 야기하고, 자신에 대해서는 관심이 낮고 상대방에 대해서는 관심이 높으면 수용(accommodation) 스타일을 만들고, 반대로 자신에 대해서는 관심이 높고 상대방에 대해서는 관심이 낮으면 경쟁(competition) 스타일에 해당한다. 자신과 상대방 모두에 관심이 높으면 양자의 욕구가 충족되는 협력(collaboration) 스타일을 만들어내고 양자에 관심이 보통이면 타협(compromise) 스타일을 만든다.

[그림 1-7]은 앞에서 논의한 5가지의 갈등관리 스타일을 그림으로 나타내고 있다. 횡축으로는 왼쪽에서 오른쪽으로 갈수록 협력성이 높아지고 종축으로는 아래에서 위로 갈수록 단호함이 높아진다. 단호함과 협력성이 모두 낮으면 회피, 단호함이 높고 협력성이 낮으면 경쟁, 반대로 단호함이 낮고 협력성이 높으면 수용, 단호함과 협력성이 모두 높으면 협력, 단호함과 협력성이 보통 수준이면 타협의 스타일로 분류하고 있다.

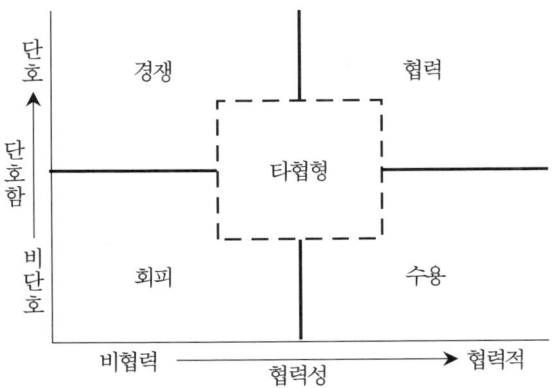

[그림 1-7] 토머스-킬먼의 갈등관리 모형

사례 1.1. 토머스-킬먼 갈등관리 5가지 스타일

　수연이와 윤정이는 같은 대학교에 다니는 1학년 학생으로 기숙사에서 한 방을 사용하는 룸메이트이다. 수연이가 윤정이에게 스카프를 빌릴 수 있을지 물어보았는데 윤정이가 그러라고 응답했다. 나중에는 수연이는 윤정이에게 허락을 받지도 않고 셔츠, 코트, 뭐든 입을 옷이나 신발을 빌렸다.

〈회피 스타일〉

　윤정이가 회피 스타일이면 꾹 참고, 수연이 대해 나쁜 생각만 하고 친구에게 불만을 토로할 것이다. 수연이가 윤정이에게 무엇이 잘못되었는지 물으면 윤정이는 도서관에 가야 한다며 방을 나간다.

〈수용 스타일〉

　윤정이가 수용 스타일이면 수연이가 어떤 걸 빌리더라도 상관하지 않는다고 말한다.

〈경쟁 스타일〉

　윤정이가 경쟁 스타일이면 수연이를 대면하고 모든 빌려간 옷을 세

> 탁하고 다시는 빌리지 말기를 요구한다.
>
> 〈타협 스타일〉
> 윤정이가 타협 스타일이면 옷을 빌리는 문제를 수연이에게 제기할 것이다. 그래서 윤정이는 적당한 중간 지점을 모색할 것이다. 만약 수연이가 먼저 사전에 요청하고 돌려줄 때는 세탁하고 다려놓는다면 옷을 빌릴 수 있다고 윤정이는 말한다.
>
> 〈협력 스타일〉
> 윤정이가 협력 스타일이면 수연이에게 앉아서 룸메이트 상황에 대해 토론하기를 요청할 것이다. 윤정이는 그 쟁점을 총체적인 방법으로 다루고 룸메이트의 의미가 무엇인지 질문하고 각자의 기대를 토론할 것이다. 옷을 빌리는 것은 큰 그림의 일부로서 토론하게 될 것이다.

흥미롭게도 5가지의 갈등관리 스타일을 세 가지 스타일로 접근하는 학자도 있다. 즉, 회피(avoidance), 분배적 개입(distributive engagement), 그리고 통합적 개입(integrative engagement)이 그것이다. 회피는 앞과 같이 갈등을 최소화하려고 시도하는 것이다. 분배적 개입 스타일은 직접적이고 경쟁적이며 상대에게서 양보를 얻어내려고 지속적으로 시도하는 스타일이다. 통합적 개입 스타일은 직접적이고 협력적이며 상호 만족하는 성과를 추구하는 스타일이다(Kuhn & Poole, 2000). 여기서 수용은 갈등 회피의 한 유형이거나 분배적 개입을 상실할 때의 결과로 간주될 수 있다. 타협은 분배적 개입의 한 전략이거나(상호 차이를 반분하기), 통합적 개입이 실패할 때 후퇴하는 입장으로 볼 수도 있다.

[생각해볼 점]

1-3 질문

1. 사회적 스타일 중 유연한 사람과 추진하는 사람 간에 의사소통이 갈등을 야기하는 이유를 설명하라.

2. 토머스-킬먼의 갈등관리 모형 중 타협은 갈등관리 세 가지 스타일에서는 어떻게 해석하는가?

1-4. 갈등해결방법과 스킬

개인 간 갈등을 해결하는 방법은 크게 나누어 다른 사람의 도움 없이 자기 스스로 갈등을 해결하는 방법과 외부 제3자의 도움으로 해결하는 방법이 있다. 스스로 해결하는 방법은 문제해결이나 협상 등을 이용하는 방법이고 제3자 해결방법은 스스로 해결할 수 없을 때 조정이나 중재 또는 법원 재판에 의존하는 방법이다. 갈등해결방법을 선택하려면 고려해야 할 요소를 검토하고 평가해보아야 하며 각 갈등해결방법의 특성을 살펴보아야 한다. 그래서 다음에서 갈등해결의 접근방법, 갈등 평가, 갈등해결방법의 선택에 대해 설명하고자 한다.

가. 갈등해결의 접근방법

갈등을 해결하려면 갈등의 수준, 범위, 정도, 집단성을 식별하고 갈등당사자의 성격, 관계성을 고려하여 해결방법을 선택해야 할 것이다. [그림 1-8]에서 보는 바와 같이 갈등이 발생하면 갈등 평가 단계로서 먼저 갈등의 특성이 무엇인지를 살펴봐야 한다. 그래서 갈등의 평가 결과 자율적으로 해결할지, 제3자에 의해 해결할지를 선택해야 한다. 일단 자율적 해결로 선택하면 손익계산, 문제해결, 협상이 있는데 이 중 어떤 방법을 선택할지도 갈등의 특성을 고려하여 결정해야 한다. 제3자에 의해 해결하는 방법을 선택하면 조정이나 중재로 할지 법원 재판으로 갈지를 결정해야 한다. 보다 더 중요한 것은 법원 재판을 갈 수 있는 법적 쟁점도 협상 → 조정 → 법원 재판의 과정을 거치면서 가능한 법원 이전 단계에서 해결해보도록 노력한다는 점이다.

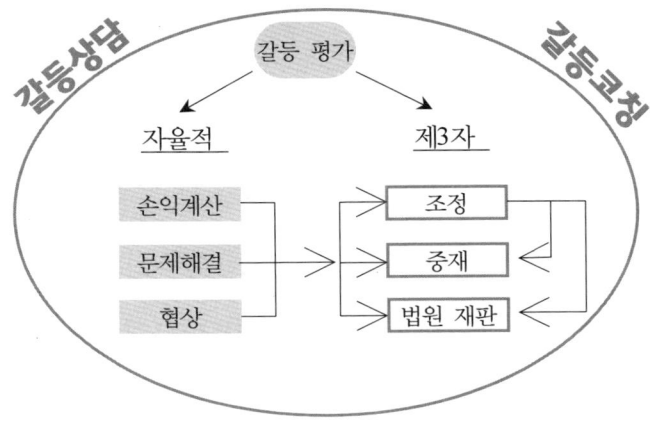

[그림 1-8] 갈등해결의 접근방법

이상의 접근방법은 그림에서 외곽 타원선 안에서 이루어지는 것을 설명한 것이다. 갈등당사자가 자율적으로 해결하더라도 외부의 전문가의 도움을 받아 해결할 수도 있고 제3자에 의한 해결을 하더라도 그러한 도움을 받을 수도 있다. 외부 도움의 첫 번째는 갈등 상담으로 당사자가 갈등이 발생해서 갈등 평가를 하기가 어렵고 어떤 갈등해결방법을 선택할지도 몰라서 상담을 받고 싶을 때 도움을 주는 갈등 상담사의 상담이다. 외부 도움의 두 번째는 갈등코칭으로 다음 장에서 설명하겠지만 당사자가 갈등이 발생해서 스트레스를 받으며 어떻게 대처해야 할지 몰라 코칭을 받고 싶을 때 도움을 주는 갈등 코치의 코칭이다. 코칭이 상담과 다른 점은 상담이 갈등의 어려움을 겪고 있는 당사자를 안정시키고 도움이 될 만한 자문적 의견을 제시해 주는 데 비해서 코칭은 한 갈등당사자가 자신이 원하는 바대로 갈등을 해결할 수 있도록 촉진하고 자신이 변화하여 그러한 목표를 달성하도록 도움을 주고 훈련하는 역할을 한다. 그래서 [그림 1-8]은 갈등당사자가 스스로 갈등 평가에서 자율적 해결과 제3자 해결을 결정할 수 있는 내적 구조에 자문을 제공하는 갈등 상담과 원하는 목표를 달성할 수 있도록 도움을 주는 갈등코칭의 외적 구조를 결합한 전체 구조를 보여 주고 있다.

나. 갈등을 평가하기

갈등을 효과적으로 해결하려면 갈등의 특성을 잘 파악하여 그에 맞는 방법을 찾을 필요가 있다. 갈등을 평가하는 기준은 다음과 같은 여러 가지 측면에서 이루어져야 한다.[6]

1) 내적 갈등인지 외적 갈등인지

갈등이 자기 내부에서 발생하여 개인적·내적 갈등인지 외부 다른 사람과의 관계에서 발생하는 개인 간, 외적 갈등인지를 식별한다. 내적 갈등이면 두 개의 다른 욕구 중에 선택해야 하는 문제이고 외적 갈등이면 다른 사람과의 협상이나 법적 재판 등으로 해결해야 할 문제이다.

2) 개인 간 갈등인지 집단 간 갈등인지

갈등이 두 사람 사이의 갈등인지 집단 간의 갈등인지를 식별해야 한다. 개인 간 갈등이면 당사자 간의 대화와 협의가 중요하고 문제해결이나 협상으로 해결하는 것을 고려해야 한다. 그러나 집단 간 갈등이면 집단 내의 구성원끼리 갈등 대처 방법에 대한 합의가 선행되어야 한다. 이에 따라 협상을 할 것인지, 조정이나 중재를 활용할 것인지, 법적으로 해결할 것인지가 결정될 수 있다.

---

[6] 원창희(2012), pp.97-99의 부분을 발췌 수정했으며 보다 자세한 연구는 McCorkle & Reese(2010), 9. Conflict Assessment를 참조할 수 있다.

3) 갈등이 업무와 생산성에 관련이 있는지

갈등이 조직에서 업무 수행상 발생하거나 생산성에 관련이 있는지를 확인해야 한다. 이러한 업무와 생산성에 관련된 갈등은 문제의 원인과 해결책을 모색하여 문제해결식으로 풀거나 아니면 상호 이해관계를 조정함으로써 해결할 수가 있을 것이다.

4) 법률적인 쟁점인지 비법률적인 쟁점인지

갈등의 쟁점이 법적인 문제를 포함하느냐를 파악해야 한다. 갈등이 법적인 쟁점을 포함하고 있지 않다면 법적 권리를 따질 일이 아니므로 자율적으로 해결할 필요가 있고 법적인 쟁점이라면 법원에서 해결하면 된다. 다만 법적인 문제라도 처음부터 법원으로 가지 않고 자율적으로 해결하거나 조정 또는 중재로 해결을 시도해볼 필요는 있다.

5) 갈등당사자 간 관계의 유지가 중요한지 아닌지

갈등에 처해 있는 당사자들이 좋은 관계를 유지할 필요가 있는지를 판단해 보아야 한다. 만약 관계가 계속 좋게 유지되어야 한다면 법적으로 승소와 패소로 판결되는 해결방법은 적절하지 못하다. 가능한 한 서로 만족할 수 있는 협상 방법을 찾아보는 것이 바람직하다.

6) 갈등의 쟁점이 정서적인 부분을 포함하는지 여부

갈등으로 정신적인 상처를 받았거나 정서적인 부분을 포함하고 있는지를 잘 식별해야 한다. 만약 그렇다면 나머지 비정서적 쟁점으로 협상을 하거나 법원 재판이 필요하다 해도 먼저 정서적 치료나 진정한 사과 등의 조치가 선행되어야 한다. 때로는 정서적 치료만으로 갈등의 대부분이 해결되는 경우도 많다.

7) 갈등의 결과가 사소한지 심각한 영향을 주는지

갈등의 결과가 당사자들에게 어느 정도 영향을 주게 될지를 예측해보아야 한다. 갈등이 사소하여 갈등의 결과도 가벼운 것이라면 간단하고 신속하게 협의해서 결정해야 하지만 갈등이 심각하고 결과가 큰 영향을 미치는 것이라면 시간을 두고 따져보고 신중하게 결정해야 하고 제3자의 조정으로 해결하는 것을 적극 고려해보는 것이 좋다.

8) 기타 갈등이 소수에게만 영향을 주는지 다수 대중에게 영향을 주는지, 갈등이 일시적인지 장기적인지 등

갈등이 영향을 주는 범위와 갈등이 지속되는 기간도 충분히 파악해야 한다. 갈등 결과의 심각성과 마찬가지로 갈등이 광범위하게 영향을 주고 장기적일수록 신중하고 합리적으로 해결해야 한다.

다. 자율적 갈등해결방법

1) 비용효과 분석

원래 비용효과 분석(cost-effectiveness analysis)은 여러 정책 대안 가운데 가장 효과적인 대안을 찾고자 각 대안이 초래할 비용과 산출 효과를 비교·분석하는 기법을 말한다.[7] 이 기법은 특정 프로젝트에 투입되는 비용은 금전적 가치로 환산하나, 그 프로젝트에서 얻게 되는 편익 또는 산출은 금전적 가치로 환산하지 않고 산출물 그대로 분석에 활용하는 특징을

---

[7] 이종수(2009), 『행정학사전』, 대영문화사의 비용효과 분석 용어설명을 참조.

지닌다. 이 기법은 산출물을 금전적 가치로 환산하기 어렵거나, 산출물이 서로 동일한 사업을 평가할 때 주로 이용되고 있다. 만약 어떤 대안의 비용뿐 아니라 편익도 금전적 가치로 환산할 수 있다면 비용편익 분석(cost-benefit analysis)을 사용하면 된다. 이는 어떤 안(案)을 실현하는 데 필요한 비용과 그로 인해 얻는 편익을 평가, 대비함으로써 그 안을 채택할지 여부를 결정하는 방법을 의미한다. 두 가지 기법의 차이점은 산출물을 금전적 가치로 환산할 수 있느냐에 달려 있다.

인간의 내부에서 두 가지의 욕구가 서로 충돌하여 발생하는 개인적 갈등은 두 가지의 욕구 중 하나를 선택하여 충족시키거나 둘 다 충족시키거나 둘 다 포기하는 네 가지 경우밖에 없다. 그러나 특별한 상황에서는 둘 다 충족시키거나 둘 다 포기하는 경우가 있지만 일반적으로 두 가지 욕구 중 하나를 선택하려면 서로 비교할 수밖에 없다.

예를 들어 두 가지 대안, A, B에 대한 개인적 또는 개인 간 갈등이 발생하고 있다고 하자. 비용효과 발생에 대해 의견 차이가 있다면 이때 사용할 수 있는 적절한 방법은 비용효과 분석 기법이다. 각 대안이 어떤 비용을 유발하는지, 또 그 결과 어떤 혜택을 받게 되는지를 평가해보는 것이다. 같은 비용이라면 혜택이 많은 대안을 선택하고 같은 혜택이라면 적은 비용의 대안을 선택하면 된다. 비용과 혜택이 다르면 혜택과 비용의 차이나 비율이 높은 대안을 선택하면 될 것이다. A와 B의 비용을 C_A와 C_B라 하고 A와 B의 혜택을 B_A와 B_B라 하자. 그러면 다음과 같은 형태로 선택을 표현할 수 있다.

만약 $C_A = C_B$, $B_A > B_B$ 이면 → 대안 A 선택
$B_A < B_B$ 이면 → 대안 B 선택
만약 $B_A = B_B$, $C_A < C_B$ 이면 → 대안 A 선택
$C_A > C_B$ 이면 → 대안 B 선택
만약 $(B_A-C_A) > (B_B-C_B)$ 이면 → 대안 A 선택
$(B_A-C_A) < (B_B-C_B)$ 이면 → 대안 B 선택

또는

만약 $(B_A/C_A) > (B_B/C_B)$ 이면 → 대안 A 선택
$(B_A/C_A) < (B_B/C_B)$ 이면 → 대안 B 선택

2) 문제해결

문제해결 기법(problem-solving technique)은 문제점을 확인하고 적절한 해결방법을 모색하는 기법으로서 조직에서 보편적으로 많이 사용되는 도구이다. 문제해결은 이 문제해결 기법을 사용해 갈등으로 발생한 문제를 식별하여 당사자들이 만족스러운 해결책을 도출함으로써 갈등을 해결하는 것이다. 문제해결의 과정을 요약하면 다음과 같다.[8]

(1) 문제의 식별
  • 쟁점, 징후, 당사자 등 문제에 대한 정보 수집
  • 문제를 정확한 표현으로 진술함

(2) 문제의 원인 분석
  • 문제가 발생한 원인을 찾아냄
  • 관련된 사람의 요구 배경을 식별함

---

[8] Kneeland(1999), pp.16-18 참조.

(3) 문제해결 옵션 개발
- 문제를 해결할 다양한 옵션을 찾아냄
- 참여자 모두 브레인스토밍 방법을 사용함

(4) 최적 옵션 결정
- 여러 가지 옵션을 비교하여 최선의 옵션을 선택함
- 당사자들이 모두 만족하는지를 확인함

(5) 해결 방안의 실천
- 실천 계획의 수립과 실시

3) 협상

갈등을 협상으로 해결하는 것은 자율적인 해결방법 중 가장 스킬을 요하는 방법이다. 협상을 이용하는 사람과 상황에 따라 아주 간단할 수도 있고 복잡할 수도 있다. 많은 사람이 개입되어 있으면 구조가 복잡하고 장기간을 요할 수도 있다. 보다 자세한 협상의 소개는 2부에서 할 예정인데 여기서는 유형과 절차 정도만 소개하려고 한다. 협상에는 두 가지 유형인 분배적 협상과 통합적 협상이 있다.

분배적 협상(distributive negotiation)은 자기의 주장을 끝까지 밀고 나가다가 마지막에 타협하는 방식인데 이는 당사자들이 서로 경쟁형으로 시작해서 협상하다가 마지막에는 타협형으로 종결되는 방식이다. 물론 계속 경쟁적으로 협상하다가 파국으로 가서 타결되지 못할 경우도 있다. 한편 통합적 협상(integrative negotiation)은 서로의 요구 사항이 충족될 수 있도록 노력하는 생산적인 방법으로서 윈윈 협상(win-win negotiation)이라고도 한다. 분배적 협상은 당사자들의 입장을 내세우고 이를 중심으로 협상하는 방법이므로 입장에 기초한 협상(position-based negotiation)이라고도 하고, 통합적 협상은 문제를 각자의 관점에서 식별하고 각자의 이해관계를 토론하고 다양한 해결 방안을 서로 모색하기 때문에 이해에 기초한 협상(interest-based negotiation)이라고도 한다.[9]

이 중에서 후자를 여기서 설명하고자 한다. 통합적 협상은 원칙적 협상 또는 이해에 기초한 협상으로도 알려져 있으며 그 절차를 간단히 소개하면 다음과 같다.[10]

(1) 쟁점의 확인
  • 갈등이 되고 있는 쟁점 또는 문제점 확인
  • 쟁점을 정확히 진술함

(2) 이해관계의 식별
  • 선정된 쟁점에 대한 이해관계를 식별함
  • 공통의 이해관계를 식별함

(3) 대안의 개발
  • 공동 이해관계를 충족시키는 대안 제시
  • 브레인스토밍으로 많은 이해관계를 충족시키는 대안 제안을 유도

(4) 평가 기준의 설정
  • 대안을 평가할 평가 기준을 설정
  • 당사자들이 합의하에 기준 설정

---

[9] 이 두 가지의 협상 접근방법에 대한 설명은 장동운(2009), pp.146-162, McCorke & Reese(2010), pp.127-154, Patterson & Seabolt(2001), pp.26-30, Robbins & Judge(2010), Ch. 13 등 많은 참고문헌에서 찾아볼 수 있다.

[10] Patton(2005), 원창희(2009b), pp.5-13 참조.

(5) 대안의 평가
- 각 대안이 기준 리스트에 부합하는지 논의
- 모든 기준을 충족하는 대안은 번호 표시
- 3단계 요소 분석
  1단계 실현 가능성: 합법성, 예산 가능성, 실천성
  2단계 관심 충족성: 중요한 관심 충족
  3단계 수용 가능성: 양측의 수용 여부, 공정성

(6) 합의안의 도출
- 평가 기준을 충족하면서 많은 관심을 충족시키는 대안 모색
- 해결 방안에 당사자들이 동의해야 함

라. 제3자에 의한 갈등해결

 만약 협상으로 갈등을 해결하지 못하면 어떻게 할 것인가? 바로 제3자에 의한 해결방법을 모색하게 된다. 당사자가 서로 갈등을 해결하지 못하고 외부의 수단으로 해결하려고 할 때는 세 가지의 접근방법이 있다. 힘에 기초한(3자) 개입(power-based intervention), 권리에 기초한(3자) 개입(rights-based intervention), 그리고 이해에 기초한(3자) 개입(interest-based intervention)이 그것이다.[11]

1) 외부 힘으로 해결

 힘에 기초한 개입은 힘을 가진 사람이 갈등해결에서 승리자가 되는 것이다. 그 힘에는 육체적인 완력이나 돈, 지식, 의사소통 스킬, 인적 연줄과 같은 자원이 포함되어 있다. 갈등의 당사자가 스스로 이길 힘이 없으면

---

[11] 이 접근방법의 분류는 McCorkle & Reese(2010), pp.197-200을 참조.

경쟁적 체계에서 목표는 자신을 위해 대신 싸워줄 사람을 찾는 것이다. 예를 들어 상대방보다 더 힘이 세거나, 영리하거나, 부자이거나, 연줄이 좋은 그런 사람이다.

2) 법적으로 해결

권리에 기초한 개입은 바로 법원에서 해결하는 것을 의미한다. 사회가 발달할수록 개인의 권리를 보호하고 촉진함으로써 갈등을 해결하는 절차가 발달되어 있다. 재판에서 목표는 모든 사람이 그들의 문제를 야만적 힘이 아니라 법적 판례에 의해 결정되도록 힘의 균형을 잡아주는 것이다. 권리에 기초한 개입은 법에 보장된 권리를 찾아내어 그 권리가 있는 쪽이 이기는 해결방법이다. 권리에 기초한 개입으로 갈등을 해결하려는 사람은 법원에 소송을 제기하는 데에 자신을 변호해줄 변호사를 신중하게 고용해야 한다. 이 방법에 의한 갈등해결은 갈등당사자가 아닌 제3자가 결정해주는 체계이므로 당사자들이 통제할 수가 없는 것이 특징이다.

3) 상호 욕구 만족하도록 해결

이해에 기초한 개입은 갈등의 토대가 되는 기본적인 욕구인 이해관계가 충족되도록 제3자가 개입하는 것을 말한다. 이 방법은 법적 권리 이외의 다른 기준을 고려하는 이중적인 초점을 가지고 있다. 각자에게 중요하지만 권리에 기초한 해결방법에는 없는 공정성이나 다른 기준을 고려할 수 있다. 이 방법의 가장 발전된 체계는 조정(調停, mediation)과 중재(仲裁, arbitration)이며 법적 해결방법의 대안으로서 발달되었기에 대안적 분쟁해결(代案的 紛爭解決, Alternative Dispute Resolution, ADR)이라고도 한다.[12]

중재는 중립적인 제3자(주로 전직 판사나 해당 분야 전문가)가 갈등해결 당사자들에게서 권한을 위임받아 갈등해결을 위해 결정을 내려주는 방법을 말한다. 당사자가 중재자에 의한 최종 결정을 수용하도록 사전에 정해져 있거나 합의했으면 이것은 강제중재(binding arbitration)이다. 중재는 어디까지나 자발적이거나 법원에 연계되어 있으며 재판에 비해 신속하고 저렴한 해결방법이므로 소매 또는 소비자 분쟁을 해결하는 표준적 수단으로 많이 활용되고 있다. 중재는 많은 경우에 있어서 비공개적으로 진행되고 사적으로 이용된다. 그러나 우리나라에서는 대한상사중재원이나 국가인권위원회, 언론중재위원회 등과 같이 공적 중재기구나 대기업 위주의 중재기구가 활동하고 있고 사적 중재가 발달되지 못하고 있다.

조정은 중재보다 더 최근에 발달한 대안적 분쟁해결의 한 방법으로서 최근에는 분쟁해결방법 중 가장 만족도가 높은 방법으로 알려져 있다. 왜냐하면 조정은 중립적인 제3자가 갈등당사자들이 스스로 관심을 개발하고 성과를 창조해내도록 돕고자 이해에 기초한 의사소통을 촉진하는 과정이기 때문이다. 그래서 조정이란 '갈등당사자들이 자발적으로 갈등의 쟁점을 상호 수용 가능한 형태로 해결하여 합의에 이르도록 지원해주는 제3자의 협상 과정에의 개입'을 말한다.[13] 조정이 특히 활용하기에 적절한 경우는 어떤 것일까? 갈등의 쟁점이 너무 정서적인 특성을 내포하고 있어서 그 쟁점을 스스로 해결하기 힘든 경우이다. 소년법원 프로그램은 판사에게 가기 전에 피해자와 가해자 간의 조정을 요구할 수 있다. 법적 쟁점에는 해당하지 않지만 해결해야 할 분쟁에도 조정이 사용될 수 있다. 어떤 기업은 근로자 분쟁에 대해 조정을 요구하기도 한다. 어떤 지역사회는 개 짖는 소리, 토지경계선, 주차, 소작-지주 문제 등의 사건에 조정을 이용하

---

[12] 대안적 분쟁해결에 대한 구체적인 설명은 원창희(2009a, 2009b, 2011a), Patterson & Seabolt(2001), Frey(2003) 등의 문헌을 참고할 수 있다.

[13] 원창희(2005), p.141와 Moore(2003), p.15 참조.

기도 한다.

갈등이 자율적으로 해결되지 못하면 제3자의 개입이 필요한데 그 중에서 가장 보편적으로 많이 사용되는 조정과 중재를 간단하게 설명했다. 중재에 비해 조정은 당사자의 자유의사를 가장 많이 반영하면서 이해관계를 충족시키는 방법이어서 최근에 그 활용도가 크게 높아지고 있다. 조정과 중재의 구체적인 기법들은 제2부에서 다룰 것이다.

[생각해볼 점]

1-4 질문

1. 개인이 갈등을 자율적으로 해결하는데 제3자가 도움을 주는 방법은 어떤 것이 있는지 설명하라.

2. 갈등을 자율적으로 해결하지 못할 경우 세 가지의 접근방법은 무엇이며 대표적 방식은 무엇인가?

1-5. 갈등해결 기초 스킬

갈등해결의 기초 스킬이란 앞에서 소개한 여러 가지 갈등해결방법을 구사하는 데 매우 유용하게 활용되는 기본적인 스킬을 말한다. 관련된 스킬이 여러 가지 있지만 주요 스킬로서 브레인스토밍, 적극적 듣기와 효과적 듣기, "I" 메시지 및 합의도출, 이 네 가지만 소개하려고 한다. 이 스킬들을 잘 구사할 줄 안다면 갈등해결방법을 보다 더 쉽게 습득할 수 있을 것이다.[14]

가. 브레인스토밍

1) 브레인스토밍의 개념

먼저 브레인스토밍은 무엇이며 왜, 언제 필요한가? 브레인스토밍은 영어로 Brainstorming으로 표기되는데 '갑작스러운 또는 번뜩이는 아이디어, 강렬하고 일시적인 생각, 혹은 무모한 아이디어'로 번역된다. 이는 한 집단에서 아이디어가 자유롭게 표현되도록 자극하는 기법을 의미하므로 창의적인 아이디어 개발에 매우 중요한 방법이다. 특히 집단 창의성 계발과 다양한 아이디어 수집을 위해 널리 활용되고 있다.

브레인스토밍은 1900년대 중반 Madison Avenue 광고회사 사장인 Alex Osborn에 의해 처음으로 개발되었다. Osborn은 브레인스토밍을 "한 집단의 구성원들이 자발적으로 모든 아이디어를 수집함으로써 특별한 문제의 해결을 찾으려고 시도하는 회의 기법"이라고 정의했다(Miller, 2012, Ch.1.). 브레인스토밍은 때때로 불합리하거나, 모순적이거나, 기묘하거나, 우스꽝스러운 아이디어라도 구성원들이 생각해낼 수 있도록 권장하는 규

---

[14] Brandon & Robertson(2007), pp.144-165, 각종 FMCS 교육매뉴얼 참조.

칙과 기법을 사용한다. 어떤 경우에는 이러한 말도 안 되는 아이디어가 잘 다듬어져 좋은 문제해결이 되기도 한다.

2) 브레인스토밍의 기본규칙

Osborn이 브레인스토밍을 개발하면서 사용한 기본규칙은 네 가지였다. 이 규칙은 구성원들 사이에 사회적 억압을 줄이고 아이디어 창출을 자극하며, 팀 작업의 창조성을 증진하고자 고안되었다(Miller, 2012, Ch.1.)

규칙 1. 질보다는 양에 집중하라.
규칙 2. 평가를 유보하라.
규칙 3. 엉뚱하고 색다른 아이디어를 권장하라.
규칙 4. 다른 사람의 아이디어를 토대로 발전시켜라.

브레인스토밍은 많은 아이디어가 나올 필요가 있으므로 질보다 양에 집중하고 그 아이디어가 좋은지 나쁜지 등 평가와 판단은 나중에 하면 된다. 그렇지 않으면 떠오르는 아이디어를 머릿속에서 판단해서 말하기를 꺼릴 수도 있다. 그리고 자신의 생각으로 아이디어를 내지 못해도 다른 사람의 아이디어를 보고 결합하거나 변형해서 다른 아이디어가 생각나면 발전시킬 좋은 기회가 된다.

Osborn의 브레인스토밍 규칙을 토대로 FMCS(Federal Mediation and Conciliation Service, 미국 연방조정알선청)에서 실제로 활용하고 있는 기본규칙을 소개하면 다음과 같다.

○ 브레인스토밍 기본규칙
- 비판하지 말라.
- 판단하지 말라.
- 자유롭게 상상하라.
- 어떤 의견도 표현하게 하라.
- 의견은 많을수록 좋다.
- 모든 아이디어를 기록하라.

3) 브레인스토밍 시작과 방법

브레인스토밍을 시작하면서 소개하는 말을 예로 들어보면 그 특성을 엿볼 수 있다.

> **사례 1.2.** 브레인스토밍 시작 멘트
>
> "브레인스토밍을 이용하여 어떤 아이디어를 만들어낼 수 있을지 한 번 해봅시다. 우리가 할 일은 우리가 생각할 수 있는 모든 아이디어, 그것이 황당하거나 미친 것이라도 목록을 만드는 것입니다. 창조적 아이디어가 계속 나오도록 하기 위해 서로 아이디어를 비판하지 않고 그냥 나오도록 하고 나중에 평가하면 됩니다. 어떤 일이 발생하는지 보기 위해 5분 동안 브레인스토밍을 해볼까요?"

브레인스토밍의 방법은 여러 가지가 있지만 쉽게 사용하는 두 가지를 소개하면 하나는 자유토론식이고 다른 하나는 라운드로빈식이다. 이 두 가지 방법의 규칙을 열거하면 다음과 같다.

○방법

자유토론식	라운드로빈식
• 아이디어가 있으면 누구나 언제든지 제안한다. • 구성원들이 자유롭게 이야기하면 이를 기록한다.	• 구성원들이 번갈아 가면서 교대로 아이디어를 제안한다. • 자기 차례를 건너뛸 수 있다.

나. 적극적 듣기와 효과적 듣기

1) 적극적 듣기

적극적 듣기(Active Listening)란 말하는 사람의 모든 커뮤니케이션(생각과 느낌 포함)을 재진술하는 것을 말한다. 즉, 적극적 듣기란 화자가 전해주는 모든 메시지를 바꾸어 말해 보는 반응으로서 경청이라는 용어로도 표현하지만 약간의 차이는 있다. 적극적 듣기는 이야기를 듣는 동안 말하는 사람에게 주의와 인정을 보내주고 말하는 메시지에 대해 진정한 관심과 열정을 보여주는 것을 의미하므로 대화가 원만하게 이루어지게 하는 중요한 역할을 해준다. 적극적 듣기를 하면 어떤 이점이 있을까? 적극적 듣기는 듣는 사람이 말하는 사람의 생각과 감정을 이해하는 데 도움을 주고 말하는 사람이 표현하기를 주저하는 감정을 듣는 사람이 표현하도록 해주는 성과를 낼 수 있다. 이 기법은 또한 말하는 사람이 부정적인 감정을 없앨 기회를 줄 뿐 아니라 다른 사람의 입장과 관점을 이해하여 문제해결의 창조적 결과를 도출하는 데 기여할 수 있다. 적극적 듣기를 하는 데 지켜야 할 원칙을 정리해보면 다음과 같다.

(1) 적극적 듣기의 주요 원칙
- 상대방을 바라볼 것
- 상대방의 발언과 관련된 질문을 할 것
- 발언 도중 말참견을 하지 말 것
- 발언의 주제를 바꾸려 하지 말 것
- 상대방의 발언이 거슬리더라도 감정적으로 반응하지 말 것
- 상대방의 발언에 대하여 언어를 통한 반응과 비언어적 반응 (표정, 고개 끄덕임, 미소 등)을 자주 보이도록 할 것
- 상대방의 시각에서 생각하도록 노력할 것
- 상대방 발언의 옳고 그름에 대한 평가는 뒤로 미룰 것
- 상대방의 발언을 말을 바꾸어서 설명할 수 있도록 노력할 것

그러면 어떻게 구체적으로 하는 것이 적극적 듣기가 되는 것인지 다음의 주요 기법을 통해 알아본다.

(2) 몸짓 언어
눈을 맞추거나, 몸 위치나 얼굴표정을 바꾸거나, 고개를 끄덕이거나, 제스처를 쓰거나, 심지어 목소리 톤을 변화시킴으로써 상대방 화자의 말에 반응하는 것도 적극적 듣기의 한 방법이다.

(3) 관심을 보이기
말을 계속하도록 관심의 질문을 하는 것이다. 이야기하는 사람이 계속 이야기하도록 격려한다. 예를 들어 다음과 같은 말로 관심을 보일 수 있다.
"아, 알겠습니다", "그거 흥미롭군요"

(4) 반복과 재해석
느낌에 대한 이해를 보이기 위해 화자의 말을 반복해보거나 다시 해

석해보는 것이다. 다음과 같은 재진술을 통해 말하는 사람이 자신의 감정을 스스로 인지하도록 돕는다.

"~하게 느끼시는군요", "그것 때문에 정말 화났겠군요"

(5) 명확화하기

추가적인 사실들을 찾아본다. 모든 측면을 탐색하고, 의미를 체크하고 해석하도록 돕는다.

"말씀하시고자 하는 의미는 ~이군요", "제가 이해하기로는 ~인 것 같은데, 맞나요?"

(6) 말을 요약하기

상대방의 말이나 느낌을 요약해 봄으로써 확실히 이해했다는 것을 보여주는 것이다. 예를 들어 다음과 같은 표현이 요약하는 방법이다.

"이것이 말씀하신 아이디어군요", "제가 만약 하신 말씀을 제대로 이해했다면…."

(7) 판단을 삼가기

상대방이 하는 말에 대해 판단을 하거나 해결책을 제시하지 말아야 한다. 상대방의 말에 판단을 한다면 논란이 일어날 수 있고 이야기가 되지 못한 채 단절될 수가 있다.

2) 효과적 듣기

적극적 듣기 대신 효과적 듣기를 강조하는 커뮤니케이션 전문가들도 있다. 효과적 듣기(effective listening)는 언어적 내용에 집중할지, 메시지 안에 포함된 관계에 집중할지, 또는 감정적 어조에 집중할지를 구별해서 듣는 것을 말한다(McCorkle & Reese, 2010, p.95). 효과적 듣기와 적극적 듣기의 차이점은 적극적 듣기가 화자가 말하는 모든 메시지, 즉 내용, 감정,

및 생각을 모두 잘 파악하고자 듣고 상대에게 확인하는 듣기인 데 반해서 효과적 듣기는 상황에 따라 여러 가지 듣기 스킬을 선택하여 듣고 분석하고 해석하여 어떻게 반응할지를 선택하는 것이다. 효과적 듣기의 8가지 단계를 소개하면 다음과 같다(McCorkle & Reese, 2010, pp.95-103).

(1) 실수를 예방하기 위해 정신적으로 준비하라.
(2) 상대방에게 순간적인 완전한 주의를 기울여라.
(3) 어떤 듣기 유형이 현재의 상황에 잘 맞는지 평가하라.
(4) 내용을 다루기 전에 필요하면 감정을 먼저 다루어라.
(5) 더 많은 정보를 이끌어내라.
(6) 상대방에게 알고 싶어 하는 정보를 주라.
(7) 문제를 합의가 가능한 쟁점으로 변형하라.
(8) 상호 이해를 했는지 확인하라.

여기서 (3)의 듣기 유형은 포괄적 듣기(comprehensive listening), 평가적 또는 비판적 듣기(evaluative or critical listening), 감상적 듣기(appreciative listening), 공감적 듣기(empathetic listening), 대화적 또는 관계적 듣기(dialogic or relational listening) 등 6가지가 있다. 이 유형 중 상황에 따라 적절한 듣기를 선택하면 된다.

(5)의 정보 획득을 위해 질문 스킬이 필요하다. 개방형 질문(open-ended questions)으로 갈등 분야(가치, 데이터, 과정 등)가 명확해지면 탐구형 질문(probing questions)으로 구체적인 정보를 얻을 수 있다.

요컨대 효과적 듣기는 상황에 맞추어 듣고 많은 정보를 교환하여 서로 이해하도록 만들어가는 전략적·정보적 듣기라고 볼 수 있다.

다. "I" 메시지로 말하기[15]

1) "I" 메시지의 개념과 의미

우리가 갈등에서 화가 나는 그런 강한 느낌을 가질 때 종종 "You" 메시지를 사용한다. 이것은 "You(너)"로 시작하고 상대방을 탓하거나, 비난하거나 과소평가하는 말이다. 이러한 강한 느낌은 "I(나)" 메시지를 사용하여 갈등을 악화시키지 않으면서 표현할 수 있다. "I" 메시지를 사용할 때 화자는 탓하거나 비난하지 않고 상황에 대한 느낌을 말하게 된다. 그래서 "I" 메시지는 문제해결에 대한 훌륭한 시작이 될 수 있다.

"I" 메시지는 다른 사람을 비난하거나 공격하지 않고 어떻게 느끼는지 말해주는 대화법이다. "I" 메시지를 한국어로 번역하여 '나- 전달법'이라고 사용하기도 하는데 "I" 메시지로 그대로 발음하여 사용하는 경우가 많기 때문에 여기서는 메시지만 한국어로 쓰고 "I" 메시지로 표기하기로 한다. "I" 메시지의 반대인 "You" 메시지는 화가 나서 비난하거나 공격하는 대화법이므로 듣는 사람이 스스로 방어하고 공격할 방법을 찾을 때는 "You" 메시지로 반응을 한다. "You" 메시지가 갈등을 유발하고 증폭시키는 작용을 하기 때문에 "I" 메시지를 사용하여 갈등을 예방하거나 완화하는 기능을 할 수 있으므로 "I" 메시지를 잘 구사할 필요가 있다.

2) "You", "I" 메시지의 상황극 사례

상황극 1: "You" 메시지

현주: 네가 포스터를 가지고 오지 않은 건 믿을 수 없어. 너 정말 건망증이 있네! 자 이제 우리 프리젠테이션을 어떻게 할 건데?

윤정: 글쎄, 네가 지난밤까지 날 도와주지 않았잖아. 너 때문에 늦게까지

---

[15] 미국 FMCS(연방조정알선청)에서 훈련용 매뉴얼에서 사용하는 설명과 기법을 활용했다.

못 자서 오늘 아침에 잤어. 내가 서두르는 바람에 포스터를 잊었어. 그건 내 잘못이 아니야.

상황극 2: "I" 메시지
현주: 윤정아, 그 포스터 없이 우리 프리젠테이션을 할 수 없어 정말 당황스러워. 오늘 오후까지 그걸 가져올 방법이 있기를 바래.
윤정: 그걸 잊어서 미안해. 오늘 아침 너무 바빴어. 아마 엄마가 회사 가는 길에 그걸 가져올 수 있을 거야

위의 두 개의 상황극은 같은 상황에 현주와 윤정이 서로 대화하는 방법이 다르다는 것을 알 수 있다. 상황극 1은 두 사람이 모두 "You" 메시지로 대화하는 내용이고 상황극 2는 두 사람이 모두 "I" 메시지로 대화하는 내용이다. 상황극 1에서는 갈등이 증폭되고 있지만 상황극 2에서는 갈등이 증폭되지 않으면서 문제해결 쪽으로 진행되고 있다.

3) "I" 메시지 기법

어떻게 "I" 메시지를 구사할 것인가. "I" 메시지 기법으로 네 가지 단계를 제안하고 있다. 즉, When(언제), Because(이유), I feel(느낌), I want(요청)의 순서대로 문장을 구사하면 "I" 메시지를 만들어낼 수 있다. 순서별로 말해야 할 내용을 보면 다음과 같다.

언제:(상대방 행동을 묘사)
이유:(그 행동이 내게 미친 영향을 설명)
느낌:(느낌의 단어를 사용)
요청:(부탁, 해결, 제안 등 원하는 요청을 표현)

앞의 상황극 2의 현주의 말을 대입해서 분해하면 다음과 같다.

언제: 윤정아,(아침에 포스터 가지고 오지 않았네.)
이유: 그 포스터 없이 우리 프리젠테이션을 할 수 없어.
느낌: 정말 당황스러워.
요청: 오늘 오후까지 그걸 가져올 방법이 있기를 바래.

여기서는 학생들이 이름을 부르면서 시작하는 것이 자연스러울 수가 있다. 상대방의 행동을 "아침에 포스터 가지고 오지 않았네."라고 구체적으로 묘사하지 않고 생략하고 바로 이유에서 '그 포스터 없이'로 시작하고 있다.

라. 합의도출

1) 합의도출의 개념

합의도출은 영어로 consensus building으로 표현된다. 갈등을 해결하는 것은 결국 당사자들 간에 쟁점에 대해 합의를 하는 것이기 때문에 합의도출 스킬은 매우 중요한 기초 스킬이다. 합의도출에 참여하는 당사자의 규모가 2명이나 소수라면 합의도출이 간단하지만 그 규모가 커질수록 합의도출도 복잡하고 시간이 오래 걸리는 과정을 거치게 된다. 그래서 갈등해결의 기초 스킬로서 합의도출을 다루지만 집단적 대규모 합의도출은 별도로 방법과 과정을 설명해야 한다. 여기서는 개인 간 갈등에 적용하는 비교적 소규모 합의도출에 적합한 스킬을 설명하고자 한다.

합의도출은 만장일치를 추구하는 과정이며 모든 이해관계자의 이해관계를 충족시키는 성실한 노력을 포함하고 있다. 모든 사람이 모두의 이해관계를 충족하고자 최선의 노력을 한 다음 제안되는 어떤 방안을 수용한다고 동의할 때 합의가 달성되었다고 한다(Susskind, McKearnen, & Thomas-Lamar, 1999, p.6). 참가자들이 만장일치를 추구해야 하지만 현실적으로는 모든 참가자의 이해관계를 충족하는 가장 근접한 합의를 도출해야 하는 것으로 전문가들은 믿고 있다.

합의를 기술적으로 쉽게 표현하면 다음과 같다.[16]

○ 합의란 모든 구성원이 하나의 대안에 동의하게 된 상황을 말함.
- 모든 구성원이 특정 대안(또는 결정)에 찬성할 필요는 없지만,
- 구성원들은 해당 결정이 공평하고, 공개적인 방법으로 이루어졌다고 받아들이며,
- 그 결정은 의사결정 시점에서 가장 최적안이라고 이해함.

2) 합의도출의 장점

합의에 의한 결정에는 의사결정에 있어서 어떤 다른 방식보다 장점이 많은데 이를 요약하면 다음과 같다.

○ 합의의 장점
- 그룹의 모든 구성원이 참가하여 결정한다.
- 수용성이 강하다.
- 실행이 빠르다.
- 저항을 감소시킨다.
- 모든 참가자의 아이디어를 경청한다.
- 거래가 아니다.

---

[16] 이하 합의의 정의, 장점, 원칙은 미국 FMCS(연방조정알선청)에서 훈련용 매뉴얼에서 사용하는 설명과 기법을 활용했다.

합의는 모든 구성원이 어느 누구도 배제되지 않고 참가하여 제안한 아이디어를 경청하여 결정된 방안이기 때문에 모두가 수용할 가능성이 크고 저항이 없이 실행이 빠르다는 장점이 있다.

3) 합의도출의 원칙

모든 참가자가 어떤 주제에 대해 합의를 도출하기 위한 10가지의 실천원칙을 제시하면 다음과 같다.

○ 합의도출의 10가지 원칙
- 상대방의 말을 경청할 것
- 모든 구성원이 토론에 참여하도록 격려할 것
- 자신이 알고 있는 정보와 지식을 공유할 것
- 남의 의견에 너무 쉽게 동의하지 말 것
- 의견과 남의 의견을 가지고 거래하지 말 것
- 합의가 어렵다고 투표로 결정하지 말 것
- 의견 차이를 보다 나은 합의에 필요한 것으로 여길 것
- 구성원들의 동의를 얻을 수 있는 대안을 개발할 것
- 내 주장만을 맹목적으로 제기하지 말 것
- 모두가 함께 이익을 얻을 대안을 찾을 것

이 원칙 중 몇 가지는 추가 설명이 필요하다. 남의 의견에 너무 쉽게 동의하면 별로 생각해보지 않고 동의한 것이라 최종 합의를 수용하거나 실행하는 데 어려움이 있을 수 있다. 서로 거래해서 합의를 하거나 토론이 없이 쉽게 투표를 결정하는 것도 합의의 합리성이나 효율성, 합법성과 예산 타당성 등에 대해 충분히 고려하지 않아 나중에 합의를 거부하거나 번복할 위험성이 내재되어 있다. 모두가 동의할 수 있는 대안을 만들려면

자신의 주장만 제기하기보다 모두가 함께 이익을 얻는 대안을 찾는 노력이 필요하다.

4) 합의도출의 절차

합의도출의 절차는 집단의 규모와 사안의 복잡성에 따라 다양하게 진행될 수 있으나 여기서는 두 사람 또는 소규모 집단이 사용하기에 편리한 간단한 절차를 소개하려고 한다.[17]

(1) 소집(Convening): 합의도출 여부 결정, 갈등 평가 준비, 대표 선출
(2) 책임 확정(Clarifying Responsibilities): 참가자 역할, 기본규칙, 쟁점 결정
(3) 협의(Deliberating): 건설적 협의, 개별회의, 옵션 개발, 브레인스토밍
(4) 결정(Deciding): 공동 이익 극대화, 모든 관심 충족, 기록
(5) 합의 이행(Implementing Agreements): 참가자 비준

어느 집단이 합의를 도출하기 위해 거쳐야 할 절차로서 Susskind는 5가지 핵심 절차를 제시했다. 먼저 '1. 소집'에서는 집단의 구성원이 모두 집합하면 합의도출 여부를 결정해야 한다. 서면으로 갈등 평가를 준비하고 적절한 대표를 선출함으로써 합의도출 회의를 시작할 수 있다. '2. 책임 확정'에서는 촉진자와 참가자의 역할이 무엇인지 결정하고 기본규칙을 설정해야 한다. 합의를 보아야 할 쟁점이 무엇인지 확정해야 한다. 필요하면 컴퓨터를 토대로 한 소통과 기록을 준비해서 모든 참가자가 진행 과정을 볼 수 있게 해야 한다. '3. 협의'에서는 건설적 방법으로 협의할 것을 약속하고 다양한 옵션을 창조해내는 작업을 해야 한다. 필요하면 소위원회를

---

[17] Susskind(1999), pp.13-35에서 제안한 간단한 절차와 사례를 참고하여 소개한다.

만들어 의논하고 전문가 자문도 청취할 수 있다. 여기서 옵션 개발에 브레인스토밍 기법을 활용하는 것은 매우 유익하다. '4. 결정'에서는 공동 이익을 극대화하고 모든 참가자의 관심을 충족할 수 있도록 노력해야 한다. 합의와 불일치 사항의 핵심 사항을 기록하고 최종 결정하기 전에 서면으로 합의안을 검토해야 한다. 마지막 '5. 합의 이행'에서는 모든 참가자의 비준을 받고 대표자가 서명해야 한다. 유의할 점은 환경 변화 등으로 약속 이행이 어려울 경우 재소집과 분쟁해결 절차를 합의안에 포함시켜야 한다는 것이다.

[생각해볼 점]

1-5 질문

1. 적극적 듣기와 효과적 듣기의 차이점은 무엇인가?
2. 합의의 장점 중 과정으로서의 세 가지와 결과로서의 세 가지를 설명하라.

제2장

갈등코칭의 절차와 스킬

2-1. 코칭의 원리와 방법

가. 코칭의 개념과 유형

　코칭(coaching)는 코치(coach)에서 파생된 단어이다. 본래 코치는 1500년대 초 원하는 곳으로 데려다주는 말(馬)을 지칭했는데 1830년경 옥스퍼드대학에서 시험을 통해 학생을 운반하는 가정교사의 속어로써 사용되었다. 그래서 코칭은 사람들을 현재 있는 곳에서 가기를 원하는 곳으로 운송하는 과정이라는 의미가 있다(Wikipedia, "Coaching"). 1880년대 영국 템스강에선 노 젓는 대학생들을 지도하는 사람을 코치라 지칭했다는 역사적 배경이 있다(이소희· 길영환· 도미향· 김혜연, 2016, p.26). 이후 많은 스포츠에서 선수를 양성해내는 사람을 코치라고 하고 있다. 운동경기에서 활용되는 코치가 현대적인 의미로 사용된 것은 1980년대 재무설계사 토머스 리오너드(Thomas J. Leonard)가 고객을 컨설팅하는 과정에서 고객이 자신을 코치라고 부르기 시작하면서부터이다(이소희, 2008).

코칭은 많은 학자와 기관에서 조금씩 다르게 정의를 내리고 있어서 어떤 정의를 선택할지가 어려워, 세계적으로 활용되는 Wikipedia가 인용하는 정의를 소개한다. 코칭은 코치가 훈련과 지도를 통해 학습자 또는 고객이 특별한 개인적 또는 전문적 목표를 달성하도록 도와주기 위해 개발한 한 형태이다.[1] 여기서 학습자를 고객(coachee)이라고 부르기도 한다. 때로는 코칭이 두 사람 간의 비공식적 관계를 의미하는데 한 사람은 다른 사람보다 경험과 전문성이 많으며 후자가 학습할 때 자문과 지도를 제공하게 된다.

코칭의 유형은 고용 주체에 따라 개인 코칭과 기업·조직 코칭, 대상별로 청소년, 부모, CEO, 리더 코칭, 영역별로 라이프, 학습, 비즈니스, 인사관리 코칭 등으로 구분되는 매우 복잡하고 다양하다. 여기서는 통념적으로 구분되는 대표적인 유형으로서 비즈니스 코칭, 개인·라이프 코칭, 커리어·학습 코칭, 부모·부부·가족 코칭 등 네 가지 코칭 유형을 소개하고자 한다.[2]

1) 비즈니스 코칭

비즈니스 코칭은 기업과 조직의 비즈니스 성과 향상이나 발전을 돕는 것이다. 세부적으로는 고객 만족, 마케팅, 인적자원 개발, 직무 훈련, 혁신, 팀 빌딩, 조직 개발, 의사소통과 리더십 등의 비즈니스 요인과 관련하여 성과를 가져오는 것이 주된 목표이다.

---

[1] Wikipedia의 Coaching에서 사용하는 정의이며 이는 Passmore(2016)의 설명을 인용했다.

[2] 이 부분은 이소희·길영환·도미향·김혜연(2016), pp.101-112의 내용을 요약, 발췌했다.

2) 개인·라이프 코칭

개인 및 라이프 코칭은 개인이 원하는 삶이나 삶의 균형과 같이 개인의 삶이 중심이며, 인생 전반에 걸쳐 일상생활 속에서 일어날 수 있는 개인 이슈를 다룬다. 개인·라이프 코칭은 개인의 변화와 성장을 목적으로 하는데 많이 다루는 주제는 개인의 정체감, 삶의 의미와 균형, 비전과 목표, 자신감, 가치와 신념, 대인관계, 대화법, 감정, 생활태도 및 습관, 실행 의지 등이다.

3) 커리어·학습 코칭

커리어 코칭은 개인적 측면에서는 개인이 자신의 스킬을 인식하고 더 나은 커리어 선택을 할 수 있고 더 생산적이고 능력 있는 직업인이 될 수 있도록 돕는 것이다. 조직적 측면에서는 조직의 목표 달성과 문제해결에 기여하고 조직원의 커리어 성공을 위해 부하직원과 관리자들 사이에 행해지는 학습 파트너십을 의미한다(박윤희·기영희, 2010). 학습 코칭은 학습 대상자의 공부 재능을 극대화하기 위한 실천적 방법으로 학습 대상자가 스스로 자신의 학습 주도권을 가지고 자신의 학습 목표를 설정하고 원하는 학습 결과를 성취할 수 있도록 지원하는 과정이다(이소희, 2010).

4) 부모·부부·가족 코칭

부모 코칭은 부모가 자녀로 하여금 잠재력을 최대한 발휘하여 행복한 성공을 이룰 수 있도록 지지하는 양 방향적 커뮤니케이션 시스템을 구축하는 데 도움을 주는 것이다(한국부모코칭센터, 2005). 부부와 가족 코칭은 가족이 형성된 이후 원만하고 기능적인 가족생활을 위해 성취해야 할 단계별 발달 과업을 수행하도록 도움을 주는 것이다. 단계별 과업은 예를 들어 유아기에는 유아 중심 생활 설계, 자녀 교육기에는 자녀의 학습 환경

설계, 자녀 독립기에는 자녀의 취직 및 결혼 지도 등이다(도미향, 2008).

나. 멘토링, 카운슬링, 컨설팅과 차이점

코칭은 그와 유사한 개념인 멘토링, 카운슬링, 컨설팅 등의 용어와는 그 개념과 목적이 다르다. 그래서 유사 개념들 사이의 차이점을 정확하게 이해함으로써 코칭에 대한 이해도를 심화시킬 수 있다. 그 차이점을 소개한 많은 문헌이 있지만 아일랜드의 Conexus가 제공하는 설명이 이해하기 쉽고 명쾌하여 여기에 소개한다.[3]

1) 코칭 vs 멘토링

멘토링(mentoring)은 경험이 다른 두 사람 간의 전문적 관계인데 유경험자가 무경험자의 전문적 성장을 지원해주는 관계이다. 멘토링은 지혜, 숙련, 지식을 전수해주는 특징이 있으며 직접적인 태도로 행해진다.

이에 반해 코칭은 코치가 고객으로 하여금 비직접적(non-directive) 학습과 개발을 통해 성과를 제고할 수 있도록 도와주는 전문적 관계이다. 여기서 코치는 고객의 업종이나 교육적 배경과 상관없이 고객의 행동 변화를 개발하는 전문가이다. 비록 코치가 고객과 같은 업종에서 경험이 많을지라도 코치와 고객의 개인적 경험이 코칭의 주요 초점은 아니다.

2) 코칭 vs 카운슬링

카운슬링(counselling)은 개인적·심리적 문제를 해결하는 데 전문적 지원과 지도를 제공하는 것을 말한다. 카운슬링은 고객의 감정적·지적 경

---

[3] Conexus, "How is Coaching different from mentoring, consulting and counselling?" http://www.conexus.ie

험, 즉 고객이 풀고자 하는 문제를 어떻게 느끼고 무엇을 생각하는지를 강조하는 지원 방법이다.

이에 반해 코칭은 개인의 현재 동기와 성과뿐만 아니라 현재의 감정과 인식 기능에 주로 관심을 두고 있다. 카운슬링과 달리 코칭은 과거에 중점을 두지 않는다. 코칭은 과거 경험을 고려는 하지만 그것은 현재 회복력과 미래의 방향을 개발하기 위해 이용할 뿐이다. 코칭은 특정 시간 구조 내에 완성되고 결과 중심이다.

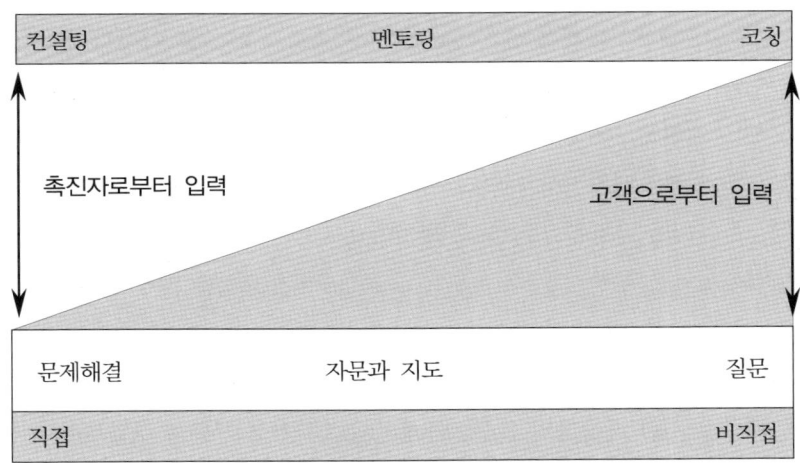

출처: Connexus 웹사이트, http://www.conexus.ie

[그림 2-1] 코칭, 멘토링, 컨설팅의 주요 차이점

3) 코칭 vs 컨설팅

컨설팅(consulting)은 다른 전문가들에게 전문 지식과 자문을 제공하는 것을 말한다. 컨설팅이 전달되는 방법과 컨설턴트와 고객 사이의 관계의 질에 따라서 제공된 자문이 채택될 수도 있고 아니 될 수도 있다.

이와 반면 코칭은 고객으로 하여금 내적 동기와 목적을 발견하고 조직 내 자신의 역할을 취하도록 촉진한다는 의미에서 컨설팅과 다르다. 코칭은 고객이 자신의 행동에 대해 깊이 생각하고 개인적 책임을 지도록 함으로써 장기적 변화를 할 수 있게 한다. 코칭은 어떤 종류의 자문을 제공하는 형태는 취하지 않는다. 대신 코치는 고객이 자신의 책임을 깨닫고 필요한 성장 분야에서 긍정적 행동을 취하도록 촉진한다.

다. 코칭의 필요성과 가치

코칭이 고객의 문제를 해결하고 고객이 원하는 목표를 달성할 수 있도록 도와주는 기술이기에, 코칭이 필요한 이유는 고객이 그 문제에 관련되어 있는 개인적 욕구를 충족하려는 기대감 때문일 것이다. 경제가 발전하고 사회가 복잡해지면서 개인적으로나 조직에서 다양한 문제가 발생하게 되는데 이러한 문제를 예방하고 해결함으로써 활기찬 생활을 할 수 있고 조직의 성과를 향상시킬 수 있도록 도움을 주는 코칭은 매우 중요해지고 필요한 분야가 되고 있다.

인간이 생애 차원에서 욕구가 발달하게 되는데 개인의 보편적 욕구의 5단계를 제시한 매슬로의 욕구 5단계는 충족시키고 싶은 욕구들로서 코칭을 통해 이를 실현하고자 하는 원천이다. 즉, 생리적 욕구, 안정의 욕구, 소속감과 사랑의 욕구, 존경의 욕구, 자아실현의 욕구 등 5가지의 욕구는 스스로 충족하기 어려울 때 코치와 같은 전문가의 도움을 받아 충족을 갈망하는 그 원천이 된다.

사회적 측면에서 코칭은 경쟁적이고 복잡한 경제 환경에 부응하여 개인의 역량과 행동에 대해 더 많은 유연성을 요구하기 때문에 확장되어 왔다. 구조조정, 국제화, 탈지역화, 경영과 평가 방법의 진화, 신기술의 출현 등은 유연한 적응 능력을 빈번하게 요구하는 현상들이다. 이러한 경제 환경 변화는 개인이 기계적 체계를 적용해서는 대처하기 어려워, 동기 유발을 촉진하는 비정형 모델을 등장하게 함으로써 코칭이 큰 역할을 하는 공간이 확보되는 계기가 되었다(앙젤·아마르, 2012, pp.25-26).

기업의 환경 변화로 인해 피고용자로서 개인이 성과를 추구하고 경력을 관리할 필요성이 높아졌다. 고용이 보장되지 않는 상황에 피고용자는 변화에 맞추어 적응 능력을 관리하고 개발하는 것이 매우 중요해졌다. 자신의 스펙에 따라 급여와 인정을 받길 원하는 관리자에게서 개인주의가 더 강화되는 경향이 나타났다. 결국 개인 역량 개발이 강조되기 시작하면서 기업에서 코칭이 확산되는 데 기여했다(앞의 책, p.27).

코칭이 자신에게 주는 큰 이점이 있기 때문에 사람들은 코칭을 요청한다. 코칭의 이점은 코칭이 만들어내는 가치에서 나온다. 핵심적인 코칭의 가치는 다음과 같이 세 가지로 요약된다.[4]

1) 원하는 것을 이룰 수 있는 가치

인간이 살아가는 동기는 인간의 욕구에서 비롯된다. 코칭은 인간이 원하는 것을 이루게 하는 성취의 가치를 제공한다. 매슬로의 욕구 5단계는 인간이 원하는 모든 수준의 욕구인데 코치는 고객이 원하는 그러한 것을 이룰 수 있도록 도움으로써 욕구가 충족된다. 그래서 코치의 코칭은 인간의 욕구에 대하여 적극적으로 반응하고 그것을 성취시키는 가치를 만들어 낸다.

---

[4] 이하 코칭의 가치는 이소희·길영환·도미향·김혜연(2016), pp.58-61의 부분을 발췌 요약했다.

2) 변화를 촉진하는 가치

코칭은 개인과 조직을 변화시킬 수 있도록 사람들의 능력을 확장해 주는 훌륭한 도구이므로 코칭에는 변화를 촉진하는 가치가 있다. 기업과 조직들은 코칭이야말로 새로운 문화에 맞는 관리 도구라고 인식해 가고 있다. 실제로 게리 콜린스(Gary Collins)는 사람들이 코칭을 받으러 오는 가장 큰 이유는 달라지기 위해서라고 했으며, 또 하나의 이유는 '변화를 효과적으로 관리하는 법'을 배우기 위해서라고 했다(콜린스, 2011).

3) 스스로 깨우치게 하는 가치

코칭은 인간의 자각(自覺)을 촉진하는 가치가 있다. 자각이란 자신이 다른 것과 무엇이 같고 무엇이 다른지를 확신하는 내면의 각성이다. 코칭은 사람들이 자각을 통해 자기 스스로를 알게 되고 자신이 무엇을 해야 할지를 알도록 도와주며 나아가 자기가 원하는 길을 스스로 걸어가는 능력을 기르도록 도와주는 가치를 가진다. 딜츠(Dilts)는 코칭을 스스로 각성하는 단계로 인도하는 프로세스라고 말하고 있다. 그는 코칭을 협의의 코칭으로 규정하고 자각은 훨씬 높은 단계인 광의의 코칭으로 규정한다(딜츠, 2009).

라. 코칭의 구조와 절차

코칭은 유연하게 상황에 대처할 수 있어야 하지만 도식적으로 표현하면 일정한 단계를 거치도록 구조화할 수 있다. 코칭 상황은 문제를 정의하고 목표를 설정하며, 이를 유효화한 후 대안을 탐구하는 단계로 전개된다. 앙젤과 아마르는 코칭 4단계를 'PACS' 약자로 요약해서 사용하고 있다.[5]

---

[5] 구조와 절차는 앙젤・아마르(2012), Chapter 4 코칭의 구조를 요약, 발췌했다.

Problem: 고객이 제기한 문제의 정의
Analysis: 요구의 분석
Contract: 계약의 체결
Solution: 해결 탐구

1) 문제

고객은 코칭 상황에서 다루기를 원하는 문제에 관해, 코치의 질문에 대한 대답의 형태로 다소 상세하고 정리된 이야기를 풀어놓는다. 이 단계에서 코치는 비로소 고객의 현실로 들어간다. 경청과 질문은 코치가 반드시 갖추어야 할 중요한 도구이다. 이 단계에서 코치가 주의해야 할 두 개의 암초가 있다. 첫째 고객의 상황에 대한 명료한 이미지를 제공하기에는 정보 수집이 불충분하고 불완전하다는 점이다. 둘째는 그 반대로 고객이 늘어놓는 정보가 그럴듯하지만 지나치게 양이 많다는 점이다.

이러한 암초를 극복하고자 코치는 목표를 탐색하는 데 적절한 질문을 사용하는 것이 중요하다. 예를 들어 '문제를 구성하는 것은 무엇인가?' '누구를 위한 문제인가?' '문제가 어떤 조건에서 드러나는가?' '과거에 이 문제를 해결하려는 어떤 시도가 있었는가?' 등의 질문을 사용할 수 있다. 고객의 문제를 좀 더 넓은 틀에서 성찰하는 것과 어느 부분을 먼저 착수해야 할지를 결정하기 위해 주요 문제들을 이해하고 도출하는 것이 핵심이다. 이러한 탐색을 통해 코치는 문제의 내용과 코칭 과정에 집중할 수 있고 고객의 세계관과 욕구에 대한 최초의 가설을 마음속에 구성한다.

2) 요구

고객이 문제에 대해 어떤 요구를 하는지를 정확하게 파악하는 단계이다. 이를 위해 코치는 "제게서 무엇을 기대합니까?" "제가 어떤 면에서 당신을 도울 수가 있을까요?"라는 질문을 할 수가 있다. 코치는 고객이 코치에게 수동적으로 의존하지 않고 요구 사항을 분명하게 표현하도록 책임감을 부여하고 상호 파트너십이 형성되도록 해야 한다. 고객의 요구를 언어화하는 작업은 주제에 적합하지 않고 코치와의 만남에 적절하지 않은 일련의 비현실적인 요구 사항을 제거한다는 점에서 유익한 작업이다. 코칭 과정의 초기 단계에서 개발 가능한 명시적 요구의 표현은 고객이 코칭 과정 안으로 진입하게 할 뿐 아니라 견고한 기초에 근거한 계약을 체결할 수 있게 한다.

3) 계약

코치가 고객의 요구를 정확하게 파악했다면 코칭 개입을 구조화하고 한계를 설정하며 쌍방 간에 기준이 되는 계약이라는 명료화 도구를 창출해야 한다. 계약을 통해 고객은 코치에 대한 모든 의존적 유혹을 물리치며 자율성을 얻게 된다. 그러나 계약을 너무 엄격하게 해서는 안 된다. 오히려 고객의 목표를 변화시킬 수 있는 숨겨진 요구가 수면 위로 떠오름에 따라 규칙적으로 수정할 기준을 갖고 유연하게 체결하는 것이 적절하다.

코칭 세션의 계약은 규정 사항과 개인 문제, 관계 문제, 조직 문제를 포함한 넓은 맥락에서 이루어져야 한다. 코칭 계약은 다음의 세 가지 형태로 구분된다.

(1) 합의의 객관적 항목을 규정하는 문서화된 계약
코칭에서 목표, 비용, 기간, 진행, 조건 등 전형적으로 위임 기관과의 법적 계약을 의미하는 사항들이다.

(2) 코칭 파트너 간 관계 방식을 규정하는 관계적이고 비공식적인 계약
코칭 주제, 관련 이론 등 내용에 관한 합의와 내용을 다루는 방법, 상호작용과 잠재적 갈등을 조정하는 방식 등 과정에 관한 합의이다. 내용이 주어진 요구라면 과정은 코치의 개입방식이다.

(3) 코치와 고객의 의식적이거나 무의식적인 심리 문제와 관련된 비밀 계약
고객이 드러내는 변화에 대한 저항이나 코칭을 실패하게 만드는 장애 요소, 그리고 여기서 파생된 것으로서 고객을 변화시키려는 코치의 자아도취적 만족에서 비롯된 의지 등에 대해서 어떻게 하겠다는 약속이 있어야 한다.

4) 해결 탐구

고객의 요구를 정확하게 파악하고 코칭 계약이 체결되었다면 본격적으로 문제해결을 위한 탐구 활동이 이루어져야 한다. 이 단계는 코치의 도움으로 고객이 점차적으로 발전하는 과정이므로 고객의 자원 활용을 어떻게 촉진할 수 있는가가 중요하다. 코치는 새로운 관점들을 제공하고 다양성을 연출해야 한다. 코치는 고객의 역량과 갈망, 자아실현을 촉진하는 틀을 제안하면서 고객의 에너지를 자극하려고 노력해야 한다.

해결 탐구는 변화에 대한 고객의 저항감을 완화하고 신뢰와 연합의 모색을 촉진하는 적극적인 전이 관계 속에 들어가게 된다. 이러한 탐구를 위해서 코치에게 경청과 질문, 진단, 직면, 피드백, 메타커뮤니케이션 능력이 요구된다. 코치는 이 단계에서 고객의 문제를 좀 더 넓은 시스템의 맥락 안에 집어넣음으로써 표면상으로는 연결 고리가 없어 보이는 사건들 사이에 관련성과 일관성을 창출하게 된다.

코치는 고객이 좀 더 발전적인 방식으로 관점을 조정하고 인식적인 재

구성을 수행하도록 창조성과 능력을 발휘해야 한다. 고객은 코칭 공간에서 자신의 행동을 사고하고, 자신의 사고를 행동으로 나타낼 수 있다. 코치는 고객의 잠재력을 실현하기 위해 고객을 격려하고 강화하며, 동기를 부여하고 자극하면서 긍정적이고 호의적으로 지원해야 한다.

마. 코칭의 성공원칙

코칭을 성공적으로 완수하기 위해서 필요한 원칙을 제시해보는 것은 코칭을 학습하는 사람들에게 의미 있고 유익할 것이다. 하지만 코칭의 이론적 배경이 다양하고 모델도 다양한 만큼 코칭 성공원칙도 어떤 표준이 없다. 일반적 문헌에서는 성공원칙을 잘 찾기 어렵고 실제 코칭을 실시하고 있는 실행기관들이 일부 취급하고 있는데 그중 가장 종합적이고 적합한 회사가 미국 산타바바라(Santa Barbara)에 있는 Jackcanfield라는 코칭 회사이다. 이 회사의 창업자인 Jack Canfield의 저서와 웹사이트를 인용하여 8가지의 성공원칙을 제시하면 다음과 같다.[6]

원칙 1. 코칭 정신을 가져라.
- 위대함에 대한 인간의 잠재성을 믿어라.
- 성취감은 타인에게 가치를 부가함으로써 나온다.
- 자신의 최선을 꺼내서 스스로 이끌도록 하라.
- 입장보다 영향력을 사용하라.
- 도전하고 유연성을 잘 발휘하라.
- 타인을 성장시킴으로써 스스로 성장한다.

---

[6] 저서로는 Canfield & Chee(2013), Part I이고 Jackcanfield의 웹사이트는 다음과 같다. https://www.jackcanfield.com
원래 8가지의 분야에서 총 30가지 원칙을 제시하고 있으나 간소화를 위해 8가지 분야를 성공원칙으로 전환하여 재작성했다.

- 코치도 코치가 필요하다.

원칙 2. 관계와 신뢰를 쌓아라.
- 진정한 친밀감과 유머를 사용하라.
- 배려와 성실로써 마음을 감동시켜라.
- 정직을 실행하고 신뢰를 구축하라.

원칙 3. 질문을 하고 호기심을 자극하라.
- 호기심은 당신의 정신을 점화한다.
- 스스로 받아들이도록 질문을 하라.
- 판단이나 자문 중심의 질문을 피하라.
- 강한 질문은 해결법을 알려 준다.
- 멋진 질문을 하려면 연습이 필요하다.

원칙 4. 듣기와 직관을 활용하라.
- 말하지 말고 들어라.
- 회의에 열중하고 핸드폰은 꺼놓아라.
- 미숙한 결론으로 점프하지 마라.
- 공정하되 판정이 아니도록 하라.
- 관찰과 직관을 이용하여 깊게 들어라.

원칙 5. 피드백을 보내 인식하도록 하라.
- 성공에 대한 피드백을 보내라.
- 인식과 수용은 변화를 창조한다.

원칙 6. 제안을 하고 단순화시켜라.
- 제안을 하기 전에 동의를 얻어라.

- 단순성의 힘을 이용하라.
- 성공하는 사람의 습관을 배워라.

원칙 7. 목표와 액션플랜을 수립하라.
- 목표를 세우고 약속을 하라.
- 목표에 대한 전략과 액션플랜을 수립하라.
- 목표와 실행 단계를 잘 지켜라.
- 초점을 유지하고 매력 법칙(the Law of Attraction)을 이용하는 시각화 기법을 사용하라.

원칙 8. 성취를 위한 책임을 다하라.
- 목표 완성을 지속적으로 지원하라.
- 책임은 성취를 촉진한다.
- 노력과 진전을 감사하라.

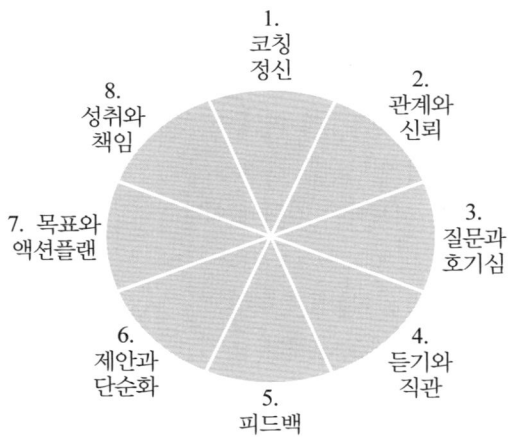

출처: Canfield & Chee(2013), p. 2

[그림 2-2] 코칭 성공의 8원칙

[생각해볼 점]

2-1 질문

1. 코칭과 멘토링의 차이점은 무엇인가?

2. 코칭의 세 가지 핵심적 가치는 무엇인가?

2-2. 갈등코칭의 이해와 준비

가. 갈등코칭의 개념과 요소

CCC(종합갈등코칭) 모델을 개발한 존스와 브린커트는 일반적 개념으로서 '갈등코칭(conflict coaching)은 고객의 갈등 관련 이해, 상호작용 전략, 상호작용 스킬을 개발할 목적으로 코치와 고객이 면대면 의사소통을 하는 과정'이라고 정의했다(Jones & Brinkert, 2008, pp.4-5).[7] 이 갈등코칭의 개념은 저자들도 지적하듯이 포괄적이어서 좀 더 구체화할 필요가 있다. 그리고 면대면 의사소통 외에도 전화나 인터넷 또는 다른 매체를 이용하여 의사소통을 할 수 있다.

한편 CINERGY 모델을 개발한 Noble은 '갈등관리 코칭(conflict management coaching)이란 사람들이 개인 간 갈등과 분쟁을 관리하고 개입하기 위한 능력과 자신감을 높일 수 있도록 훈련된 코치가 도와주는 1대1 과정'이라고 정의했다(Noble, 2012, p.3). Noble이 갈등코칭이라는 용어 대신 갈등관리 코칭이라는 용어를 사용한 이유는 특별히 달리 없으며 그는 이를 갈등코칭과 같은 의미로 사용하고 있다. 그는 개인적 갈등을 겪고 있는 개인을 1대1로 도와주는 것은 새로운 개념은 아니며, 대안적 분쟁해결(ADR)에서 조직 내 옴부즈맨의 역할 중 하나가 구성원을 돕는 것으로서 이미 있던 개념이지만 여기서 갈등관리 코칭(또는 갈등코칭)을 제공하는 특별한 구조를 사용할 필요성이 점점 커지고 있다고 주장한다(앞의 책, p.3).

오랫동안 갈등조정과 코칭을 담당해 왔던 Robin Amadei는 '갈등코칭은 사람들이 갈등에 개입해서 관리하고 생산적으로 해결하는 능력을 지원

---

[7] 존스(Jones) & 브린커트(Brinkert)(2008)을 번역한 『리더의 소통전략』(전형준·김학린·김무겸 역, 2011, 지식노마드)을 참고할 수 있다.

하기 위해 사용되는 스킬과 전략의 한 세트'라고 정의하고 있다.[8] 갈등코치는 다른 사람과의 갈등을 경험하고 있는 고객과 1대1 활동을 한다. 갈등코칭은 고객이 중립적인 제3자인 코치와 갈등에 대해 대화하고, 갈등을 관리할 옵션을 고려하고, 다른 사람과 갈등을 토론하는 방법을 고안할 수 있도록 해준다. 갈등코칭은 독립적으로 이용될 수도 있고 조정하는 동안 개별회의에서 각 당사자를 대상으로 이용될 수도 있다.

그 외에도 갈등코칭에 대한 많은 정의가 있다. 예를 들어 샌프란시스코 community boards(지역위원회)는 '갈등코칭이란 특별한 개인의 갈등 또는 전문적인 갈등을 해결하는 새로운 통찰력과 갈등해결 도구를 얻을 수 있는 적극적 방법이다'라고 했다.[9] John Curtis의 정의를 보면 '갈등코칭은 통제할 수 없는 상황이 되기 전에 갈등을 완화하고 해결하는 대안적 분쟁해결(ADR)의 한 방법이다'라고 되어 있다.[10]

이상에서 살펴본 바에 의하면 많은 갈등코칭의 정의가 유사한 점도 있고 상당히 다른 점도 있다. 이러한 정의를 참고하여 우리가 이 책에서 갈등코칭을 학습하기 위해 사용할 새로운 정의를 제안할 필요가 있다. 일반적으로 갈등코칭에서 포함한 주요 요소를 정리하면 다음과 같다.

---

[8] Amadei(2011)의 포스팅을 인용했으며 Amadei가 활동하는 Common Ground Mediation and Coaching, LLC에서도 동일한 포스팅이 존재한다. 그의 웹사이트인 다음의 사이트를 참조할 수 있다. http://www.commongroundmediation.com

[9] communityboards의 다음 웹사이트에서 올려진 "conflict coaching"을 참고했다. https://communityboards.org/resolution-services/conflict-coaching/

[10] John Curtis의 다음 웹사이트에서 올려진 "Conflict Coach Training"을 참고했다. https://www.johncurtis.ca/services/conflict-coach-training/

주체: 코치
객체: 고객(피코치)
문제: 갈등(분쟁)
목표: 해결(완화, 관리)
도구: 스킬, 전략
대상: 고객 능력(자신감)
방법: 1대1 의사소통

이러한 요소를 결합하여 적절한 갈등코칭의 정의를 내려보면 다음과 같다.

"갈등코칭이란 코치가 갈등상황에 있는 고객으로 하여금 갈등을 해결할 스킬과 전략을 구사하는 능력을 개발하도록 지원하는 양자 간의 1대1 의사소통을 말한다."

여기서 갈등은 집단적 갈등이 아니라 개인 간 갈등을 말한다. 그래서 1대1 의사소통이 꼭 필요한 방법이 된다. 위에서 나열된 갈등코칭의 요소 중 ( )안의 단어는 추가 또는 대체해서 사용할 수 있는 것들이다.

나. 갈등코칭의 역사

지난 30년간 갈등과 코칭의 개념이 많은 학자에 의해 결합된 형태로 사용되어 왔다. 두 가지 분야에서 갈등과 코칭의 결합 현상이 나타났는데 첫째는 갈등이 경영자 코칭 과정에서 하나의 역할을 하는 것으로 언급되어 온 경영자 코칭 분야이고 둘째는 갈등해결 관점에서 코칭이 취급되는 갈등해결 분야이다(Jones & Brinkert, 2008, pp.5-12).

경영자 코칭은 조직 범주 내에서 이루어지는 1대1 전문 개발의 형태이다. 경영자 코칭은 새로운 개념이 아니라 관리자와 시니어 리더에게 제공된 컨설팅의 매력적인 용어로서 나타났다. 통계적으로 보면 경영자 코치가 1996년에는 2,000명이던 것이 2002년에는 10,000명으로 증가했고, 2007년에는 50,000명으로 폭발적으로 증가할 것으로 예측되었다(Berglas, 2002). 경영자 코칭이 취급하는 주제도 확대되어 점점 다양해졌다. 경영자의 특별한 스킬을 가르치거나, 직무성과를 개선하거나, 승진을 준비하거나, 조직변화를 지원하는 등 다양한 분야로 경영자 코칭이 확산되었다. 또한, 경영자 코칭은 경영자의 경력과 생애 코칭, 리더십 개발 코칭, 조직변화 코칭, 전략 코칭 등 생애에 걸쳐 능력을 개발해야 할 많은 분야의 코칭으로 확대되면서 갈등코칭도 한 부분으로서 나타나게 되었다(Jones & Brinkert, 앞의 책, p.6).

갈등과 코칭이 처음으로 결합되어 사용된 시기는 Stern(1994)이 경영자 코칭 내에서 갈등관리의 주제를 다룬 1994년이다. Kilburg(2000)는 고객의 내적·외적 갈등을 심리동태적이고 시스템적인 접근방법으로 이해하고 갈등코칭 발전에 크게 기여했다. 그는 변화관리, 한계관리, 정신적·도덕적 쟁점 관리를 다루고 다양성 가치를 다루는 경영자를 코칭하는 코치들에게 가이드라인과 제안을 제시하고 있다. 갈등이 경영자의 직무범주에 스며들기 때문에 갈등코칭도 경영자 코칭 분야에 통합되고 있다.

한편 갈등해결 분야에서도 코칭이 도입되어 발전하기 시작했다. 조정에서 한 당사자만 참여하는 경우 1대1 갈등을 해결하는 과정이 있을 필요성이 1993년 호주의 매쿼리대학(Macquarie University)에서 제기되었다(Tidwell, 1997). 이 욕구에 대한 반응으로 "한 사람을 위한 문제해결(Problem solving for one)"이라는 이름의 프로그램이 실제로 3년 후에 캠퍼스에 도입되었다.

갈등코칭이라는 명칭은 1996년 미국 펜실베이니아주 필라델피아의 템플대학(Temple University)에서 생겼으며 실제로 갈등코칭이 실행되었다

(Brinkert, 1999). 캠퍼스 갈등해결 프로그램으로서 조정의 수요는 감소한데 반해 갈등코칭이 개발되었다. 그래서 갈등코칭은 갈등 관련 서비스의 하나로서 촉진되었다(Jameson, 1998).

1대1 과정으로서 갈등코칭은 지난 20년간 상당한 정도로 성장했다. 많은 영리 또는 비영리 갈등해결 조직과 개인 개업자들이 갈등코칭 서비스를 제공해 왔다. 보다 흥미로운 현상은 많은 조직이 갈등코칭을 갈등해결의 방법으로서 채택하고 있는 점이다. 갈등코칭은 리더십 역량개발에 연계되어 있고 훈련 개발, 인적자원 및 기타 분야의 전문가들에게 관심 있는 주제이다(Guttman, 2005).

다. 갈등코칭의 원칙

갈등코칭을 실행하는 코치는 코치마다 나름대로 원칙을 가지고 코칭에 임하기 때문에 획일적으로 말할 수는 없지만, 학계나 실무전문가들이 보편적으로 인정하는 원칙을 살펴볼 필요가 있다. 여기서는 존스·브린커트(Jones & Brinkert)가 제시한 12가지의 원칙을 소개한다.[11]

- 유연한 모델이 중요하다.
- 직접 고객과 간접 고객 모두 코칭 경험에서 고려되어야 한다.
- 갈등코칭의 관계적·시스템적 지향이 핵심이다.
- 코칭은 부수적 활동이다.
- 갈등 코치는 갈등 분석 능력뿐 아니라 갈등 이론과 연구에 관한 충분한 지식이 있어야 한다.
- 코칭은 코치의 전문성과 촉진 기술을 활용하여 고객 위임을 증진하는

---

[11] 갈등코칭의 원칙은 Jones & Brinkert(2008), pp.12-17의 내용을 요약, 발췌하여 작성했다.

목표를 가져야 한다.
- 갈등코칭은 모든 사례에 적합한 것은 아니다.
- 갈등코칭은 효율성의 원칙을 따라야 한다.
- 갈등코칭은 높은 윤리 기준을 따라야 한다.
- 갈등코칭은 품질관리, 평가, 모니터링을 필요로 한다.
- 갈등코칭은 갈등관리 전체 체계의 일부로 봐야 한다.
- 갈등코칭은 다양한 문화적 상황에 따라야 한다.

1) 유연한 모델이 중요하다

갈등코칭의 과정이 정해진 순서대로 진행되긴 하지만 단계별 이동은 유연하다. 단계별 절차는 순차적이긴 하지만 비선형이거나 동시에 진행될 수도 있다.

2) 직접 고객과 간접 고객 모두 코칭 경험에서 고려되어야 한다

조직이나 시스템의 참가자와 이해관계자는 직접 코칭 대상에 들어 있지는 않지만 갈등코칭 과정에서 고려될 필요가 있다. 예를 들어 조직은 그 대표의 형태로 간접 고객의 역할을 수행할 수 있다.

3) 갈등코칭의 관계적·시스템적 지향이 핵심이다

고객의 갈등은 다른 사람과의 관계에서 의미를 찾아야 하므로 갈등코칭 대화는 상황적·문화적 관심에서 벗어나서는 안 된다.

4) 코칭은 부수적 활동이다

코칭은 갈등의 이해를 바꿀 수도 있는 또 다른 관점이나 지식이 있다는 것을 강조해야 한다. 코치는 전문가이지만 겸손한 표현을 해야 하고 고객이 자신의 갈등 이해와 평가의 관점을 개발하도록 장려해야 한다.

5) 갈등 코치는 갈등 분석 능력뿐 아니라 갈등 이론과 연구에 관한 충분한 지식이 있어야 한다

갈등 코치는 갈등연구와 이론, 성인학습의 촉진에 대한 지식과 경험이 있어야 하고, 고객의 갈등상황에 대한 이해력을 갖춰야 하며, 고객의 감정을 관리할 능력도 갖추어야 한다. 갈등 코치는 필요에 따라 갈등 관련 훈련이나 실무 훈련을 제공해야 할 수도 있다.

6) 코칭은 코치의 전문성과 촉진 기술을 활용하여 고객 위임을 증진하는 목표를 가져야 한다

코칭은 고객이 갈등과 가능한 변화과정을 숙고하도록 도움을 주는 것이고 최종적으로는 고객이 어떤 관점, 전략 및 기술을 선택할지를 결정한다. 코치는 고객 위임을 증진할 정보와 대안들을 고객에게 제공하는 데 적극적 역할을 해야 한다.

7) 갈등코칭은 모든 사례에 적합한 것은 아니다

조직이 코칭을 조작의 수단으로 사용하려거나 고객이 생산적 코칭에 참여할 인식적, 감정적, 또는 행동적 능력이 전혀 없을 때 갈등코칭은 적합하지 않다. 이럴 경우 갈등코칭을 시작했더라도 중단해야 할 수도 있다.

8) 갈등코칭은 효율성의 원칙을 따라야 한다

갈등코칭이 얼마나 지속되어야 하는가는 정답이 없지만 적은 비용과 시간으로 최대의 이익을 내는 효율성의 원칙을 따라 결정되어야 한다. 상호 간 기간 계약을 명확히 하지 않았다면 고객이 분석과 행동 계획에서 개입과 평가로 신속히 전환하는 단기 코칭 사이클이 권장된다.

9) 갈등코칭은 높은 윤리 기준을 따라야 한다

갈등코칭은 자체적인 윤리 기준을 마련하여 준수해야 고객에게 신뢰를 얻을 수 있다. 공정성, 이해충돌, 중복 역할, 비밀유지 등의 윤리는 최소한 지켜야 한다. 공정성은 고객에 대한 편견이 없는 것이고, 이해충돌은 고객과 이해관계가 없어야 하고 어떤 관계가 있어도 밝혀야 한다는 것이다. 중복 역할은 코칭이 진행되는 동안 다른 일을 중복해서 해서는 안 되는 것이고, 비밀유지의 범위는 코칭이 진행되기 전에 고객에게 분명히 해야 한다.

10) 갈등코칭은 품질관리, 평가, 모니터링을 필요로 한다

갈등코칭은 처음부터 품질 기준을 정하고, 기대하지 않은 결과를 체계적으로 평가하며, 학습을 통해 과정을 개선할 것을 약속할 때 시작해야 한다. 품질관리, 평가, 모니터링은 코칭이 시작되기 전에 도입하는 것이 바람직하다.

11) 갈등코칭은 갈등관리 전체 체계의 일부로 봐야 한다

갈등코칭은 조직분쟁 체계나 ADR 옵션 내에서 제공될 때 가장 힘을 발휘할 수 있다. 조직분쟁 체계와 ADR의 장점, 활용 및 성과를 강화하는 방법으로 갈등코칭이 활용되어야 한다. 갈등코칭은 고객이나 갈등관리전문가들을 위한 초기 과정으로서 좋은 역할을 할 수 있다.

12) 갈등코칭은 다양한 문화적 상황에 따라야 한다

갈등의 직·간접적 당사자들은 문화를 벗어날 수는 없다. 조직문화, 조직 부서의 문화, 지역적 차이, 산업부문 문화, 전문가 문화 등 지역 문화적 관심을 고려하여 갈등코칭이 이루어져야 한다.

라. 갈등코칭의 적합성 조사

갈등코칭을 찾는 잠재적 고객은 갈등코칭을 잘 모르고 그 유효성도 짐작하기 어려워할 것이다. 그러한 잠재 고객이 갈등코칭에 대해 알고 싶어 하는 질문들을 잘 정리해서 활용한다면 고객뿐 아니라 갈등 코치에게도 큰 도움이 된다. 잠재 고객이 제기할 수 있는 8가지 질문을 소개한다.[12]

1) 갈등코칭은 어떻게 하는 건가?

잠재 고객이 궁금해하는 첫 번째 질문은 갈등코칭이 무엇이고 어떻게 진행되고 무엇을 얻게 되는가 하는 기본적인 사항이다. 그래서 갈등 코치는 다음과 같이 갈등코칭의 주요 개념을 준비해둘 필요가 있다.

○ 갈등코칭이란 무엇인가?
 갈등코칭은 훈련된 코치가 개인 간(직장) 갈등과 분쟁을 관리하는 방법을 개선하기 위한 1대1 토대로 지원하는 과정이다.

○ 고객은 코치에게 무엇을 기대하는가?
 코치는 고객의 목표 달성을 도와줄 뿐 아니라 건설적인 방법을 제공하고, 상호 합의된 시간과 장소에서 만나 대화하고, 단계적 절차를 사용하고,

---

[12] 8가지 질문(FAQ)은 Noble(2012), pp.84-101에서 요약, 발췌했다.

고객의 목표 달성 과정이 진척되고 있는가를 정기적으로 점검한다.

○ 코치는 고객에게 무엇을 기대하는가?
코치는 고객이 자신의 갈등과 목표에 관한 정보를 공유할 의지와 정직성을 기대한다. 코치는 이 과정에 성공하기 위해 협력적 관계를 기대한다. 고객이 불편한 사항이 있으면 문제를 개선하기 위해 코치에게 알려주기를 기대한다.

○ 과업
고객은 갈등 단계 사이에 어떤 과제에 대해 준비해야 한다. 이 과제는 고객이 목표를 향해 발전할 수 있도록 도움을 주게 된다.

2) 코칭과 테라피는 어떻게 다른가?

잠재 고객은 코칭이 카운슬링이나 테라피(치료)와는 어떤 유사점과 차이점이 있는지 궁금해한다. 고객은 자신의 경험을 코치와 공유하는데 코치는 고객에게 관심을 집중하고 보살피고 동정심을 보이는 활동을 하기 때문에 코칭도 카운슬링과 테라피와 같이 치료적 요소가 있다. 카운슬링이나 테라피가 감정의 치료를 중심으로 하되 문제해결을 위한 노력을 겸하는 데 반해 코칭은 문제해결을 위해 목표를 정하고 필요하면 훈련을 받아서 스스로 목표대로 문제를 해결하도록 지원해준다. 카운슬링과 테라피는 과거의 문제에 대한 치료와 해결에 집중하지만 코칭은 절차와 모델을 개발하여 현재의 문제에서 미래의 목표를 향한 활동을 하기 때문에 목표지향적이다.

3) 고객이 코칭에 어울리는지 어떻게 알 수 있는가?

잠재 고객은 여러 가지로 코칭을 잘 해낼 수 있을지, 자기에게 맞을지

등에 대해 자신이 없어 하는 수가 있다. 코칭에 필요한 시간을 약속하기 불확실해 하거나, 실패를 두려워하거나, 발전할 능력에 대한 자신감이 없는 고객에게 코칭에 적합한지를 알려줘야 한다. Noble은 10개 문항으로 구성된 코칭 준비지수(coaching readiness index)를 개발하여, 지수 10~20점은 코칭에 준비되어 있지 않은 것이고 그 위로 점수는 단계적으로 올라가 40~50점은 가장 잘 준비된 것으로 평가한다(Noble, 2012, pp.88-91). 코칭의 준비성을 체크하는 핵심적 요소는 갈등해결의 효과적인 방법을 개발할 노력 여부, 자신의 갈등 기여 부분을 검토할 의지, 코치에게 공개적이고 정직할 마음, 목표를 달성할 실천 계획을 수립할 약속, 코치의 관찰과 피드백 제공을 수용할 마음 등이다.

4) 계약에 서명해야 하는가?

잠재 고객은 계약의 법적 의미에 대해 질문하거나, 그들의 경력 개발에 반영될 수 있는 인사 파일에 코칭 정보가 남는 데 대한 우려를 표명할 수도 있다. 계약은 구두로 하거나 서면으로 할 수 있는데 전문적 코칭은 서면으로 이루어지는 것이 보편적이다. 계약항목은 코치와 고객의 역할과 책임, 비밀유지의 약속, 자발성, 약속 시각과 횟수 등 행정 사항 등을 포함한다.

5) 인적자원 기타 파일에 기록이 남는가?

잠재 고객 중 자신의 비밀 정보가 파일에 남는 것을 꺼리는 경우가 있다. 코치와 고객의 약속이나 내부 규정 등에 따라 관행이 다양하다. 어떤 코치는 노트를 보관하고, 어떤 코치는 고객에게 노트를 주기도 하고, 어떤 코치는 고객이 보는 앞에서 폐기하기도 하고, 어떤 코치는 번호만 부여하여 식별이 어려운 노트로 보관하기도 한다. 내부 규정에 따라 기록을 관리

해야 하는데 중요한 것은 투명하게 처리해야 한다는 점이다.

6) 코칭 회의는 얼마 동안인가?

회의 시간은 획일적이지 않고 매우 다양하다. 회의 시간의 일반적 관행은 1주일에 30~60분이다. 코치는 고객이 집중할 수 있는 에너지를 잘 고려해서 회의 시간을 설정해야 한다. 고객이 매우 감정적인 상황에서는 감정을 처리하기 위해 시간이 더 필요할 수도 있다. 각 회의의 말미에 5~10분은 그날의 코칭 회고, 다음 일정과 과제 등에 대해 의논하도록 마련할 필요가 있다.

7) 코칭 기간은 얼마나 오래 걸리나?

회의를 몇 번이나 해야 할지를 명확하게 정하기는 어렵다. 회의 횟수에 영향을 미치는 여러 요소를 고려하여 코칭 기간은 예측할 수 있다. 요소들을 고려하더라도 실질적 진전을 만들기에는 한두 번의 회의로는 어렵다. 조직 내부에서 코칭 기간이 제한되어 있을 수도 있고 외부 코칭을 이용할 경우 예산제약으로 코칭 기간이 제한될 수도 있다. 갈등해결보다 갈등관리 능력개발에 초점을 맞추면 코칭 기간은 더 길어질 것이다. 코칭 기간에 대한 고객의 여러 가지 우려에 대해 코치는 의논하고 지원할 기회를 가져야 한다.

8) 평가 도구를 사용하는가?

평가 도구의 사용에 대한 질문은 주로 진전과 성공을 어떻게 평가하는지에 대한 질문이다. 이 질문은 잠재 고객보다는 후원자나 조직이 더 물어보는 경향이 있다. 많은 조직은 갈등 행동이나 커뮤니케이션 스킬을 포함하는 일련의 특성을 평가하는 도구를 사용한다. 고객의 목표와의 관련성에 따라 그 결과가 코칭에 사용될 수도 있다. 갈등 관련 스타일과 반응을 평가하는 도구가 선호될 수도 있다.

마. 갈등코칭의 착수 단계

갈등코칭의 적합성을 조사해서 코칭을 받기로 했다면 시작하기 전에 착수해야 할 일이 몇 가지 있다. 먼저 앞의 적합성의 수준에 따라 코치가 세워야 할 목적을 다음과 같이 정해야 한다.[13]

- 적합성 조사에서 시작된 친밀감을 형성하는 것
- 코칭 모델에 대해 정보를 제공하는 것
- 코칭이 무엇이고 무엇이 아닌지에 대해 고객이 이해하도록 하는 것
- 고객과 코치의 역할과 책임을 고객이 이해하도록 하는 것
- 코칭 준비지수를 토대로 고객의 준비 정도를 토론하는 것
- 코칭 합의를 검토하고 서명하는 것
- 코칭에 대한 화제의 제한을 확실히 하는 것
- 예약과 코칭의 날짜와 기간을 설정하는 것
- 코칭의 형태를 확실히 하는 것
- 코칭 의뢰의 계약 조건을 확실히 하는 것
- 첫 번 회의에 대해 고객을 준비시키는 것
- 고객의 질문에 대답하는 것

이 코칭 의뢰의 계약 조건은 간단한 설명이 필요하다. 코치가 의뢰받는 방법은 여러 가지이다. 외부 코치는 합의서, 의뢰서, 또는 제안서를 작성하여 의뢰를 시작하고 내부 코치도 코치, 고객, 후원자(있을 경우)에 의해

---

[13] 착수 단계의 내용은 Noble(2012), pp.101-103에서 요약, 발췌했다.

합의된 조건에 따라 서면계약으로 의뢰가 시작된다. 외부 코치의 의뢰서 (retainer letter)는 대면 회의에서 합의한 내용에 따라 서면을 쓰는 형식인데 코칭의 기간과 시간 횟수를 명기하고 시작일과 종료일도 명기한다. 시간당 요금과 기한 경과 시 체불 요금의 가산 이자도 정해야 하고 고객이 시작 전 몇 시간 안에 회의를 취소한다면 몇 분의 요금이 청구된다는 것도 알려야 한다. 또한, 비밀유지의 조건들도 코칭 계약서에 따른다는 내용도 포함되어야 한다.

[생각해볼 점]

2-2 질문

1. 갈등코칭의 주요 요소를 결합하여 그 정의를 설명하라.
2. 고객은 코치에게, 코치는 고객에게 무엇을 기대하는가?

2-3. 갈등코칭의 절차

가. 해외 갈등코칭 절차 모델

갈등코칭의 절차는 표준적으로 하나만 정해져 있는 것이 아니다. 개발자의 전문 분야와 특성, 그리고 경험에 따라 절차 모델은 달라질 수 있다. 다만 갈등코칭이 목적으로 하는 바가 유사하므로 큰 차이는 나지 않는다. 여기서 소개할 절차 모델은 호주 매쿼리대학(Macquarie University)의 Alan C. Tidwell이 개발한 PS1 모델, 미국 템플대학(Temple University)의 CERT 모델, 존스(Tricia Jones)와 브린커트(Ross Brinkert)가 개발한 Comprehensive Conflict Coaching(CCC) 모델, Cinnie Noble이 개발한 CINERGY 모델, 그리고 공통기반조정센터(Common Ground Mediation Center)의 Robin Amadei가 개발한 Amadei 모델이다.

1) PS1 모델

PS1이란 Problem Solving for one의 약자로서 일방을 위한 문제해결이라 풀이된다. 이는 최초의 갈등코칭 모델로서 대학교수, 학생, 교직원을 돕기 위해 만든 조정 전문가를 위한 도구라고 정의되고 있다(Jones & Brinkert, 2008, pp.26-27).

> 1단계: 프로그램 소개 및 모두 발언. PS1 과정을 설명하고 기대치를 명확하게 한다.
> 2단계: 스토리텔링. 고객이 갈등에 관한 이야기를 해줄 것을 요청한다.
> 3단계: 갈등 분석. 고객이 갈등의 원인과 본질, 역학 관계, 해결 가능성을 분석하도록 도움을 준다.
> 4단계: 옵션의 생성 및 비용 산출. 코치와 고객이 다양한 옵션을 개발하고 옵션별 비용과 수익을 산출한다.

5단계: 커뮤니케이션 전략 수립. 고객이 선택된 옵션을 수행하기 위해 필요한 커뮤니케이션 전략과 기법을 제공한다.

6단계: 갈등관리 계획의 수립. 코치와 고객은 실천 계획을 구체화한다.

PS1 모델은 고객이 작업장 갈등을 스스로 해결할 수 있도록 도와주는 역할을 하고 있다. 이 모델은 사람들이 자신의 문제와 갈등을 분석하고 큰 문제를 분절하여 관리할 수 있을 정도의 작은 문제로 만들어 긴장을 완화하는 데 도움을 주고 있다. 이것은 4시간 정도의 훈련 과정으로 활용되기도 한다.

2) CERT 모델

CERT 모델은 템플대학(Temple University)의 갈등교육자원팀(Conflict Education Resource Team)을 뜻한다. 이 모델은 개인, 집단, 조직이 개인 간 갈등을 해결하는 데 도움을 주는 다양한 서비스를 제공하고 있다. 과정검토회의(Process Review Meeting)는 학생행동관리관과 피고소 학생, 학생 조직, 원고 또는 희생자 중 한 사람이 개최하는 회의이다.[14] 이 목적은 학생 행동 과정에 대해 참석자들을 교육하는 것이다.

갈등코칭의 절차는 다음과 같이 진행된다(Jones & Brinkert, 2008, pp.27-28).

1단계: 코칭 과정에 대한 설명. 코치가 코칭 과정에 대해 설명하고 코치와 클라이언트가 코칭을 계속 진행할 것인지 의논한다.

---

[14] 템플대학의 학생행동공동체기준(Student Conduct and Community Standards)의 과정검토회의는 다음에서 참조할 수 있다.
https://studentconduct.temple.edu/process-review-meeting

2단계: 갈등 유형의 소개. 클라이언트는 갈등 유형 진단 테스트를 시행하고 그 결과를 코치와 공유한 다음 코치는 갈등 유형에 대해 설명한다.
3단계: 갈등 유형 옵션의 선택. 클라이언트는 과거나 현재 또는 미래의 갈등상황을 묘사하고 이들을 갈등 유형 옵션에 적용하여 최적의 갈등 유형 옵션을 선택하기 위해 평가해본다.
4단계: 마무리. 코치는 추가적인 코칭이나 조정 등 갈등해결 수단에 대해 설명한다.

3) CCC 모델

CCC 모델은 템플대학(Temple University)에서 개발되어 운영되던 CERT 모델을 개선한 모델인데 그들의 저서를 통해 많이 알려져 있다.[15]

1단계: 스토리의 발굴
2단계: 스토리의 개발
- 정체성 관점
- 정서적 관점
- 파워 관점

3단계: 최고 스토리의 구상
4단계: 최고 스토리의 실행
- 소통 스킬: 직면, 존중, 이해
- 갈등 스타일 기회
- 협상 기회
- 다른 갈등과정에 코칭 적용

---

[15] 존스(Jones) & 브린커트(Brinkert) 2008; 2011 참조.

1단계 스토리 발굴 단계에서는 고객으로 하여금 자신의 갈등 경험 이야기를 구성하도록 하고 갈등의 상대방의 관점에 대해서도 말하도록 한다. 고객이 초기에 제시한 스토리를 코치가 재정리하게 된다. 고객이 추가적인 정보를 제공하도록 하고 상대방이 어떻게 반응했는지도 말하게 해서 정연한 에세이를 구성하도록 해야 한다. 2단계에서는 정체성 관점, 감정 관점, 파워 관점에서 스토리를 더 정확하게 구성하게 된다. 갈등 속에 필수적인 분석 요소로서 정체성, 감정, 권력이 존재한다는 토대 위에 이들 요소가 갈등에 어떻게 영향을 미쳤을까를 통찰할 수 있도록 코치가 도움을 준다. 제3단계는 고객이 생각할 때 가장 최고의 스토리를 구상해내는 것이다. 앞에서 세 가지 관점을 통해 고객이 통찰력을 가지고 이상적인 결과에 도달하도록 지도해야 한다. 갈등에 있는 당사자들의 관계가 좋아지고 상호 윈윈하는 성과를 내는 스토리이면 이상적일 것이다. 마지막으로 제4단계는 3단계에서 구상한 최고의 스토리를 성공적으로 실행하도록 고객을 코칭하는 것이다. 고객이 그러한 실행 능력이 있는지, 실행을 위한 전략과 전술을 구사할 수 있을지에 따라서 추가적인 관련 교육을 할 필요가 있다. 직면, 존중, 이해라는 갈등 커뮤니케이션 스킬을 향상시키고 갈등 스타일을 판별하고 효과적인 협상 기법을 구사할 것을 검토해볼 수도 있다.

4) CINERGY 모델

CINERGY라는 용어는 Clarify the Goal(C: 목표를 명확히 하라), Inquire About the Situation(I: 상황에 대해 문의하라), Name the Elements(N: 요소들을 말하라), Explore Choices(E: 선택을 개발하라), Reconstruct the Situation(R: 상황을 재구성하라), Ground the Challenges(G: 장애 요인을 고려하라), Yes, the Commitment(Y: '예'라고 약속하라)의 첫 글자를 따서 만들어진 조어이다(Noble, 2012, p.111).

C: 목표를 명확히 하라.
I: 상황에 대해 문의하라.
N: 요소들을 말하라.
E: 선택을 개발하라.
R: 상황을 재구성하라.
G: 장애 요인을 고려하라.
Y: '예'라고 약속하라.

〈표 2-1〉 CINERGY 모델의 단계별 설명

약어	단계	설명
C	목표를 명확히 하라	고객이 코칭에서 얻고자 하는 목표 설정
I	상황에 대해 문의하라	갈등이 발생한 상호작용을 청취하고 문의
N	요소들을 말하라	당사자 상호 관점을 고려하는 갈등의 요소 식별
E	선택을 개발하라	목표 달성을 위한 선택의 실천 가능성을 개발
R	상황을 재구성하라	실천 계획 수립을 위한 선택 확정, 목표 달성 옵션 준비
G	장애 요인을 고려하라	고객의 계획을 방해하는 장애 요인 고려
Y	'예'라고 약속하라	고객의 다음 단계 확정, 추후 과제 토론

출처: Noble(2012), p.111

5) Amadei 모델

Amadei(애머디) 모델은 Common Ground Mediation Center(공통기반조정센터)의 Robin Amadei가 개발한 모델이다. Robin Amadei는 조정인과 촉진자 역할을 오랫동안 해왔을 뿐 아니라 덴버(Denver) 대학에서 갈등해결과 협상, 조정을 강의했고 기업과 정부 대상 소통, 갈등, 협상, 조정을 교육한 경험을 토대로 갈등코칭을 개발했다. 그가 개발한 6단계의 갈등코칭을 소개하면 다음과 같다.[16]

---

[16] Robin N. Amadei, "Conflict Coaching: A Powerful ADR Tool," Common Ground

1단계: 친밀감을 형성하라. 고객과의 배경정보를 교환하면서 성격을 파악하고 친밀감을 형성한다.
2단계: 코칭 과정을 설명하라. 갈등 코치의 역할과 과정을 설명하고 고객의 기대를 확인한다. 고객이 여러 관점을 볼 개방성을 요구하고 코칭을 언제라도 중단할 수 있음을 알리고 계속할 것인가 약속을 확인한다.
3단계: 고객의 목표를 식별하라. 고객이 갈등코칭에서 일반적·구체적 목표를 진술하도록 하고 차후에 수정할 수도 있음을 상기시킨다.
4단계: 고객의 관점을 공유하라. 갈등에 대한 고객의 관점을 확인하고 고객이 갈등 상대방의 관점을 진술하고 이해하도록 요청한다.
5단계: 옵션을 개발하고 검증하라. 고객이 할 수 있는 옵션을 개발하도록 하고 이를 평가할 기준도 만들게 한다. 이 기준에 따라 옵션을 평가하고 최선의 옵션을 결정한다.
6단계: 다음 단계를 결정하라. 역할연기를 통해 자신감을 얻은 다음 최선 옵션을 실천할 액션플랜을 수립하고 실행을 결심한다.

나. 한국형 OASDAC 갈등코칭 절차 모델

앞에서 여러 가지의 외국 갈등코칭 절차 모델을 살펴보았다. 목표 → 최선의 방법 → 실천이라는 쉬운 절차 개념을 갈등코칭 절차에 적용하여 다음의 OASDAC 모델을 구축했다. OASDAC 모델은 다음의 영어 표기의 약자로 만들어진 조어이다.

Mediation Center, LLC.

Opening Coaching
Analyzing Conflict
Setting Goal
Developing Best Scenario
Action Planning
Closing Coaching

　OASDAC 모델은 1단계 코칭 오프닝, 2단계 갈등상황 분석, 3단계 고객 목표 설정, 4단계 최선의 시나리오 개발, 5단계 액션플랜 수립, 6단계 코칭 클로징이라는 6단계로 구성되어 있다. 갈등코칭 절차를 핵심 과정으로 설명한다면 갈등상황을 분석한 다음 고객의 목표를 설정하고, 목표를 달성할 수 있는 최선의 시나리오를 개발하여 이를 실천하는 액션플랜을 수립하는 것이다.

　[OASDAC 모델]
　　1단계: 코칭 오프닝(Opening Coaching)
　　2단계: 갈등상황 분석(Analyzing Conflict)
　　3단계: 고객 목표 설정(Setting Goal)
　　4단계: 최선의 시나리오 개발(Developing Best Scenario)
　　5단계: 액션플랜 수립(Action Planning)
　　6단계: 코칭 클로징(Closing Coaching)

〈표 2-2〉 OASDAC 모델의 세부 절차

주요 단계	세부 단계
1단계: 코칭 오프닝 (Opening Coaching)	1-1. 라포 형성
	1-2. 코칭 안내
	1-3. 고객 니즈 확인
2단계: 갈등상황 분석 (Analyzing Conflict)	2-1. 갈등상황 파악
	2-2. 갈등상황 분석
3단계: 고객 목표 설정 (Setting Goal)	3-1. 고객 니즈 재확인
	3-2. 고객 목표 설정
4단계: 최선의 시나리오 개발 (Developing Best Scenario)	4-1. 시나리오 옵션 개발
	4-2. 최선의 시나리오 도출
5단계: 액션플랜 수립 (Action Planning)	5-1. 액션플랜 수립
	5-2. 액션플랜 로지스틱
6단계: 코칭 클로징 (Closing Coaching)	6-1. 리허설과 피드백
	6-2. 자신감과 결심

1단계: 코칭 오프닝

1-1. 라포 형성

사전에 어떤 고객이 갈등코칭을 받아보기로 하고 찾아왔을 때 갈등 코치는 무엇을 제일 먼저 하겠는가? 인사한다, 악수한다, 명함을 교환한다… 물론 이런 일반적인 행동은 모든 만남의 대인관계에서 흔히 할 수 있어서 별다를 것이 없다. 앉아서 갈등코칭을 시작하면서 무엇부터 할 것인가는 생각해 볼 문제이다. 갈등 관련 내용 자체를 대화하기 전에 갈등 코치와 갈등코칭을 받으러 온 고객(coachee, 피코치) 간의 라포(rapport, 친밀감)을 형성할 필요가 있다. 이는 Amadei 모델이 분명하게 제시하고 있어서 참조할 필요도 있다. 심지어 협상이나 조정을 할 때도 라포 형성을 위해 아이스브레이킹을 하기도 하는데 지속해서 커뮤니케이션을 해야 할 사이라면 어느 경우라도 라포 형성을 위해 노력해야 한다. 특히 고객을 코칭

광장으로 이끌고 나와야 할 코치라면 이에 대해 신경을 써야 한다. 친밀감이 잘 형성되어 있을수록 코칭이 잘 진행될 수 있음을 기억해야 한다.

갈등 코치는 고객과 대화를 시작하면서 날씨나 환경에 대한 의견 교환, 주위나 배경의 정보 교환, 가족이나 직장의 근황에 대한 대화 등 주변적인 이야기들을 나눔으로써 서로 거리감을 좁힐 수 있다. 코치는 또한 이러한 대화를 통해 고객의 의사소통 스타일과 성격을 파악함으로써 향후 코칭에 참고할 수 있다. 반대로 고객은 코치와의 이러한 대화를 통해 편안함과 믿음직함을 느낄 수 있다면 1단계에서 목표로 하는 성과를 얻었다고 할 수 있다. 코치는 고객이 갈등에 처해 있으면서 코칭을 받아 잘 해결하려는 용기에 대한 칭찬과 감사의 말씀을 전할 필요가 있다. 고객이 불안감을 해소하고 밝은 마음으로 전개해 갈 준비를 하는 것은 매우 중요한 시작이다.

1-2. 코칭 안내

어느 정도 라포가 형성되었으면 시간을 지체하지 않고 코칭을 시작해야 한다. 갈등코칭은 무엇인지, 무엇을 하려는 것인지, 왜 그렇게 해야 하는지에 대해 먼저 배경을 알리고 기본적 이해를 하도록 설명할 필요가 있다. 그다음은 어떤 절차로 진행될지 자세히 설명하고 궁금한 점이 있으면 질문을 하게 하여 이해가 부족한 부분은 시간을 더 할애하여 보충 설명을 해야 한다. 특히 갈등코칭을 받고 나서 고객이 어떤 혜택을 받을지, 어떤 결과를 얻을 수 있을지에 대해 이해할 수 있도록 의견을 나누어야 한다.

코칭 안내에서 보다 더 중요한 것은 코치와 고객의 역할에 대한 설명이다. 코칭의 주체는 코칭을 받는 고객이다. 조정에서 가장 중요한 원리의 하나가 자기결정(self determination)이듯이 코칭에서도 고객이 자발적으로 참여하고 스스로 결정을 내리는 자기결정이 중요함을 이해시켜야 한다. 코치는 고객이 스스로 결정을 내릴 수 있도록 지원하고 촉진하는 역할을 해야 한다. 가장 낮은 코칭은 학교에서 선생님이 학생에게 모두 알려주고 그대로 따라 하게 하는 것과 똑같이 코치가 고객에게 알려주고 이끌어가는 코칭이다. 가장 높은 코칭은 고객이 스스로 생각하고 깨닫고 결정하도록 도와주는 코칭이다. 고객이 코칭 과정에 적극적으로 참여하여 스스로 자신의 길을 찾아가는 코칭이야말로 가장 바람직한 코칭이다.

1-3. 고객 니즈 확인

어떤 물품을 구매하거나 서비스를 요청하는 고객은 그렇게 하는 이유, 즉 니즈가 있게 마련이다. 감기로 병원을 찾는 환자는 병을 치료하고 낫게 하려는 니즈가 있다. 소송을 제기하려는 사람이 변호사를 찾아오는 이유는 소장을 잘 써서 소송에서 이기려는 니즈가 있기 때문이다. 이와 마찬가지로 갈등코칭도 이를 필요로 하는 고객이 갈등코칭 서비스를 받으러 온 이유가 있다. 고객이 어떤 갈등에 처해 있음은 분명하고 그러한 갈등을 어떻게 해결하고 싶은지에 대한 고객의 니즈가 있기 때문에 코칭을 받으러 온 것이다. 그 니즈는 사람에 따라 다르고 목표, 전략, 방향, 방법, 시간 등에 있어서 다르게 나타날 수 있다.

갈등코칭을 받는 고객의 니즈에 대한 예를 한번 들어보자. 어떤 고객은 갈등하는 상대방과 원만하게 해결하기를 원하는가 하면 어떤 고객은 갈등하는 상대방을 제압하여 승리감을 맛보고 싶어 할 수도 있다. 또 어떤 고객은 갈등에서 받는 스트레스에서 해방되고 싶기도 하고 또 어떤 고객은 갈등하는 상대방과 좋은 관계를 유지하고 싶은 니즈가 있을 수도 있다. 하지만 고객의 니즈를 파악한다고 해서 그 니즈에만 충실히 따라가지 않을 수도 있다. 왜냐하면 앞으로 갈등코칭을 진행하면서 고객이 스스로 자신의 원래 니즈에서 벗어나 다른 방향으로 갈등을 해결하고 싶은 마음이 생길 수 있기 때문이다. 코치는 초기 단계에서 파악된 고객의 니즈에 대해 어떤 평가를 내려서는 안 된다. 초기 니즈를 잘 확인하고 코칭이 진행되면서 그것이 바뀔 수 있을지에 대해 면밀한 주의를 기울여야 한다.

2단계: 갈등상황 분석

2-1. 갈등상황 파악

갈등코칭의 기본적인 안내와 고객의 니즈를 확인했다면 이제 본격적으로 갈등코칭을 시작할 준비가 되어 있다. 병원에 환자가 찾아왔다면 의사에게 병의 증세를 말해주듯이 고객은 코치에게 자신이 코칭을 받고 싶어하는 갈등에 대해 설명을 해주어야 한다. 고객이 설명하는 갈등상황은 자신이 기억하고 있는 단편적인 기억을 중심으로 묘사될 가능성이 크다. 코치가 갈등상황을 필요한 만큼 파악하려면 보다 더 자세한 사실과 고객의 느낌을 알아야 한다.

코치의 역할이 본격적으로 전개되는 시기는 이때부터일 것이다. 코치는 고객이 편안한 마음으로 자신의 갈등 이야기를 할 수 있도록 들어주고 참고 기다려주는 인내심이 필요하다. 코치는 고객의 이야기를 듣지만 이를 판단하거나 분석하거나 의견을 말하면 안 된다. 아직 갈등을 분석할 단계가 아니라 고객의 언어로 표현되는 갈등 이야기를 그대로 들어주고 기록하는 초기 단계에서의 갈등상황 파악이다. 그래서 기초 스킬인 적극적 듣기(active listening) 기법을 매우 중요하게 활용해야 한다. 코치는 물론 질문을 할 수 있다. 그 질문은 고객의 갈등상황 설명 중에 불분명하거나 빠져 있는 부분에 대해 정확하게 알고 싶을 때 사용하는 것이지 고객의 깊은 심정 파악이나 갈등의 분석을 위해 사용하는 것이 아니다. 보다 깊은 이해를 위한 질문은 그다음 단계에서 하면 된다.

여기서 유의할 사항 중 하나는 고객의 감정 처리에 관한 것이다. 고객이 갈등상황을 설명하는 도중 감정이 격화되어 화를 내거나 울거나 두려움에 떨거나 하는 격한 감정에 휩싸이기도 한다. 이럴 경우 화를 내지 말라거나 울지 말라거나 두려워하지 말라는 등 감정을 억제시켜서는 안 된다. 자신의 솔직한 감정을 표출하여 카타르시스를 느낄 수 있다면 감정표출은 매우 중요한 과정이 될 수도 있다.

2-2. 갈등상황 분석

앞에서 고객의 갈등상황 스토리를 코치의 전문가적 눈으로 바라보고 분석할 필요가 있다. 말하자면 병의 증세 설명만 듣고는 정확히 병을 알아내기 어렵고 각종 검사를 실시하고 진단하여 최종 판정을 내리듯이 갈등상황을 분석해야 한다. 그래서 갈등 분석은 다음의 요소를 알아내고 그 맥을 잡아야 한다.

- 갈등은 어떻게 시작되었는가?
- 갈등의 원인은 무엇인가?
- 고객은 반응을 어떻게 했는가?
- 갈등의 결과는 무엇인가?
- 고객의 감정은 어떤 상태인가?
- 고객은 상대방을 어떻게 인식하고 있는가?

갈등의 발단에서 어떤 원인으로 어떤 반응을 거쳐 어떤 결과가 나타났는지는 갈등의 진행 경과를 보여주는 것이다. 그리고 고객의 감정과 인식은 심리적인 상태를 설명하는 것이다. 갈등상황 파악에서와는 달리 코치는 고객이 가는 대로 따라가거나 그대로 받아들이는 것이 아니라 복잡한 길을 헤치고 정리하고 어떤 목적지를 찾아가야 한다. 갈등의 요소들을 찾아야 한다는 목적의식을 가지고 질문과 응답을 통해 그곳을 찾아가야 한다. 진행 경과의 네 가지 요소를 찾을 때까지 코치와 고객의 커뮤니케이션은 계속 진행된다.

코치가 보다 섬세한 주의를 기울여야 하는 부분은 고객의 심리적인 요소들을 찾는 일이다. 갈등의 결과를 받아들이고 있는 고객의 현재 감정은 어떤지를 알아봐야 하고 그 감정은 처음부터 같은지 심화되어 왔는지 등 변화과정도 알아볼 필요가 있다. 그리고 감정의 방향과 대상과 강도가 어떤지에 대해서도 조사할 필요가 있다. 또한, 고객이 감정을 대처하고 극복하는 능력이 어느 정도인지도 알아두는 것이 도움이 된다. 분노 조절이 잘 되지 않는 사람이 코칭을 받고 있다면 갈등을 해결하기 전에 분노를 다룰 훈련을 먼저 해야 할 수도 있다.

심리적 요소로서 가장 어렵고 중요한 부분은 상대방에 대한 인식이다. 상대방을 어떻게 인식하고 있는가는 자신의 프리즘으로 바라보는 이미지와 같아서 지극히 주관적이다. 갈등당사자는 대체로 적대감으로 상대를 인식하고 영화에서 아군은 착한 사람, 적군은 나쁜 사람으로 보듯이 고객의 무대에는 상대가 악당으로 등장해 있다. 이 대목에서 코치는 중립적·객관적인 시각으로 갈등당사자들의 상호관계를 보려고 노력해야 한다. 갈등을 원만히 해결하려면 상대의 관점을 이해하는 것이 매우 중요하다. 그래서 코치는 고객이 상대의 관점을 이해할 수 있도록 질문과 역지사지 기법 등을 적극 활용할 필요가 있다. 결과적으로 고객이 자신의 주관적인 상대 인식에서 벗어나 상대방이 관점이 다르다는 것을 이해하도록 도와야 한다. 말하자면 고객이 좀 더 객관적인 시각을 가질 수 있도록 촉진하는 코치의 노력이 있어야 한다.

3단계: 고객 목표 설정

3-1. 고객 니즈 재확인

갈등상황을 충분히 분석했다면 이제 결정해야 할 일은 어디로 갈 것인가이다. 이 시점에서 오프닝 때에 확인했던 고객 니즈를 상기시킬 필요가 있다. 고객이 처음 코칭을 받기 위해 와서 표출한 자신의 니즈가 여전히 유효한지를 코치는 확인해 보아야 한다. 앞의 갈등상황 분석 단계에서 니즈의 변화가 발생했는지를 살펴봐야 한다. 때때로 고객은 코치의 도움을 받아 갈등의 요소를 찾아내고 차분히 분석하면서 자신이 원하는 바를 바꾸고 싶은 욕구가 생기기도 한다. 니즈의 변화가 반드시 좋다거나 바람직하다거나 하는 판단을 일률적으로 할 수는 없지만 고객이 자신의 갈등상황을 분석하고 성찰한 이후에 발생한 것이기 때문에 갈등해결에 긍정적인 신호일 가능성이 크다. 특히 고객이 상대의 관점을 좀 더 이해하면서 니즈를 바꾼다는 것이 갈등해결의 가능성을 높이는 전환점이 될 수 있다.

3-2. 고객 목표 설정

고객의 초기 니즈가 그대로이든 어떤 변화를 가져와 새로운 니즈가 발생했든 그 현재의 니즈에 맞추어 갈등해결의 방향성을 잡아야 한다. 그것이 바로 고객 목표의 설정인 것이다. 그런데 때로는 코치는 질문과 대화를 통해 고객이 새로운 목표를 설정하도록 도움을 줄 수 있다. 어떤 경우이든 이제 나아가야 할 고객의 목표를 설정해야만 한다. 말하자면 병의 이름과 상태를 정확히 진단했다면 어떤 치료, 어떤 수술을 해야 할지를 결정하는 것과 같다. 갈등의 경우에도 상황 분석에 기초해서 정확한 고객의 니즈에 맞는 목표를 설정해야 한다. 여기서 유의할 점은 고객의 자기결정권 원칙에 따라 스스로 목표를 설정하도록 코치가 도와야 하며 절대로 코치가 대신 결정해서는 안 된다는 것이다.

4단계: 최선의 시나리오 개발

4-1. 시나리오 옵션 개발

3단계에서 고객의 목표가 설정되었다면 이를 달성하기 위한 시나리오를 개발해야 한다. 목표를 달성하는 데는 하나의 시나리오만 있는 것이 아니기 때문에 브레인스토밍 기법을 통해 다양한 시나리오 옵션을 생각해볼 필요가 있다. 예를 들어 고객이 상대를 만나 사과를 해서 마음의 빚을 덜어내는 것이 목표라고 하자. 약속을 해서 카페에서 만나서 사과를 하는 시나리오 A, 상대의 사무실로 찾아가서 사과를 하는 시나리오 B, 이메일로 배경과 설명을 하면서 사과 메일을 써서 보내는 시나리오 C, 스마트폰에서 문자나 카톡으로 사과 문장을 써서 보내는 시나리오 D 등 여러 가지의 시나리오 옵션을 생각해낼 수 있다.

여기서 유의할 몇 가지 사항이 있다. 유의할 점은 한 가지의 시나리오만 생각해서는 안 된다는 것이다. 어떤 시나리오가 최선인지는 잘 따져 봐야 하므로 가능한 시나리오는 최대한 많이 고안해낼 필요가 있다. 시나리오 옵션 개발 단계에서는 실현 가능성이나 좋고 나쁜 기준을 미리 생각하면서 제약을 가할 필요가 없다. 원래 브레인스토밍으로 옵션을 개발할 때는 머리에 떠오르는 대로 제안을 하게 된다. 또한, 상대방에게 좋아 보이지 않는 옵션을 제안하는 것을 꺼릴 필요도 없다. 최선의 옵션을 찾아낼 때 여러 가지를 고려하면 되는 것이다.

4-2. 최선의 시나리오 도출

앞에서 개발한 시나리오 옵션 중에서 어떤 시나리오 옵션을 최선으로 선정할 것인가? 모든 옵션 중에서 고객의 목표를 충족할 수 있는 옵션만 골라내고 나머지는 제외한다. 그다음 목표를 충족하는 시나리오 옵션들의 위험과 장점을 분석해야 한다. 고객이 위험과 장점을 분석하기 어려워할 수 있기 때문에 코치가 고객을 도와서 위험과 장점을 분석하도록 해야 한다. 코치는 고객이 위험이 적고 장점이 많은 시나리오 옵션을 최선의 시나리오 옵션으로 결정하도록 코칭을 한다.

5단계: 액션플랜 수립

5-1. 액션플랜 수립

　최선의 옵션을 실천할 구체적인 방법으로 계획을 수립할 단계이다. 코치는 고객이 목표와 최선의 옵션과 일치하는 가능성을 만들어내도록 촉진해야 한다. 고객은 새로운 시나리오가 그러한 것을 하도록 되어 있다면 그 전의 갈등상황과는 다른 방법과 태도로 상대를 대하는 것도 액션플랜에서 준비해야 할 것이다.

　먼저 고객은 액션플랜으로 달성하고자 하는 바람직한 성과를 계획하고 확정해야 한다. 그 바람직한 성과는 목표의 범위 내에 있어야 한다. 예를 들어 고객의 목표가 동료와 갈등에 대해 대화를 하는 것이라고 하자. 그 목표의 바람직한 성과로서 고객은 무엇을 원하는가? 그 성과는 '오해를 푸는 것', '변상을 하는 것', '문제에 대해 공감하는 것', '다시 친구가 되는 것', '서로 이견이 있다는 것을 인정하는 것' 등이 있을 수 있다. 이 바람직한 성과는 고객이 목표를 달성하기 위해 상황, 대화, 시나리오를 구성할 때 가장 먼저 고려해야 할 사항이다.

　그다음으로 고객이 실천하고자 하는 상황을 구성해야 한다. 앞의 예를 이용하여 상황의 단계를 구성해보면 다음과 같다(Noble 2012 참조).

- 전하고 싶은 주요 메시지를 결정한다.
- 상대가 무슨 반응을 할 것인지 고려한다.
- 상대가 갈등을 야기할 행동이나 말을 식별하고 고객은 어떻게 반응할

지 결정한다.
- 전과는 다르게 행동할 것들을 식별한다.
- 바람직한 성과와 일관성 있는 목소리, 태도, 몸짓 등을 사용한다.
- 주요 관심사와 준비된 도전을 공유한다.

이렇게 대화나 어떤 다른 목적을 잘 준비한다면 목표와 바람직한 성과 달성의 토대가 된다.

5-2. 액션플랜 로지스틱

액션플랜은 바람직한 성과를 위해 상황과 대화를 구성하는 것인데 액션플랜을 수행하기 위해 필요한 스킬들이 무엇인지 면밀히 검토하고 이를 갖추어야 한다. 특히 갈등관리 스킬과 커뮤니케이션 스킬은 고객이 액션플랜을 무난히 수행할 수 있도록 하는 중요한 스킬임을 고려하고 필요하면 훈련을 받아야 할 수도 있다.

또한, 액션플랜이 현실이 되게 하려면 언제, 어디에서, 어떤 방법으로 이루어져야 하는지를 계획해야 한다. 앞의 예에서 동료와 갈등 문제에 관해 대화하고 싶은 목표를 달성할 최선의 옵션의 액션플랜을 언제 감행할 것인가, 어느 장소에서 할 것인가, 어떤 방법으로 할 것인가를 결정해야 한다. 주말에 직장과는 다른 곳에서 별도로 만나서 직접적인 대화를 할 수도 있고 주중에 직장 내에서 별도로 만나서 직접적인 대화를 할 수도 있다. 대면 대화는 나중에 하고 우선 이메일이나 전화로 상황을 설명하고 난 다음 면대면 대화를 할 수도 있다. 액션플랜을 수행하기 위한 환경을 정하는 것도 중요하다.

6단계: 코칭 클로징

6-1. 리허설과 피드백

무대에 올라가는 어떤 오페라나 연극 또는 뮤직 콘서트는 반드시 충분한 리허설이 있고 난 다음 공연된다. 그만큼 관중 앞에서 공연하는 실제의 콘서트는 많은 연습을 통해 완성된다고 할 수 있다. 고객 목표를 실현하는 액션플랜도 현실에서 새로운 콘서트를 공연하는 것과 마찬가지로 충분한 리허설이 필요하다. 커뮤니케이션을 실습하는 것은 상호작용하는 새로운 길을 시도하는 효과적인 방법이다.

고객이 리허설을 하는 동안 코치의 역할에 주목해야 한다. 코치는 고객이 자신의 생각과 노력으로 리허설을 하고 실험하는 동안 고객을 관찰하고 고객에게 피드백을 제공해야 한다. 피드백에 포함되는 질문은 다음과 같다(Noble, 2012, p.135).

- 고객은 바람직한 성과를 내고 있는가?
- 고객은 전달해야 할 메시지를 모두 포함하고 있는가?
- 고객은 의도한 목소리와 태도를 유지하고 있는가?
- 고객은 우연히 부딪히게 될 상황에 대처해서 의도한 변화를 만들고 있는가?
- 고객은 상대에게 기대하는 도전적 메시지에 대해 반응하는 방법을 잘 수행하는가?

고객이 리허설을 하는 동안 고려해야 할 사항은 상대의 역할을 누가 하는가이다. 가능한 한 고객이 상대의 역할까지 하도록 하는 편이 좋다. 코치는 이에 대해 피드백을 주고 고객은 다시 수정해서 이중 역할을 하면 된다. 때때로 코치가 상대의 역할을 연기해 줄 수도 있다. 말하자면 고객은 자신의 역할을 하고 코치는 상대의 역할을 하는 역할연기를 해볼 수 있다. 코치의 직접 상대의 역할을 연기할지 말지는 코치가 상황에 따라 결정해야 할 것이다.

6-2. 자신감과 결심

고객으로 하여금 리허설을 하게 촉진하는 것은 많은 기능을 하게 된다. 예를 들어 리허설은 고객에게 커뮤니케이션이나 느낌 또는 상호작용의 새로운 길을 경험하는 기회를 제공하는 기능을 한다. 반복되는 노력은 고객이 갈등상황의 새롭고 다른 길을 만들어나가면서 편안함과 자신감을 가지게 해줄 것이다. 더 많이 연습할수록 고객이 스스로의 능력으로 목적을 달성할 수 있음을 깨달음으로써 일을 더 쉽게 할 수 있다.

이러한 리허설을 통해 고객이 목표 달성을 위한 액션플랜에 자신감을 가지게 되면 실행을 위한 준비가 끝나게 된다. 콘서트의 리허설을 충분히 한 다음 자신감을 가지고 무대에 오르기만 기다리는 것과 같다. 고객은 리허설에서 연습한 대로 실제로 실행할 것을 결심해야 할 차례이다. 로지스틱 단계에서 결정했듯이 언제, 어디에서, 어떤 방법으로 액션플랜을 결행하기로 결심하면 코칭의 대단원이 막을 내리게 된다. 이제 실제의 공연을 감상할 일과 공연 이후 추가 코칭으로 나아갈 일만 남아 있다.

[생각해볼 점]

2-3 질문

1. OASDAC 갈등코칭 절차 모델의 단계는 어떻게 되는가?
2. 고객의 갈등해결에 대한 자신감은 어디에서 나오는가?

2-4. 갈등코칭의 스킬 1: 공감적 경청

가. 공감적 경청의 개념과 의미

갈등코칭에서 코치가 가져야 할 가장 핵심적인 스킬은 바로 공감적 경청이다. 이 공감적 경청을 설명하려면 몇 가지 용어를 정리하고 그 출처와 의미도 파악해야 할 것이다. '듣다'의 영어 단어는 hear와 listen이 있다. hear는 소리가 들리다, 노력 없이 듣는다는 의미가 있지만 listen은 노력을 해서 듣는다는 의미가 있다. 그래서 hear는 음악 소리가 들리다, 주변의 소리를 듣는다는 경우이지만 listen은 다른 사람이 하는 말을 듣다, 충고를 듣다, 듣기 테스트를 할 때 듣는다는 경우이다.

듣기와 경청은 어떻게 다른가? listening은 듣기인가 경청인가? listening을 번역할 때 때로는 듣기, 때로는 경청이라고 한다. 경청(傾聽)은 귀 기울여 듣기로 listening closely에 해당하는데 그냥 listening이라고도 한다. 스티븐 코비의 듣기(경청) 5단계(Stephen Covey, 5 levels of listening)에서 원어와 통상적인 번역은 다음과 같다.

〈표 2-3〉 스티븐 코비의 경청 5단계

Level 1: Ignoring	1단계: 무시하기
Level 2: Pretend Listening	2단계: 듣는 척하기
Level 3: Selective Listening	3단계: 선택적 듣기
Level 4: Attentive Listening	4단계: 귀 기울여 듣기
Level 5: Empathic Listening	5단계: 공감적 경청

출처: Covey(1989), pp.251-255, 이소희·길영환·도미향·김혜연(2016), p.222에서 재인용함.

이 표에서 보듯이 1단계에서 4단계는 listening을 '듣기'로 번역하고 있는 데 반해 5단계의 listening은 '경청'으로 번역한다. 그래서 5단계의 Empathic Listening을 '공감적 듣기'라고 해도 되지만 '공감적 경청'이라고 하여 최고의 경지를 의미하면서 경청이라는 용어 자체가 듣기보다는 더 높은 경지임을 암묵적으로 표현하고 있다. 경청 5단계의 내용을 간단하게 정리해보면 다음과 같다.

1단계: 무시하기
상대방이 말을 하고 있지만 듣는 사람은 결코 주의를 주지 않고 상대방 말을 무시한다. 만약 듣는 사람이 상대방의 말이 들리지 않았거나 듣지 못했다면(not hear) 무시하기와는 다르다.

2단계: 듣는 척하기
듣는 사람이 상대방의 말을 듣는 인상을 주고 있지만 실제로는 듣지 않고 있다. 비록 듣는 사람이 듣고 있다는 몸짓을 취해도 주의를 기울지 않고 있어서 듣지 않고 듣는 척할 뿐이다.

3단계: 선택적 듣기
듣는 사람은 상대방의 말하는 메시지 중 자신이 원하는 부분을 선택적으로 듣는다. 듣는 사람은 "그래서 당신의 요지는 무엇입니까?"라고 말하기도 한다.

4단계: 귀 기울여 듣기
듣는 사람은 상대방이 어떤 이야기를 하는지 말의 내용에 집중하면서 듣는다. 그러나 듣는 사람 자신의 기준에서 귀 기울여 듣고 이해하려고 노력한다.

5단계: 공감적 경청

듣는 사람이 말하는 사람의 단어뿐 아니라 말하는 의미도 듣게 된다. 듣는 사람은 말하는 사람의 말을 진심으로 듣기 위해 시간과 완전한 주의를 기울이고 듣는다. 그래서 4단계가 듣는 사람이 자신의 기준에 듣는 구조라면 5단계는 듣는 사람이 상대방의 기준에서 듣는 구조라고 할 수 있다.

나. 코칭에서의 경청

코칭에서 필요한 경청은 학자들과 실무전문가에 따라 사용하는 용어가 조금씩 차이가 있다. 앞에서 스티븐 코비의 5단계 경청에서는 공감적 경청이 코칭에서 필요한 경청으로 볼 수 있는데 다른 학자들의 경청 용어를 알아볼 필요가 있다. 코엑티브 코칭(coactive coaching)을 주장한 Kimsey-House, Kimsey-House, Sandahl, and Whitworth(킴지하우스·킴지하우스·샌달·휘트워스)는 1단계 경청: 자기중심적 경청, 2단계 경청: 고객 중심의 경청, 3단계 경청: 총체적 경청으로 구분하고 있다. 3단계의 경청을 간단히 소개하면 다음과 같다(킴지하우스·킴지하우스·샌달·휘트워스, 2016, pp.73-83).

1단계 경청: 자기중심적 경청

나는 상대방의 말을 듣지만 그 말이 나에게 어떤 의미가 있는가에 주의를 기울인다. 나의 생각, 판단, 느낌, 나 자신과 타인에 대해 내가 내린 결론에 집중한다. "그것이 내게 어떤 의미이지?"라는 질문만이 제기된다. 고객은 이러한 경청이 필요할지 모르나 코치는 이런 식의 자기중심적인 경청을 하는 것은 적절하지 않다.

2단계 경청: 고객 중심의 경청

이것은 듣는 사람이 상대방에게 주의 깊게 집중을 하며 듣는 방식이다. 고객의 말과 표정, 감정 그리고 고객이 제공하는 모든 것을 듣고 고객이 말하지 않은 것도 알아차린다. 2단계 경청은 고객과의 사이에 공감, 명확성, 협업이 일어나는 단계이다. 그것은 마치 코치와 고객이 선으로 연결되어 있는 것과 같고 코치는 고객에게서 나온 빛을 하나도 흡수하지 않고 반사하는 거울과 같다.

3단계 경청: 총체적 경청

코치는 고객과 함께 우주의 중심에서 모든 곳에서 발생하는 정보를 받아들이는 것처럼 경청(global listening)한다. 코치의 감각으로 관찰할 수 있는 모든 것, 즉 감정적인 것뿐만 아니라 촉각으로 보는 것, 듣는 것, 냄새 맡는 것, 느껴지는 것을 모두 포함한다. 2단계 경청이 선으로 연결된 것이라고 한다면 3단계 경청은 전파와 같은 것이다. 전파는 눈에 보이지 않지만 라디오로 음악을 듣기 때문에 전파가 존재한다는 것을 믿는 것과 같다. 3단계 경청은 때로 환경적 경청(environmental listening)이라고도 한다. 고객의 에너지가 활기 넘치는지, 차분한지, 가벼운 상태인지, 통제되고 있는지 등을 감각적으로 알아차린다.

코칭의 대화는 1단계 경청에서는 빨리 벗어나서 2단계나 3단계 경청으로 진입해야 한다. 코치는 2단계와 3단계 경청을 지속적으로 넘나들게 된다. 앞에서 정의한 공감적 경청이 2단계인지 3단계에 해당하는지 정확하게 판단할 수는 없지만 코치는 최소한 2단계 경청을 해야 하고 3단계 경청을 할 수 있도록 노력해야 하는 것은 분명하다.

그 외에 코칭에 적합한 경청으로는 음악 이론에서 발전된 맥락적 경청(contextual listening)과 마음으로 듣는 경청이 있다. 맥락적 경청은 고객의 이야기를 판단하지 않고 있는 그대로 반사하듯 서술해 주는 방법으로 고객의 감정을 진심을 다해 수용하고 이해하려고 노력하는 경청을 말한다(이소희·길영환·도미향·김혜연, 2016, p.226). 마음으로 듣는 경청은 코치가 자신이 귀와 입, 그리고 마음을 동원하여 상대방의 이야기를 진심으로 경청하는 것을 말한다(에노모토 히데타케, 2000). 맥락적 경청이나 마음으로 듣는 경청이나 스티븐 코비가 분류한 공감적 경청과 별 차이가 없는 것으로 보인다. 코칭에서 고객이 하는 말을 코치가 공감적 경청의 방법으로 경청하는 것이 매우 중요하다.

다. 경청에 관련된 코칭 스킬

공감적 경청은 코칭에서 긴요한 스킬이면서 관문이기도 하다. 경청을 하면서 코치로서 구사할 수 있는 코칭 스킬로서 명료화, 명확화, 통합적 시각, 은유, 인정을 소개하려고 한다.[17]

1) 명료화(Articulating)

이 스킬은 진행 상황 명료화(articulating what's going on: AWGO)로 불리기도 한다. 고객의 말을 충분히 경청하면 많은 정보를 얻고 고객에게 지금 바로 이 순간 무슨 일이 일어나고 있는지에 대한 그림이 그려진다. 이때 명료화는 현재 무슨 일이 일어나고 있는지를 간단명료하게 묘사하는 능력이다. 고객은 자주 자신이 무엇을 보고 있는지, 무슨 말을 하고 있는지 스스로 알 수 없을 때가 있고 자세한 것을 볼 수 있으나 큰 그림을 보지 못할 수도 있다. 이 명료화 스킬을 이용해서 코치는 본인이 느끼고 관찰한 것을 고객과 공유한다. 예를 들어 코치는 이렇게 말할 수 있다.

---

[17] 경청과 관련된 코칭 스킬 부분은 킴지하우스·킴지하우스·샌달·휘트워스(2016), pp.84-92의 내용을 요약, 발췌했다.

"제가 보기에는 고객께서는 저녁과 주말을 가족과 보내기 어렵도록 일정을 잡고 있습니다. 일전에 고객께서는 가족이 가장 중요한 우선순위라고 하셨는데 야간근무 일정이 이러한 약속과는 일치되지 않아 보입니다. 무슨 일인가요?" 코치가 항상 맞아야 한다는 압박감이나 필요를 떨칠 수 있다면 코치는 사실처럼 보이는 것을 말할 수 있는 자유를 갖고, 그러한 말을 듣는다는 것은 고객에게 커다란 선물이기도 하다.

2) 명확화(Clarifying)

고객이 모호하거나 불완전한 생각에 빠져 있을 때 코치는 고객이 좀 더 명확하게 볼 수 있도록 도와주는 역할을 하는 것이 명확화(clarifying)이다. 명확화 스킬은 경청, 질문, 재구성(reframing)의 조합이다. 예를 들어 "고객께서는 …을 찾고 있는 것처럼 들리네요."라고 말할 수 있다. 명확화 스킬은 이미지를 좀 더 선명하게 만들고, 그것에 자세한 사항을 추가한 이후 고객의 생각을 확인하기 위해 잠시 멈추기도 한다. 그래서 명확화 스킬은 고객으로 하여금 안개 속을 빠져나와 원래의 길로 다시 돌아가게 할 수 있는 방법이다.

3) 통합적 시각

통합적 시각(Meta-view) 스킬은 고객이 틀에 박힌 생활을 하고 매우 편협한 시각을 갖고 있을 때 유용하다. 통합적 시각은 큰 그림을 보여주고 다른 관점을 가질 여지를 제공해준다. 통합적 시각은 높은 연단(elevated platform)으로 보는 것과 같은데 높은 연단에서 코치는 고객이 볼 수 있는 것보다 더 많은 것을 볼 수가 있고 당장 일어나는 세부 사항 이상의 것을 말할 수 있다. 예를 들어 열심히 노력하나 원하는 결과를 얻지 못한 고객에게 코치는 이렇게 말할 수 있다. "매우 힘들어하시는 것으로 보이네요.

결국에 이런 고통을 통해 얻을 수 있는 것이 무엇인가요?" 또한, 통합적 시각은 특히 문제의 세부 사항으로 빠지기 쉬운 상황에 전체 맥락을 보여줄 수 있는 매우 유용한 방법이기도 하다.

4) 은유

은유(metaphor)는 이미지와 경험을 도입해서 고객이 좀 더 빠르고 쉽게 이해할 수 있도록 도와주는 스킬이다. "안개 속에서 헤매시나요?"라는 질문은 "혼란스러운가요?"라는 고객의 지성에 호소하는 질문보다 매우 다른 수준으로 고객을 생각하게 하는 이미지와 경험을 창조해준다. 은유는 탐색을 위한 풍부한 이미지를 제공해준다. 만일 특정 은유가 고객의 통찰력을 끌어내지 못한다면 코치는 항상 다른 은유를 시도해야 한다.

5) 인정

인정(acknowledgment) 스킬은 고객이 어떤 존재인지를 설명해준다. 고객은 진정한 인정을 받은 이후에 더욱 똑바로 설 수 있다. 칭찬과 찬사는 고객이 한 행위를 강조함으로써 영향을 미치는 것이다. 이에 반해 인정은 고객의 내적 성품을 인정하고 고객의 존재 자체를 강조한다. 예를 들어 "당신은 화단을 매우 아름답게 꾸몄군요."라고 말하면 칭찬이지만, "당신에게 아름다움을 사랑하는 마음이 있다는 것을 알았어요."라고 말하면 인정이다. 인정은 코칭에서 없어서는 안 될 스킬이다. 코칭이 진행되는 과정에서 코치는 고객이 원하는 변화를 가능하게 하기 위해서 고객이 어떤 존재여야 하는지를 항상 지원해주어야 한다.

인정 스킬은 코치로 하여금 고객 내면의 강점을 칭찬하도록 도와준다. 고객의 강점을 인정함으로써 코치는 고객이 그 강점을 더욱 활용할 수 있도록 해준다. 인정은 다음과 같은 형태로 표현될 수 있다. "와 이제 당신이 상사에게 무엇을 말해야 할지를 알고 두려움에 맞서 진실을 말할 수 있다는 것을 정말로 보여주었어요." 이렇게 인정은 고객이 성장하고 더욱 강해지고 있는 곳의 핵심을 찌르는 말을 해주는 것이다. 코치가 인정하면 고객은 계속 성장할 힘을 얻게 된다.

[생각해볼 점]

2-4 질문

1. 코엑티브 코칭에서 3단계 경청이 무엇인지 설명하라.

2. 공감적 경청의 코칭 스킬 5가지를 설명하라.

2-5. 갈등코칭의 스킬 2: 강점탐구와 비전개발

갈등코칭은 코치가 고객이 자신의 갈등을 어떻게 처리할 것인가를 도와주기 위해 목표를 정해서 변화해가도록 촉진해야 한다. 여기에 필요한 중요한 스킬로서 강점탐구와 비전개발을 설명하고자 한다.

가. 강점탐구

1) 강점탐구의 개념과 가정

우선 Appreciative Inquiry를 어떻게 번역할 것인가? 사전적 의미로는 긍정적 질문 정도로 해석할 수 있지만 "조직의 구성원들이 조직의 이상적인 모습에 관해 스스로 의미를 떠올리게 하고 이를 실현하게 하고자 만들어내는 다양한 조직 개발 프로세서"라는 의미를 고려하여 강점탐구라고 번역한다(박종규, 2014).

강점탐구(Appreciative Inquiry, AI)는 1980년대 후반 케이스 웨스턴 리저브 대학(Case Western Reserve University)에서 쿠퍼라이더와 스리바스트바(David Cooperrider & Suresh Srivastva)에 의해 개발되었다(Jones & Brinkert, 2008, p.144). 강점탐구는 결함을 토대로 한 변화과정이 아니라 강점을 토대로 한 변화과정을 실행하기 위해 조직이나 개인이 사용한 도구이다. 쿠퍼라이더와 스리바스트바(1987)는 조직은 종종 명백한 문제를 다루기 위해 많은 시간과 자원을 사용하면서도 조직이 최선을 다해야 할 부분을 식별하고 개선하는 데는 충분한 시간을 사용하지 않는다고 주장한다. 쿠퍼라이더와 스리바스트바는 '이해관계자들이 그들의 조직이 최선을 다해야 할 일을 먼저 인정하는 방식으로 조직을 평가할 때 그들은 나중에 과정상 나타날지도 모르는 부정적 차원이나 문제를 대처할 준비를 더 잘 할 수 있다.'라고 결론을 내린다. 이러한 강점탐구는 대규모의 조직변화를 일으키려는 장기적인 노력에 많이 사용되어 왔다.

강점탐구를 좀 더 잘 이해하려면 강점탐구의 기본 가정을 살펴봐야 한다. 다음은 Hammond의 강점탐구 가정을 요약한 것이다(Hammond, 1996, pp.20-21).

- 모든 사회, 조직 또는 집단에서 어떤 것은 작동한다.
- 우리가 집중하는 것은 우리의 현실이다.
- 현실은 현재에 창조되고 복수의 현실이 있다.
- 조직이나 집단에게 질문을 하는 행위는 그 집단에게 어떤 방법으로든 영향을 준다.
- 사람들은 과거의 부분(알려진 것)을 미래로 옮긴다면 미래로의 여행(알려지지 않은 것)에 더 많은 자신감과 안락함을 가진다.
- 우리가 과거의 부분을 미래로 옮기려 한다면 그것은 과거 중에서 최선의 것이어야 한다.

2) 강점탐구의 과정

강점탐구의 과정은 조직이든 개인이든 현재의 상황에서 좋거나 올바른 것을 식별해내도록 사람들에게 요청함으로써 시작한다. '미래에 계속되기를 원하는 현재의 측면은 무엇인가?'라는 질문을 할 수 있다. 전통적 변화관리 이론은 "여기에 무엇이 잘못되었는가?"라고 질문하지만 강점탐구는 "여기에 무엇이 작동하고 있는가?"라고 질문하게 된다(Hammond, 1996). 강점탐구의 결과는 조직이 목표에 도달하거나 발생하게 할 방법에 대한 실행 계획(action plan)으로 전환되기를 원하는 일련의 진술이다.

강점탐구 과정은 전통적 문제해결 과정과 다르다. 문제해결 과정과 강점탐구 과정을 비교해보면 <표 2-4>와 같다.

〈표 2-4〉 문제해결 과정과 강점탐구 과정의 비교

문제해결 과정	강점탐구 과정
1) 문제의 식별	1) 현재의 최선을 인정하고 가치를 줌(what is)
2) 원인 분석	2) 가능성을 상상함(what might be)
3) 해결방법 분석	3) 목표에 대해 대화함(what should be)
4) 실행 계획	4) 해야 할 것을 혁신함(what will be)

출처: Cooperrider & Srivastva(1987)에서 정리하여 표로 작성함.

3) 강점탐구의 질문

강점을 식별하는 질문으로 다음의 질문들을 참고하여 활용할 수 있다(Hammond, 1996).

- 개인, 집단, 조직이 정말 잘했다고 느끼는 시기를 묘사하세요. 그 기간에 환경은 어땠습니까?
- 팀원이나 집단 구성원이라는 것에 자부심을 가진 시기를 묘사하세요. 왜 당신은 자부심을 가졌나요?
- 팀원이나 집단 구성원이라는 것에 대한 어떤 가치가 가장 높은가요? 왜 그런가요?
- 조직에서 당신의 경력을 되돌아보세요. 당신이 가장 효과적이고 깊이 개입했다고 느꼈던 최고의 순간을 발견하세요. 어떻게 느꼈고 그 상황을 가능하도록 한 것은 무엇인지를 묘사하세요.
- 이 조직의 미래(또는 이 조직에서 당신의 미래)를 위해 당신의 구체적인 세 가지 소원을 묘사하세요.

나. 비전개발

강점탐구의 두 번째 단계는 비전개발(visioning)이다.[18] 비전개발은 바람직한 미래 상태를 창조하고 제시하는 것이다. 강점탐구의 관점에서 본다면 비전개발은 특별한 영역에서 미래 상태에 관한 도전적인 제안(provocative proposition)이나 진술로 구성되어 있다(Jones & Brinkert, 2008, p.146). 도전적 제안은 이상을 진술하는 경향이 있고 가끔은 웅장하거나 비현실로 보일 수도 있다.

비전개발은 강점탐구 밖에서 변화관리 기법으로서 존재해 왔다. 일반적으로 비전개발은 바람직한 보다 전체론적인 미래 현실을 묘사하기 위해 집단과의 촉진된 대화 실습에서 사용되었다. Barge(2001)은 비전개발을 보다 일반적인 의미로 자산 개발(asset development)이라고 묘사하고 있다. 이러한 비전개발의 접근방법에서는 강점이나 자산의 증축에 중점을 둔다. 그러나 그 의도는 도전적 제안이 하는 것처럼 한 가지나 두 가지의 강점에 좁게 초점을 맞추기보다 넓고 더 많은 자산을 포함하는 비전을 창조하는 것이다(Jones & Brinkert, 2008, p.147).

만들어지는 비전은 가능한 한 구체적이어야 한다. 비전개발이 대규모 공공정책 갈등에 이용될 때는 참가자들이 미래세계를 묘사하는 정교한 대화에 중점을 두어야 한다. 묘사가 구체적일수록 참가자들이 주의 깊은 실천 계획을 통해 비전을 창조하기가 더 쉽다.

비전개발이 강력한 만큼 환상적이어서는 안 된다는 것도 중요하다. 비전개발에서 미래의 전망이 현실로 될 강한 기회를 얻고자 직면해야 할 현실을 무시하도록 허용해서는 안 된다. 갈등 코치는 비전개발 동안 중요한 기능을 수행한다. 코치는 고객이 창조적이도록 권장함과 동시에 고객의 상상이 제한될 수 있음도 상기시켜야 한다. 마치 조정인이 분쟁 당사자들에게 해결에 필요한 현실성 평가를 상기시키는 것과 비슷하다.

---

[18] visioning의 공식적으로 번역된 한국어 단어를 발견하기 어렵다. 발음대로 비저닝이라고 하는 경우도 있는데 일반인에게 와 닿지 않는 용어이다. 여기서는 의미를 고려해서 비전개발로 번역한다.

다. 미래 전망

강점탐구나 비전개발로 창조하는 미래를 서사 이론으로 연결하기도 한다. 변화관리 과정에서 서사 이론(narrative theory)의 적용을 시도한 학자는 현재 이야기에서 미래 이야기로 변화하는 것을 연구했다. Winslade & Monk(2000, 2005)는 분쟁 당사자들이 갈등으로 가득한 이야기(현재 이야기)로부터 평화와 이해의 이야기(미래 이야기)로 이동하도록 도와주는 것이 중요하다고 주장했다. Ludema(1997, 2002)는 비전을 정교화하려면 이야기 구조(narrative structure)가 매우 중요하다고 언급했다.

서사 이론을 이용하여 코치는 고객이 미래 전망을 이야기로 만들어 보도록 촉진한다. 강점탐구나 비전개발을 사용하지 않더라도 보통의 고객이라면 원하는 미래 전망을 이야기로 풀어낼 수는 있다. 고객이 미래 전망을 이야기로 만들기 위해 코치가 해야 할 두 가지의 역할이 있다. 첫째, 코치는 고객이 중요하다고 생각하는 비전의 요소들이 무엇인지를 물어보고 식별해내도록 한다. 예를 들어 동료와의 관계, 프로젝트의 유형, 보상과 인센티브, 개인적 만족, 조직에서 승진 등이 그러한 비전의 요소들이다. 둘째, 코치는 고객이 현실로서 가지고 싶은 것을 묘사하고 현재의 한계에 구속되지 않도록 상기시켜 줘야 한다(Jones & Brinkert, 2008, p.148).

고객이 만들어낸 미래 전망 이야기를 코치는 수정 보완하도록 도와야 한다. 예를 들어 등장인물의 역할, 행동 또는 동기가 불충분하면 이를 보충하게 하고, 중요한 등장인물이 빠졌다면 추가하도록 하고, 필요한 정보와 이벤트가 누락되어 있으면 이것도 추가하도록 하는 코칭이 있어야 한다. 더 중요한 코치의 역할은 미래 전망을 실현하는 데 필요한 갈등관리 스킬이 무엇인지를 고객에게 물어보고 확인하는 것이다. 갈등관리 스킬로는 적극적 듣기, 갈등 스타일, 협상 등이 있으며 스킬 개발이 필요하면 추가적인 교육 훈련 시간을 할애해야 한다.

미래 전망을 이야기로 창조해내기 위한 일반적 원칙을 소개하면 다음과 같다(Jones & Brinkert, 2008, pp.151-152).

원칙 1: 이야기를 사실로서 취급하지 말라. 고객이 이야기를 현실을 건설하려는 것으로서 보도록 도와주어라.
원칙 2: 대부분 고객은 처음에는 비전개발에 어려움이 있고 현재의 이야기에 머물러 있으려고 한다는 점을 인정하라.
원칙 3: 대부분 고객은 완전히 일관된 이야기를 만들어내지 못할 것이라고 가정하라.
원칙 4: 또 다른 대안적 이야기를 말할 수도 있다는 것을 강조하라.
원칙 5: 고객이 미래 이야기를 통해서 자신에 대해 배울 수 있는 것을 깊이 생각해보도록 권장하라.

[생각해볼 점]

2-5 질문

1. 강점탐구란 무엇이며 그 과정은 어떠한지 기술하라.
2. 고객이 미래 전망을 이야기로 만들기 위해 코치가 해야 할 두 가지의 역할은 무엇인가?

2-6. 갈등코칭의 스킬 3: 관계, 감정, 질문, 피드백

앞에서 갈등코칭의 핵심 스킬로서 공감적 경청과 강점탐구 및 비전개발을 설명했다. 이 외에도 갈등코칭에서 활용할 가치가 있는 유용한 스킬이 많이 있지만 선별하여 여기서는 관계 형성(친밀감, 신뢰 쌓기), 감정 다루기(공감하기), 가능성 질문(강력한 질문), 피드백(관찰 제공) 등 네 가지의 스킬을 소개하려고 한다.

가. 관계 형성[19]

코치가 갈등코칭을 잘 시작하려면 고객과의 관계를 잘 형성해야 한다. 고객과의 좋은 관계 형성에 필요한 요소로서 먼저 코치의 품성적 측면이 강조된다. 직관, 친절, 공감, 열정과 같은 내적 특성뿐 아니라 유연성, 개방성, 정직하기, 존중하기, 낙관적 태도와 같은 외적 특성이 고객과의 친밀감(rapport)을 형성하는 데 필요하다. 이러한 특성은 고객이 코치와 관계를 맺도록 도와주고 고객의 학습과 성장을 촉진하고 코칭 과정을 편하게 여기도록 만들어준다.

코칭 관계를 개발하고 창조하는 목표는 고객이 갈등관리 목표에 도달하는 노력을 하도록 코치가 협조자와 파트너 역할을 하는 것이다. 코치가 고객이 노력하고 발전할 환경을 창조해냄으로써 고객은 도전하고 책임을 지려고 할 것이다. 코치는 고객이 성공하기를 원하고 고객이 요구하는 것을 발견해야 한다. 동시에 코치는 고객에게서 무엇을 기대하는지 알려주고 고객이 할 일에 대한 약속을 하도록 해야 한다.

신뢰 형성은 친밀감을 쌓는 것과 밀접한 관련이 있다. 신뢰(trust)란 고

---

[19] 관계 형성은 Noble(2012), pp.150-153 부분을 요약, 발췌했다.

객이 코치의 성실, 전문 지식 그리고 직업의식에 관해 확신한다는 것을 의미한다. 고객에 대한 신뢰 형성을 어렵게 하는 여러 가지 요소가 있다. 신뢰가 손상된 개인적·직업적 경험, 고객의 취약성, 확신에 대한 의심, 고객과 코치의 역할에 대한 불명확 등은 신뢰 형성에 어려움을 가중시킨다. 코치는 고객과의 관계가 손상되지 않는지, 강화되고 있는지에 대해 항상 주의를 기울여야 한다. 만약 관계가 손상되는 징후가 보이면 고객과의 관련 관심을 제기해야 한다.

관계를 형성하고 신뢰를 개발하기 위해 코치가 할 수 있는 몇 가지 방법을 소개하면 다음과 같다.

- 고객을 갈등에 있는 개인이 아니라 일반 한 개인으로 본다.
- 비밀유지, 과정, 방법, 각자 역할 등에 대해 처음부터 투명하게 한다.
- 시간을 지키고 준비를 한다.
- 고객의 감정을 인정하고 이해한다.
- 지나치게 말하거나 개인적으로 말하지 않는다.
- 코치는 고객의 목표 달성을 지원하고자 존재한다고 고객에게 확신을 준다.
- 코치와 과정에 대한 의견을 요청한다.
- 정직한 관찰과 피드백을 공유한다.
- 고객의 통찰력, 코칭 진척, 새로운 행동, 건설적 변화를 인정하고 그 노력에 감사한다.
- 고객의 관점, 욕구, 기대, 희망, 관심에 대한 존중과 이해를 표시한다.
- 코칭 과정을 자신 있고 조심스럽게 관리한다.
- 코치는 고객이 가야 할 것으로 생각되는 방향으로 고객을 인도하지 않고 곁에서 동행한다.
- 고객의 책임과 과제에 협력하고 고객의 코칭 진척을 관찰할 책임을 다한다.

- 자기결정 원칙(the principle of self-determination)을 준수한다.
- 효과적 의사소통을 만들어낸다.

나. 감정 다루기

　감정(emotion)은 갈등의 주요 차원 중 하나이고 고객이 갈등상황에 대해 경험한 감정을 식별하는 것은 코칭 과정의 중요한 부분이다. 감정은 고객이 자신의 경험과 관련한 반응에 대한 의미를 구축할 토대를 탐구하고 이해하도록 코치가 도움을 주는 데 있어서 유용한 요소이다. 감정의 전형적 사이클을 보면 다음과 같다(Noble, 2012, p.71).

- 우리는 우리에게 문제가 되는 어떤 것에 대해 풀지 못한 느낌을 경험한다.
- 신체적 변화가 일어날 수 있다.
- 우리가 느끼는 감정과 관련하여 생각이 떠오른다.
- 감정에 따라 행동할 욕구가 있다.

　갈등 코치는 고객이 갈등에 대한 감정을 언급하면서 사용하는 단어를 듣고 그러한 말을 묘사하도록 권장한다. 감정에 대한 토론을 할 때 사람들은 갈등의 경험에 대해 두려움을 표현하기도 한다. 어떤 사람은 감정을 기꺼이 표현하지만 어떤 사람은 그러한 감정을 말하기를 꺼리기도 한다. 감정을 억제하는 것은 정신적으로나 신체적으로 해가 됨이 사실임에도 그렇게 감정을 억제하는 것은 대처하는 하나의 방식이다.
　실무자들은 고객에게 감정을 배출할 기회를 주는 것이 중요하다는 데에는 동의하지만 감정 배출에는 한계가 있다고 한다(Kennedy-Moore & Watson, 1999; Tavris, 1989). 너무 오랫동안 갈등상황을 토론하는 것은 고객이 스트레스와 부정적인 상황에 놓이게 할 수도 있다. 그들의 상황과 화나게 한 사람들에 대한 감정에 사로잡혀 있을 때 감정적 상태로 머물러 있는 것은 본질적으로 앞으로의 전진과 생각하고 문제를 해결하는 능력 발휘를 방해한다(Noble, 2012, p.76). 그래서 감정을 다루는 데 있어서 공감하기 또는 감정이입 같은 전문적 스킬을 잘 활용해야 한다.

공감하기(empathizing)는 갈등의 감정적 영향을 표현하고 싶은 고객을 돕는, 정서적 중요성을 강조하는 스킬이다. 감정은 사람들이 갈등과 분쟁에 개입할 때 불가피하게 생기며 문제해결, 창의성, 의사결정에 영향을 미친다. 고객은 코치가 자신의 말을 듣고 공감함을 확실히 알게 되면 그 갈등 차원을 표현하고 경험을 반영하는 단어를 말하는 데 편안함을 느낀다. 고객이 자신의 중요한 것과 갈등의 영향을 말하게 되는 것은 고객의 코칭 진척에 필수적이다.

코치는 자신의 감정을 공유한 고객을 자신을 화나게 한 것에서 전환시킬 방법과 시기를 알 필요가 있다. 이것은 고객으로 하여금 자신의 목표와 미래 코칭 방향에 집중하도록 촉진하기 위해서이다. 이러한 전환을 완성하고 고객의 움직임을 촉진하려면 코치가 고객의 감정에 사로잡히거나 말려들지 말고 여러 감정을 다루는 데 자신감을 보여야 한다. 코치가 고객의 감정에 휘말리는 것은 코치의 개인적·직업적 토대가 견고하지 못하거나 코치 자신의 경험이 코치를 고객의 감정 속으로 끌고 들어갈 때 발생한다.

공감을 자신에게 확장하는 것은 갈등 관련 일을 하는 코치에게 중요하다. 이것은 코치가 최선을 다할 마음 상태가 아닐 때를 인식하고 자신의 능력을 강화하기 위해 도움이 필요할 때를 아는 것을 의미한다. 고객은 코칭에서 초대하는 방법으로 공유할 때 코치에게 특권을 준다. 이렇게 신뢰에서 오는 명예를 보상하기 위해 코치는 내적 신호에 즉각 반응해야 하고 자신에게 주의를 기울여야 한다. 또한, 코치는 기초를 튼튼히 하고,

초점과 성실을 유지하고, 고객과의 진정한 공감을 보여줄 능력을 유지하기 위해 필요한 것을 식별하고 작업해야 한다.

다. 가능성 질문

질문이 코칭에서 중요한 역할을 하는 것은 잘 알려져 있다. 질문을 통해 평소에 생각하지 못했던 것을 생각하게 함으로써 스스로 자신의 잠재의식 속에 있는 충분한 자원을 통해 해답을 찾아 자신의 무한한 잠재력을 발견할 수 있는 계기를 제공하기 때문이다(이소희·길영환·도미향·김혜연, 2016, p.241). 그러나 질문도 종류가 많아서 모든 질문이 코칭에서 중요하다고 할 수는 없다. 질문의 유형 중에서 개방형 질문, 확대 질문, 미래지향적 질문, 긍정형 질문 등이 효과적이고 강력한 질문으로 소개되고 있다(앞의 책, pp.250-251).

킴지하우스·킴지하우스·샌달·휘트워스(2016)는 고객의 호기심을 자극하는 코칭 스킬로서 강력한 질문을 권장하고 있다. 강력한 질문(powerful questions)은 고객의 성찰을 이끌어내고 추가적인 해법을 제시해주고 고객을 커다란 창의성과 통찰력으로 이끌어준다(킴지하우스·킴지하우스·샌달·휘트워스, 2016, p.134). 만약 "고객께서 진심으로 원하는 것이 무엇인가요?"라고 하면 고객으로 하여금 내면을 들여다보도록 하고, "6개월 이후의 오늘이라고 생각해보세요. 어떤 결정을 내리시겠습니까?"라고 하면 미래를 주시하도록 하는 질문이다. 그래서 강력한 질문은 고객의 생각을 확장해 주고 고객을 위한 미래의 전망을 크게 열어준다.

강력한 질문은 또한 더 큰 가능성, 새로운 배움과 더 명확한 비전을 창출하도록 해준다. 강력한 질문은 고객의 어젠다에 집중하고 고객의 행동을 촉진하고 학습을 심화시키려는 의도로 코칭할 때 나오는 것이다. 강력한 질문의 예로서는 다음과 같은 질문을 할 수 있다(앞의 책, pp.300-301).

"원하는 것이 무엇인가요?"
"이제 무엇을 하시겠어요?"
"어떻게 시작하시겠어요?"
"어떤 대가를 치러야 하나요?"
"기억해야 할 중요한 것이 무엇인가요?"

Noble(2012)은 가능성 질문(possibility questioning)이라는 용어를 사용하고 있다. 가능성 질문은 고객이 대안적인 견해를 고려하도록 자신의 관점을 숙고하고 재검토하게 해준다. 가능성 질문은 고객이 자신의 상황과 상대방에 대해 생각하고 느끼는 방법을 변화시키도록 도와준다(Noble, 2012, p.162). 가능성 질문의 유형은 미래지향적, 해결 중점, 낙관적 질문이고 강점탐구와 같이 부정적 판단을 긍정에 대한 개방성으로 대체하는 방법으로 구성된다(Bergquist, 2007; Cooperrider & Whitney, 2005; Srivasta, 1999). 이러한 점을 고려할 때 Noble의 가능성 질문은 킴지하우스· 킴지하우스· 샌달· 휘트워스의 강력한 질문과 대동소이하다. 가능성 질문의 예를 들면 다음과 같다(Noble, 2012, pp.162-163).

- 이 경험은 당신에게 무엇을 가르쳐 주는 의미가 있을까요?
- 무엇이 그 대화에서 당신이 되고 싶은 사람이 되도록 해줄까요?
- 당신이 목표에 도달할 때 그것은 당신에게 어떤 것일까요?
- 당신이 성취하고자 희망하는 것에 어떤 다른 접근방법이 맞을까요?
- 당신이 원하는 결과를 만들어내려면 다음에 어떻게 달라져야 하나요?
- 상대방과 관계 개선에 도움을 줄 수도 있는 것으로서 당신에 관해 상대방이 모르고 있는 것은 무엇입니까?
- 상대방과 관계 개선에 도움을 줄 수도 있는 것으로서 상대방에 관해 당신이 모르고 있는 것은 무엇입니까?

- 상대방과의 미래 관계에서 당신이 어떻게 인식되기를 원합니까?
- 당신은 그 목적을 달성하고 있다는 것을 어떻게 알 수 있나요?
- 과거에 갈등을 성공적으로 잘 관리했을 때 했던 일 중 지금도 가능한 것은 무엇입니까?

가능성 질문은 양 방향적으로 될 수도 있다. 예를 들어 "당신은 상대방에게 어떤 것을 말하고 싶은가요?"라는 질문은 "당신의 목표가 보상해줘야 하는 것으로 상대방이 당신에게 듣고 싶은 것은 무엇입니까?"라는 질문으로 바꿀 수가 있다. 말하자면 고객이 원하는 것과 그것을 줄 상대방이 고객에게서 듣고 싶은 것을 서로 뒤집어서 질문할 수 있다.

가능성 질문에서 침묵의 중요성을 언급할 필요가 있다. 가능성 질문을 하고 난 다음 침묵을 지키는 것은 매우 중요하다. 왜냐하면 침묵은 고객이 새로운 질문을 진행시키는 여러 가지 방법과 그것이 불러일으키는 사고와 감정을 존중하기 때문이다. 침묵은 고객의 사고가 떠돌아다니는 공간을 개방해주게 된다. 특히 갈등에 대해 근심하고 있는 고객에게 인내를 연습하게 하는 것은 가능성 질문 스킬과 잘 부합한다. 코치의 인내는 인내가 없다면 성급하게 반응하고 생각 없이 결정할 수도 있는 고객에게 압박을 줄여주기도 한다.

라. 피드백[20]

갈등관리 코칭을 요청하는 고객은 공통적으로 잘 하지 못하는 행동을 보인다. 예를 들어 신체언어, 얼굴표정, 목소리 톤, 품행, 기질, 태도, 표현방법 등이 그러한 행동이다. 고객은 자신의 행동이 문제가 있다는 것을

---

[20] 피드백은 Noble(2012), pp.165-168의 내용을 요약, 발췌했다.

인지하고 있다 해도 그것이 어떻게 느껴지는지 다른 사람에게 어떤 영향을 주는지 알지 못할 수도 있다.

관찰과 피드백을 주는 것은 코칭에서 중요한 부분이다. 피드백을 잘하려면 코치로 하여금 자신이 어떻게 피드백을 전달하는지, 고객이 어떻게 그것을 수용하는지를 인식하게 할 필요가 있다. 피드백은 코치가 고객에게 뒤로 물러서서 자신을 바라보고 궁극적으로 갈등의 대안적인, 보다 효과적인 방법을 학습할 기회를 제공하는 한 방법이다.

코치의 관찰은 고객의 자기성찰을 촉구하는 가능성 질문을 하거나 직접 관찰하는 등 여러 가지 방법으로 이루어진다. 예를 들어 "당신이 상대방에게 얼마나 화가 났는지 제게 말했을 때 자신에 대해 무엇을 알게 되었나요?" "당신이 상대방에 관해 말하고 있을 때 목소리가 올라가는 것을 들었고 당신의 손이 탁자를 가볍게 치는 것을 보았습니다."라는 말을 하면서 관찰을 직간접적으로 전해주게 된다.

고객이 코치의 관찰을 얼마나 수용하는지는 여러 가지 요소에 달려 있다. 고객이 비판으로 해석될 수도 있는 어떤 것을 얼마나 오랫동안 듣고 있는지, 코치와 고객 간의 신뢰와 친밀감의 정도, 고객이 피드백을 수용할 일반적 준비태세가 그러한 고객의 피드백 수용에 영향을 준다. 많은 고객은 코치에게서 피드백을 받기를 열망하고 그것을 기대한다. 어떤 고객은 갈등 속에 있는 자신의 상황과 상대방에 대한 여러 감정을 가지고 코칭을 받으러 온다. 그러한 감정은 얼마나 고객이 피드백을 듣고 수용하는지에 영향을 준다.

고객이 피드백을 비판으로 여기고 이를 꺼릴 수도 있다. Rock & Page는 피드백을 허용할지를 물어보고 피드백을 건설적으로 수용하도록 하는 긍정적 관점을 사용하기를 권장하고 있다(Rock & Page, 2009, p.358). 그래서 고객이 코치의 피드백에 역으로 반응할 수 있기 때문에 코치는 코칭을 시작할 때 피드백 제공은 코칭의 한 부분이라는 점을 설명하고 피드백을 얼마나 잘 수용할지를 고객에게 물어볼 필요가 있다. 코치의 피드백 노력에 대한 어떤 부정적인 반응도 고객이 피드백을 받는 방법에 대해 고객을 코칭할 기회를 제공한다. 이것은 또한 코치가 피드백을 전달하는 방법을 고려하고 이런 관점에서 해야 할 일이 있는지를 고려할 기회이기도 하다. 어떤 경우에도 주요 목표는 고객이 코치가 말하는 것을 듣고 이해하는 것이고, 피드백은 고객이 성취하려고 하는 것과 관련되어 있는 것이며, 코치는 고객이 피드백에서 유용하고 도움을 주는 것을 발견하게 해야 한다.

[생각해볼 점]

2-6 질문

1. 공감하기란 무엇이며 그 효과는 무엇인가?
2. 가능성 질문이란 무엇이며 그 효과는 무엇인가?

제3장

갈등코칭의 도구와 활용

3-1. 갈등코칭의 윤리

조정인이나 중재인이 직업적 윤리를 지키도록 행동강령을 수립해서 준수하듯이 갈등 코치도 코칭이라는 직업을 수행하고 자신의 역할을 완수하기 위해 준수할 윤리가 있어야 한다. 윤리적 행동규범(codes of ethical conduct)은 실무전문가들에게 가이드라인을 제공해준다. 동시에 이 윤리적 행동규범은 고객들에게 서비스를 제공하는 코치에게 적용될 것으로 간주되는 표준이라는 것을 고객들에게 알려주기도 한다.

코칭은 현재까지 규제되지 않고 있는데 국제코치연맹(International Coach Federation, ICF)과 다른 많은 코칭 기관과 학교가 자기 회원들에게 윤리적 행동을 다루는 원칙을 제공하고 있다. 여기서는 국제적으로 가장 큰 조직인 국제코치연맹의 행동규범과 CINERGY 모델의 행동규범을 소개하려고 한다. 두 기관의 행동규범은 비교적 간단명료한 특징이 있고 국제코치연맹과 CINERGY 모델은 각각 국제적 연합기구와 개인적 코칭 기관이라는 대조적인 특성이 있어서 의미가 있다. 또한, 국제코치연맹의 윤리적 행동규범은 모든 코치에 해당되는 규범이고 CINERGY 윤리적 행동규범은 갈등관리 코치라는 특정 분야의 코치를 위한 행동규범이라는 차이점이 있다.

가. 국제코치연맹의 윤리적 행동규범(ICF Standards of Ethical Conduct)[1]

제1조: 직업적 행동 일반

코치로서 나는
1) 코치 훈련, 코치 멘토링, 코치 감독 활동 등 모든 활동에서 ICF 윤리강령을 준수한다.
2) 코치, 훈련가, 코치 멘토와 적절한 행동을 취해야 하고 윤리위반이나 위반 가능성을 처리하기 위해 ICF에 연락한다.
3) 강령에 규정된 책임을 알릴 필요가 있는 조직, 근로자, 스폰서, 코치 등 다른 사람들과 소통하고 인지하도록 한다.
4) 연령, 인종, 성별, 민족성, 종교, 국적, 장애 등을 포함하는 직업적 활동에서 불법적 차별을 금지한다.
6) 코칭 자격, 전문성, 경험, 훈련, 인증, ICF 증명을 정확하게 식별한다.
9) 윤리강령은 코칭 고객, 고객, 학생, 멘티, 피감독자와의 관계에 적용된다는 것을 인식한다.
11) 코칭 기간 동안 만들어진 전자 파일과 의사소통을 포함한 어떤 기록도 비밀유지, 보안, 사생활 보호를 촉진하고 어떤 법과 합의에 부합하는 방법으로 유지, 보관 및 처분한다.

---

[1] ICF 웹사이트, https://coachfederation.org/code-of-ethics에 수록된 윤리적 행동규범 전문 중 일부 별로 중요하지 않은 조항은 삭제하고 소개한다.

제2조: 이해관계 충돌

코치로서 나는

13) 이해관계의 충돌이나 잠재적 충돌을 자각하도록 노력하고 충돌이 발생할 때 그 충돌을 공개하고 스스로 제외할 것을 제안한다.
14) 내부 코치 역할을 명확히 하고 범위를 설정하며 코칭과 다른 역할 간에 발생하는 이해관계의 충돌을 이해관계자와 검토한다.
15) 고객의 위탁으로 받거나 고객 수령으로 지급할 수도 있는 제3자에게서의 모든 기대되는 보상을 고객과 후원자에게 공개한다.
16) 보상의 종류와 상관없이 평등한 코치-고객 관계를 존중한다.

제3조: 고객과의 직업적 행동

코치로서 나는

17) 고객, 미래 고객 또는 후원자에게 코칭 과정이나 코치의 잠재적 가치에 관해 진실한 것을 윤리적으로 말한다.
18) 최초의 회의에서나 그 이전에 코칭 고객과 후원자에게 코칭의 특성, 비밀유지의 특성과 한계, 재정 계획, 코칭 합의 조건을 조심스럽게 설명하고 그들이 이해하고 있음을 확인한다.
19) 코칭 관계를 시작하기 전에 고객과 후원자와의 명백한 코칭 서비스 합의를 체결하고 존중해야 한다. 이 합의는 모든 참가자의 역할, 책임 및 권리를 포함한다.
21) 현재 고객이나 후원 또는 학생, 멘티 또는 피감독자와의 성적인 또는 로맨틱한 관계를 피한다.
22) 합의 조건에 따라서 코칭 과정 동안 어떤 때라도 코칭 관계를 종료할 고객의 권리를 존중한다.
23) 고객과 후원자가 다른 코치나 자원에 의해 더 나은 서비스를 받을

수 있다고 믿는다면 고객이나 후원자에게 변경하도록 권장하고, 필요하거나 적절해 보일 때에는 다른 전문가의 서비스를 찾아보도록 제안한다.

제4조: 비밀유지와 프라이버시

코치로서 나는

24) 법에 의해 공개하도록 요구되지 않는 한 모든 고객과 후원 정보에 대해 엄격한 수준의 비밀유지를 지켜야 한다.
25) 코칭 정보는 코치, 고객, 후원자 간에 어떻게 교환될 것인지에 대해 명백한 합의를 한다.
26) 코치, 코치 멘토, 코치 감독 또는 훈련가로서 활동할 때 비밀을 유지할 수 없는 조건(예를 들어 불법 활동, 정당한 법원 명령이나 소환장에 준하여, 자신과 타인에 대한 즉각적 또는 가능한 위험 등)에 관해 고객과 후원, 학생, 멘티 또는 피감독자와 명백한 합의를 한다. 그리고 고객과 후원자, 학생, 멘티 또는 피감독자에게 이러한 비밀유지의 제약에 대해 자발적이고 확실하게 서면의 합의를 하도록 한다.
27) 고객을 위하여 본인과 일하고 있는 모든 관계자에게 제4조 26항과 적용될 수 있는 다른 조항을 준수하도록 요구한다.

제5조: 지속적 개발

코치로서 나는

28) 직업적 스킬을 지속적으로 개발할 것을 약속한다.

나. CINERGY 갈등관리 코치 윤리행동규범(Standards of Ethical Conduct for Conflict Management Coaches)[2]

제1조 정의

1) 갈등관리 코치를 위한 윤리적 행동규범의 목적은
   ① 갈등관리 코치 또는 갈등 코치의 행동에 대한 실천규범과 원칙을 제공하고
   ② 갈등에 개입하고 관리하는 방법을 개선하도록 도움을 주는 과정으로서 갈등관리 코칭에 대한 고객의 확신을 증진시키고
   ③ 갈등관리 코칭에 대한 실무규범과 윤리적 요구를 고객, 후원자 및 대중에게 알려준다.
2) (용어 정의)

제2조 자기결정

3) 갈등관리 코치는
   ① 자기결정의 원칙을 존중하고
   ② 코칭 성과의 책임은 고객에게 있고 고객의 특별한 목적, 동기, 선택된 실천 계획을 기반으로 한다는 기본을 이해하고 활동하고
   ③ 고객의 목표 달성 노력에 부합하는 옵션과 결론을 고객이 선택할 권리와 능력을 존중하고 지원하고
   ④ 분쟁과 갈등을 관리하고 해결하는 방법을 고객에게 자문하지 말고
   ⑤ 고객에게 다른 서비스, 자원 그리고 관련 정보를 알아보도록 할 때를 알아야 한다.

---

[2] Noble(2012), pp.183-186의 윤리행동규범 전문 중 중요 부분만 소개한다.

제3조 품위, 존중 및 예의

4) 갈등관리 코치는 모든 고객을 품위, 존중 및 예의로 대해야 한다.
5) 갈등관리 코치는 고객의 가치, 시민권과 인권, 문화, 종교, 성별, 연령, 종족, 성적 성향, 장애 등에 대한 존중을 표시해야 한다.

제4조 비재량(non-judgmental) 및 공정성

6) 갈등관리 코치는 고객과 고객이 제기하는 쟁점에 대해 비재량적이어야 한다. 그들은 또한 고객의 갈등이나 분쟁에 개입해 있는 다른 사람에 대해 공정해야 한다.

제5조 자발성

7) 갈등관리 코치는 갈등관리 코칭이 자발적 과정이고 고객이 과정을 종료할 선택을 할 수 있다는 원칙을 존중해야 한다.
8) 갈등관리 코치는 다음과 같은 상황에서 고객이 종료하고자 할 경우 코칭을 종료해야 한다.
   ① 코치가 고객과 쟁점에 대해 비재량으로 하거나 고객에게 공정하게 할 수 있다고 고객이 믿지 않을 때
   ② 갈등관리 코치가 갈등관리 코칭을 제공할 충분한 능력이 있다고 고객이 믿지 않을 때
   ③ 고객의 정신적 불안정, 물질 남용 또는 다른 이유로 고객의 적극적 코칭 참여를 방해한다고 고객이 인식할 때
   ④ 코치의 효과성과 고객의 신뢰를 방해하는 이해관계 충돌이 있거나 있다고 인식할 때
   ⑤ 개인적 쟁점이 코치의 성과를 방해할 때
   ⑥ 고객이 코칭 과정에서 도움을 받지 못하거나 코치나 코칭 과정에 대한 신뢰를 상실했다는 것이 명백할 때

제6조 비밀유지

9) 갈등관리 코치는 다음의 예외 상황을 제외하고는 고객이 공유하는 정보의 비밀유지를 존중해야 한다.
   ① 서면이나 고객에 의해 공개가 인정될 때
   ② 고객이 자신과 다른 사람에게 상해할 의도를 드러낼 때
   ③ 정보가 교육적·통계적 목적으로 요구될 때(이 경우 이름이나 식별 정보는 사용할 수 없음)
   ④ 법이나 법원 명령으로 공개가 요구될 때
10) 갈등관리 코치가 노트를 유지하고 있을 때 비밀유지와 프라이버시를 보장하고 조직의 정책과 규정에 부합하는 방법으로 노트를 보관 또는 폐기를 해야 한다.
11) 갈등관리 코치는 코칭을 시작하기 전에 구두로 또는 서면 또는 합의로 비밀유지의 조건과 한계를 고객과 후원자에게 확실히 해야 한다.
12) 어떤 경우에는 갈등관리 코칭 계약의 일부로서 후원자에게 보고를 요구할 수도 있다. 이 경우 고객에게 그 사실과 내용을 공개해야 한다.
13) 갈등관리 코치는 고객과 후원자의 이름을 참고로 제공하기 전에 그들에게서 동의를 얻어야 한다.

제7조 이해관계 충돌

14) 갈등관리 코치는 자신과 고객이나 후원자의 이해관계 간 잠재적 또는 실질적 충돌이 있는 상황 속으로 고의로 자신을 밀어넣어서는 안 된다.
15) 갈등관리 코치는 인식이나 실제 이해관계 충돌 또는 편견을 야기할 어떤 알려진 관계를 공개하고, 고객과 후원자와 협의하고 요구가

있거나 적절해 보이면 코칭을 그만두어야 한다.
16) 갈등관리 코치는 자신과 고객의 이해관계 간 잠재적 또는 실질적 충돌을 인식한다면 고객에게 공개하고 고객의(필요시 후원자의) 처리 결정에 맡겨야 한다.
17) 갈등관리 코치가 고객과 분쟁이나 갈등에 있는 다른 사람을 위한 코치가 되어줄 것을 요구받을 기회가 있다면 코치는 처음 만났을 때 이러한 가능성이 존재함을 잠재 고객에게 알려줘야 한다. 이러한 상황이 발생하면 갈등관리 코치는 어떤 고객이 전하는 비밀도 공유해서는 안 된다.

제8조 직업적 행동

18) 갈등관리 코치는
① 자격, 전문성 또는 경험을 과대평가해서는 안 된다.
② 직업적 코칭과 갈등관리 분야를 긍정적으로 반영하는 방법으로 행동한다.
③ 갈등관리 코칭 과정에서 특정 결과를 약속하거나 제안해서는 안 된다.
④ 갈등관리 코칭을 제공하는 대가로 받는 보상을 넘어서는 어떤 개인적, 직업적 또는 재정적 혜택을 위해 고객과의 관계를 이용해서는 안 된다.
⑤ 고객과의 신체적 접촉에 관한 명백하고 적절한 범위에 대한 책임을 진다.
⑥ 코칭이 시작되기 전에 비밀유지의 조건과 한계를 확실히 할 뿐 아니라 고객과 후원자가 각자의 역할과 책임을 이해하고 갈등관리 코칭이 무엇인지를 이해하고 있음을 확실히 해야 한다.
⑦ 코칭을 시작하기 전에 고객의 비용, 지급 일정과 다른 의뢰 조건을 확정해야 한다.

⑧ 자신의 작업만 인정하고 서면 허락 없이 다른 사람의 연구, 작업 또는 자료를 복사해서는 안 된다.
⑨ 갈등관리 코칭의 제공자로서 지식, 스킬, 능력을 개발하고 유지하기 위한 훈련과 다른 개발 계획에 계속 참여해야 한다.
⑩ 자신의 갈등관리 재능과 능력을 개발하고 유지하기 위해 필요한 코칭에는 개입해야 한다.

다. 윤리적 행동규범의 공통점

앞에서 국제적 기구로서 ICF와 개별적 기구로서 CINERGY의 윤리적 행동규범에 대해서 알아보았다. 양 기관의 윤리적 행동규범의 공통점은 다음과 같다.

- 이해관계의 충돌
- 비밀유지
- 자발성(고객과의 직업적 행동)
- 공정성(차별금지)
- 지속적 개발
- 직업적 행동

ICF에서 규정하지 않은 조항 중에서 CINERGY에 추가로 포함된 조항은 다음과 같다.

- 윤리적 행동규범의 목적
- 자기결정
- 품위, 존중 및 예의
- 비재량

CINERGY의 추가적 조항 중에서 특히 눈여겨볼 중요한 조항은 자기결정(self-determination)이다. 다른 추가 조항은 명문화하지 않는다 해도 문제는 없으나 자기결정은 코칭의 기본 원리와 성과의 책임 소재를 명확하게 해주는 원칙이므로 윤리적 행동규범에 포함해야 할 것으로 보인다.

이러한 논의를 바탕으로 우리가 윤리적 행동규범을 구체화한다면 다음의 항목을 구체적으로 명시하면 적절할 것으로 판단된다.

- 이해관계의 충돌
- 비밀유지
- 자기결정
- 자발성
- 공정성
- 지속적 개발
- 직업적 행동

[생각해볼 점]

3-1 질문

1. 국제코치연맹의 윤리적 행동규범의 5가지 조항은 무엇인가?

2. 국제코치연맹의 윤리적 행동규범 이외에 CINERGY의 추가 조항을 고려하여 윤리적 행동규범을 하나 제안해 보라.

3-2. 갈등코칭의 계약과 평가

갈등코칭을 수행하려면 추가로 자료가 많이 필요하다. 성격 테스트나 과정상 검토 자료는 본문에서 소개했지만 코칭을 시작하기 전과 종료한 후에 해야 할 중요한 일과 관련 자료를 소개할 필요가 있다. 여기서는 갈등코칭을 공식적으로 시작하기 위해서 코칭 계약이 필요하고 코칭을 종료한 다음 코칭 평가가 필요하기 때문에 이들에 대한 설명과 양식을 소개하고자 한다.

가. 갈등코칭의 계약

갈등 코치는 고객에 대한 자신의 코칭 서비스를 구두로 합의할 수도 있으나 어떤 분쟁이 발생할 수도 있기 때문에 일반적으로 서면으로 합의를 한다. 갈등코칭 계약서에는 코치의 역할과 책임, 고객의 역할과 책임, 비밀유지의 조건, 자발성, 회의 등이 포함될 수 있다. [그림 3-1]은 갈등코칭 계약서의 양식을 소개한다.[3]

본 계약서는 갈등코칭의 고객(   )와 갈등코칭의 코치(   ) 사이에 (   )년 (   )월 (   )일에 체결된 갈등코칭 합의이다.
고객과 코치는 함께 계약을 체결하는 기초로서 다음 사항을 이해한다.

  1. 갈등코칭

  갈등코칭은 훈련된 코치가 고객이 개인적 갈등과 분쟁을 관리할 능력과 자신감을 증진할 수 있도록 지원하는 1대1 과정이다. 갈등코칭은

---

[3] 갈등코칭 계약양식은 Noble(2012), pp.91-93의 내용을 참고하여 작성했다.

개인의 갈등관리 목표에 중점을 둔 미래지향적이고 자발적인 과정이다. 갈등코칭은 테라피나 카운슬링은 아니며 코치로서의 역할은 고객의 대리인이나 대표와 같은 자문이나 활동을 제공해주는 것이 아니다.

2. 코치의 역할

코치로서 책임과 역할은 다음과 같다. 코치는

- 고객이 목표를 식별하고 목표 도달에 필요한 단계를 거치도록 돕는다.
- 고객이 목표를 달성하는 노력을 하도록 지원하고 촉진하는 관계를 함께 만들어낸다.
- 분쟁을 관리하고 해결하거나, 분쟁이 불필요하게 증폭되지 않고 예방하도록 고객을 지원한다.
- 갈등을 효과적으로 관리할 지식, 스킬, 능력을 강화하도록 돕는다.
- 고객의 목표 달성에 도움이 되도록 설계한 단계별 모델을 사용하여 코칭 과정을 관리한다.
- 고객이 목표 달성에 가능한 도전을 개발하도록 돕는다.
- 고객이 노력하도록 돕는 정직한 관찰과 자료를 제공한다.
- 고객이 발전하는 것을 확인하고자 정기적으로 고객을 체크한다.

3. 고객의 역할

고객으로서 책임과 역할은 다음과 같다. 고객은

- 코치와 정직하게 의사소통한다.
- 상호관계를 함께 만들어내고 자신이 확실히 발전하기 위해 협력할 수 있는 최선의 방법을 식별한다.
- 코치의 관찰과 의견을 수용한다.
- 완전히 참여할 시간과 노력을 약속한다.
- 코치 과정과 상호 작업 관계의 경험에 대한 피드백을 코치에게

제공한다.
- 목표 달성에 필요한 과제를 할 책임을 진다.
- 목표에 관한 자신의 결정과 행동에 대해 전적으로 책임을 진다.

4. 비밀유지

코치는 다음의 특별한 상황이 없는 한 코칭 회의의 내용에 관한 완전한 비밀유지를 지켜야 한다.

- 정보 공개가 서면으로 고객에 의해 승인되었을 때
- 고객이 자신이나 타인을 상해할 의도를 드러낼 때
- 익명을 조건으로(식별 가능한 이름과 정보를 사용할 수 없음) 교육적 또는 통계적 목적으로 정보 요구가 있을 때
- 해당 법규와 법원 명령으로 요구가 있을 때

5. 회의 예약

고객과 코치는 회의하거나 대화할 상호 편안한 시간에 일정을 잡을 것이다. 회의 시간은 (   )개월 동안 월 최대 (   )회, 회의당 최대 (   )분으로 한다. 고객과 코치는 어느 장소에서 회의할지 합의하여 변경할 수 있고 시간이 더 필요할지를 합의하여 결정할 수 있다.

회의를 다시 설정할 필요가 있다면, 가능한 한 적어도 24시간의 예고를 조건으로 다른 회의 일정을 알려주기로 합의한다.

6. 자발성

고객과 코치 중 어느 쪽이라도 최종 완료하기 전에 코칭 회의를 종료할 수 있다. 어느 한쪽이 그렇게 하기로 결정할 경우 이유의 설명을 포함해서 상대방에게 알려줄 적절한 방법을 고려하기로 합의한다.

```
일시:(      )년 (      )월 (      )일 (      )시

고객 성명(            )        코치 성명(            )
    서명                           서명
```

[그림 3-1] 갈등코칭의 계약서(예문)

나. 갈등코칭의 평가

갈등코칭이 제대로 진행되는지, 원하는 대로 성공했는지 등 평가를 해볼 필요가 있다. 서면으로 공식적으로 하지 않는다 하더라도 코칭을 받은 고객의 입장에서 보면 일정한 금액을 투자해서 얻은 성과가 그에 충분한 가치가 있는지 당연히 생각해보게 된다. 고객이 코칭을 통해 좋은 성과를 얻었다면 만족하고 투자를 아깝다 생각하지 않겠지만 그렇지 않다면 코칭에 대한 평가를 좋게 하지 않을 것이다.

평가는 단계별로 여러 차례 시행될 수 있다. 코칭이 시작되기 전에 준비 여부를 평가할 수 있고, 코칭이 진행되는 동안 진척이 잘 이루어지는지를 평가할 수도 있다. 또한, 코칭이 바로 끝난 직후에 목표가 달성되었는지 평가해볼 수 있고 코칭이 종료된 후 수 주 이내 단기적으로 성과와 관계 등을 평가해 볼 수 있고 몇 개월이 지난 시점에 후속코칭(follow-up coaching)을 평가해 볼 수 있다. 지나치게 평가를 많이 하는 것은 고객에게 부담이 될 수도 있기 때문에 코칭이 종료된 후 성과와 관계에 대한 종합적인 평가를 한 번 정도는 해볼 필요가 있다. 그래서 코칭을 평가하는 설문지를 [그림 3-2]에서 소개하고자 한다.[4]

---

[4] 코칭의 평가 설문지는 Noble(2012), pp.218-223의 내용을 활용했다.

고객님, 몇 분만 할애하여 코칭 과정이 고객님에게 어떻게 수행되었는지를 알려주시면 감사하겠습니다. 코칭 회의 수: 총 코칭 시간: 코칭 시작일: 코칭 종료일:	
갈등/분쟁에 어떤 점이 적용되는지를 체크(✔)하세요.	✔
가. 목표의 평가 코칭에서 나의 목표는 1. 동료 / 상사 / 지원 부서 / 직접 보고 라인 / 기타(고객 등)와 과거 / 현재 / 미래의 개인적 갈등을 해결 / 관리하는 것이다. [해당되는 사항을 골라서 동그라미를 치세요. 다른 사람의 역할이 표시되지 않았다면 무기명으로 구체적 대상자를 적어주세요.] _____	
2. 갈등에 더욱 효과적으로 개입하기 위한 나의 지식, 스킬 및 능력을 증진하는 것이다.	
3. 과거 / 현재 / 미래의 갈등이나 분쟁에 대한 나의 관심을 말하고 생각하는 것이다. [시간 구조를 골라서 동그라미 치세요]	
4. 갈등상황에 관해 어떤 것을 할지, 그렇게 한다면 그것은 무엇이 될지를 결정하는 것이다.	
5. 개인적 갈등에 대한 나의 기여를 어떻게 인정하고 사과할지 도움을 얻는 것이다.	
6. 갈등상황에 대해서 나의 옵션을 고려하는 것이다.	
7. 갈등을 해결하기 위한 조정이나 다른 과정을 준비하는 것이다.	
8. 예전 갈등의 남아 있는 효과에 대해 도움을 얻는 것이다.	
9. 어려운 1대1 대화를 준비하는 것이다.	
10. 리더나 참여자로서 논쟁이 심한 집단 / 팀을 준비하는 것이다. [리더나 참여자를 골라서 동그라미 치세요]	
11. 개선이 요구되는 갈등에 대한 나의 반응을 관리하는 것이다.	

12. 기타 사항(이름을 적지 말고 구체적으로 서술하세요.) _____ _____ _____ _____
나는 나의 구체적인 목표를 달성했다: 　　　예(　　), 아니오(　　), 부분적(　　) 아니오 또는 부분적이라면 그 이유는 무엇입니까 _____ _____ _____ _____

나. 코칭 성과의 평가

5점 척도를 이용하여 다음의 진술에 대한 귀하의 반응에 해당하는 번호를 골라 동그라미 치세요.
5점 척도: 1 매우 부정, 2 약간 부정, 3 보통, 4 약간 긍정, 5 매우 긍정

코칭의 결과로서	
1. 나는 코칭 없이 하는 것보다 나의 갈등상황을 더 효과적으로 관리할 수 있었다.	1, 2, 3, 4, 5
2. 나는 객관적이고 판단하지 않는 사람과 대화할 기회를 가져 만족했다.	1, 2, 3, 4, 5
3. 나는 내가 갈등이나 분쟁을 잘 이해하도록 해주는 더 많은 통찰력과 자각을 얻었다.	1, 2, 3, 4, 5
4. 나는 나의 갈등상황을 해결하는 실천 계획을 만들었으나 아직 실천하지 못했다.	1, 2, 3, 4, 5
5. 나는 나의 갈등상황을 해결하는 실천 계획을 만들었으나 전혀 실천할 의도가 없다.	1, 2, 3, 4, 5

6. 나는 나의 갈등상황을 해결하는 실천 계획을 만들었고 실천하여 성공했다.	1, 2, 3, 4, 5
7. 나는 나의 갈등상황을 해결하는 실천 계획을 만들었고 비록 작동하지 않았지만 희망했던 대로 실천했다.	1, 2, 3, 4, 5
8. 내가 갈등을 관리하는 방법을 향상시켰다는 말을 다른 사람에게서 들었다. 다른 사람이 어떤 방법으로 귀하가 발전했다고 말했는지 구체적으로 서술하세요. _____ _____ _____	1, 2, 3, 4, 5
9. 나는 다른 사람과 화해를 했다.	1, 2, 3, 4, 5
10. 나는 갈등 또는 분쟁에서 나를 화나게 하고 내 반응을 유발한 것을 이해했다.	1, 2, 3, 4, 5
11. 나는 갈등/분쟁에 대한 나의 기여를 이해하게 되었다.	1, 2, 3, 4, 5
12. 나는 갈등상황을 관리할 자신감을 얻었다.	1, 2, 3, 4, 5
13. 나는 갈등상황에서 대처하고 소통하는 다른 상황에도 적용할 새로운 스킬과 방법을 얻었다.	1, 2, 3, 4, 5
14. 다른 사람과 상황에 대해 내가 가지고 있던 부정적인 감정이 감소했다.	1, 2, 3, 4, 5
15. 나는 갈등에 대해 스트레스를 덜 받는다.	1, 2, 3, 4, 5
16. 나는 갈등에 대한 일반적 접근방법과 태도의 긍정적 변화를 만들었으며 이것을 지금 사용하고 있거나 미래의 갈등과 분쟁에서 사용하려고 한다.	1, 2, 3, 4, 5

갈등코칭을 통해 위에서 언급한 방법 이외에 갈등, 특별한 상황 또는 관계를 관리하는 자신의 방법에 대한 성과를 경험했다면 갈등이나 분쟁의 이름이나 실체를 밝히지 말고 구체적으로 기술하세요. _____ _____ _____	
코칭의 성과에 대한 다른 의견이 있으면 서술해주세요. _____ _____ _____	

다. 코치의 평가

5점 척도를 이용하여 코치에 대한 다음의 진술에 관련해 귀하의 반응에 해당하는 번호를 골라 동그라미 치세요.
5점 척도: 1 매우 부정, 2 약간 부정, 3 보통, 4 약간 긍정, 5 매우 긍정

코치는	
1. 코칭, 사용한 모델과 과정, 비밀유지, 자신과 코치의 역할이 무엇인지에 대해 정보를 제공하고 명확히 했다.	1, 2, 3, 4, 5
2. 시간을 지켰고 내가 있을 때 있었거나 아니면 가능한 한 많이 나의 일정에 맞추어주었다.	1, 2, 3, 4, 5
3. 훌륭한 청취자였다.	1, 2, 3, 4, 5
4. 나의 갈등/분쟁과 다른 사람에 대한 나의 감정을 내가 잘 관리하도록 돕는 데 능숙했다.	1, 2, 3, 4, 5
5. 판단을 내리지 않고 객관적이었다.	1, 2, 3, 4, 5
6. 나의 갈등/분쟁에 개입해 있는 다른 사람에 대해 공정했다.	1, 2, 3, 4, 5

7. 이해하고, 지원하고, 사려 깊고, 존중하고, 공감적이었다.	1, 2, 3, 4, 5
8. 내가 무엇을 할지 어떻게 목표를 달성할 수 있을지를 스스로 결정하도록 나를 신뢰했다.	1, 2, 3, 4, 5
9. 내가 원하는 것보다 내가 말하거나 행동하기를 코치가 원하는 것에 관한 성과로 이끌지 않았다.	1, 2, 3, 4, 5
10. 과정 내내 나와 나의 목표에 중점을 두었다.	1, 2, 3, 4, 5
11. 기타(구체적으로 서술하세요.) _____ _____	1, 2, 3, 4, 5

[그림 3-2] 코칭의 평가

[생각해볼 점]

3-2 질문

1. 갈등코칭 계약서에 포함할 항목들은 어떤 것이 있는가?

2. 갈등코칭의 평가에 포함할 항목들은 어떤 것이 있는가?

3-3. 갈등코칭의 사례

갈등 코치 I는 어느 중소도시에 C 특성화 고등학교에서 생산자동화설비를 담당하고 있는 담임교사 K와 잘 알고 지내는 사이이다. 그 담임교사에 의하면 보통 특성화 고등학교가 그러하듯이 3학년 1학기까지는 정상수업을 유지하지만 3학년 2학기에는 취업을 위해 조기 취업이나 인턴사원으로 현장 실습의 형태로 졸업반 학생들을 업체로 보내곤 한다. 이렇게 특성화 고등학교 졸업생은 대부분 취업을 하게 되지만 일부는 대학으로 진학을 하기도 한다. 그래서 졸업을 앞둔 3학년 2학기는 취업과 진학의 진로를 확정적으로 정해서 준비하기도 하지만 때로는 취업과 진학의 진로를 변경하며 혼란을 겪는 학생들도 있다.

갈등 코치 I가 담임교사 K를 어느 날 만난 적이 있었다. K는 취업률을 높이기 위한 이야기를 하던 중에 J라는 고3 학생에 대한 이야기를 했다. J는 교내에서 친구와 흡연을 하다가 적발되어 그 부모를 소환해서 주의를 준 적이 있었는데 J의 모친인 D가 아들이 졸업이 가까워지면서 사춘기처럼 반항도 심해졌고 말다툼이 잦아져서 어디 상담을 받아보고 싶다며 하소연을 했다고 한다. 최근에 개발한 갈등코칭 모델의 효과성을 평가하기 위해 갈등코칭이라는 말 대신 쉬운 말로 상담을 무료로 지원해드릴 의향이 있다는 제안을 할 테니 K가 D에게 의사를 물어보라고 요청했다. 며칠이 지나 D가 상담을 받고 싶다는 연락이 와서 갈등코칭이 시작되었다.

가. 갈등코칭의 준비

갈등 코치인 I는 갈등코칭을 위한 D와의 사전 미팅을 어느 월요일 오후에 카페에서 가지게 되었다. D와 J의 간단한 개인적 배경에 대해 의견을 나누고 갈등코칭의 적합성 조사를 했다. I는 갈등코칭을 설명하고 코치와 고객의 역할도 설명했다. 고객 D가 코칭에 어울리는지 코칭 준비지수를 조사했는데 50점 만점에 30점이 나와서 어느 정도 준비는 되어 있으며 노력에 의해 좋은 성과를 낼 수도 있다는 판정을 내렸다.

본 코칭은 정식 갈등코칭 비즈니스 차원이 아니라 임상적 수준에서 실시되고 있기 때문에 서면계약은 생략하고 그 주요 내용은 구두로 합의했다. I는 코치와 고객의 역할과 책임, 비밀유지의 약속, 자발성, 코칭 기간과 회의 시간 등에 대해 설명하고 D에게 동의를 받았다. 코칭 기간은 2개월로 했고 1회당 1시간, 총 4회까지 실시하기로 했다. 코치와 고객이 서로 합의할 경우 1회당 시간과 총횟수를 변경할 수 있도록 유연성을 두었다.

나. OASDAC 모델에 따른 진행

(1일 차)

1단계: 코칭 오프닝(Opening Coaching)

1-1. 라포 형성

1차 회의는 그다음 주 월요일 오후 3시에 같은 장소에서 실시되었다. I는 D와의 사전 미팅에서 대화를 통해 어느 정도 친밀감이 형성되었지만 가정환경과 J의 성장과정 등에 대해 간단하게 설명을 들으며 친밀감을 높이게 되었다. I는 갈등에 처해 있으면서 코칭을 받아 잘 해결하려는 D의 용기에 대해 칭찬하고 감사를 표시했다.

1-2. 코칭 안내

I는 사전 미팅에서 코칭의 개괄적인 내용은 설명했으나 중요한 사항에 대해서 조금 더 설명했다. 특히 고객 D의 역할로서 D가 코칭의 주체이면서 자기결정의 원칙에 따라 스스로 결정을 내리는 데 코치는 지원하고

촉진하는 역할을 수행한다는 점을 강조했다. I는 갈등코칭의 절차에 관해서도 설명하고 코칭의 결과로서 어떤 혜택을 받을지도 의견을 나누었다. D가 궁금한 점에 대해 추가적인 설명을 하고 다음 단계로 넘어갔다.

1-3. 고객 니즈 확인

I는 D가 갈등코칭이 필요로 하는 어떤 니즈가 있는지를 질문했다. D는 졸업을 앞둔 J와의 갈등이 심화되었고 스트레스를 받고 있어서 갈등을 해소하고 스트레스를 풀고 싶다고 했다.

2단계: 갈등상황 분석(Analyzing Conflict)

2-1. 갈등상황 파악

11월 말 초겨울에 J는 요즘 유행하는 겨울 패딩을 사달라고 D에게 졸랐다. D는 J가 대학에 진학하면 쓸 돈도 많을 텐데 참았다가 나중에 사면 안 되느냐 하면서 만류했다. 그리고 J는 학교 앞에서 자취를 하는데 용돈으로 사용하라고 D가 카드를 주었는데 J가 계속 카드를 목적 외에 먼저 사용하고서는 D에게 통보하는 것이 화가 났다. 그러다가 다시 패딩 이야기가 나오니 J가 화를 내고 D에게 불만을 표했다. 카드 사용에 대해 D와 갈등을 하자 J는 카드를 사용하지 않겠다며 일방적으로 카드를 잘랐다.

D는 J가 취직이면 취직, 진학이면 진학을 결정하여 처음부터 열심히 노력하는 모습을 보기를 원했는데 3학년 내내 대학 간다 했다가 안 간다 했다가 우왕좌왕하는 모습에 실망도 하고 신뢰도 하지 않는 상황이었다. J가 취업만 한다고 했으면 패딩을 그다지 반대하지 않았을 텐데 진학을 또 한다고 마음을 바꾸니까 대학 가면 여러 가지 다른 옷도 사야 하고 돈도 많이 들 테니 다시 생각해보라고 달랬다.

그러다가 J는 조기 취업이 되어 어느 중소업체에 나가게 되었다. J는 기숙사에서 생활을 하며 일을 하는데 주말에 집에 와서 패딩을 사러 가려고 마음을 먹었다. J는 패딩을 사러 가는데 당연히 D가 운전하고 같이 가는 것으로 기대하고 있었다. 그런데 D가 친구에게서 전화가 와서 친구를 만나 같이 다니기로 하고 패딩 사러 가는데 친구와 같이 가자고 하니 J는 싫다고 하면서 D만 같이 가자고 하며 화를 내었고 패딩 사는 것도 포기했다.

갈등상황이 더 꼬인 것은 D가 친구와 갔다 와서는 바로 저녁 아르바이트를 갔는데 J가 화가 많이 나게 된 것이다. J는 D가 그날 아르바이트 가는 줄도 몰랐는데 가고 없으니 골이 나서 '집에 없는 줄 알아라.'고 하는 문자를 날리고는 집을 나가버렸다. D도 마찬가지로 화가 났다. 아들이 엄마가 일하러 가는 것도 이해를 못 하고 일방적인 문자를 날리고 집을 나가는 것이 맞느냐며 D도 J를 나무라는 문자를 보냈다.

J는 최근 들어 이런 식으로 D에게 화를 내고 반항하는 듯한 태도를 보인다고 D는 하소연했다. J는 D가 잘 안 믿어준다고 투덜거리고 D의 말을 잘 안 듣고 반항적이 되었다. D가 패딩도 생각해보라고 하면 J는 내가 알아서 한다고 거절했다. D는 J가 늦게야 사춘기가 아닌가 하고 생각하게 되었다.

(2일 차)

2-2. 갈등상황 분석

갈등코칭의 고객은 코치의 도움으로 자신의 갈등상황을 분석함으로써 갈등의 원인과 결과를 알게 되고 갈등을 객관적 시각으로 볼 기회를 가지게 된다. 갈등상황 분석에 유용한 몇 가지 질문에 따라 확인해보도록 한다.

○ 갈등은 어떻게 시작되었는가?
　D는 J의 돈 쓰는 패턴이 마음에 들지 않았다. J는 주차요원 아르바이트를 해서 번 돈을 다 쓰고도 카드를 사용해서 D의 돈을 계속 쓰는 낭비 패턴이 있어서 D는 이를 제재해야겠다는 마음을 먹었다.

○ 갈등의 원인은 무엇인가?
　D는 가족형편상 J의 돈 소비가 낭비적이라고 나무란 데 대해서 J는 다른 친구들과 비교해 자기는 많이 쓰는 것도 아니라고 항변했다. J는 친구들끼리 서로 한 번씩 먹을 걸 내게 되면 자기도 내야 하기 때문에 어쩔 수가 없고 낭비가 아니라고 말했다.

○ 고객은 반응을 어떻게 했는가?
　D는 J에게 설명하면서 따지는 데 대해 J는 D가 화내고 짜증 낸다는 느낌을 받았다고 대답했다. D가 J에게 설명할 때의 목소리 톤은 은연중에 J에 대한 불만과 불신이 깔려 있다는 점을 I는 피드백을 주었다.

○ 갈등의 결과는 무엇인가?
　D는 J와 대화에서 언성을 높여서 말하고 J는 반항하면서 말하는 갈등이 지속되면서 D는 J에 대한 신뢰감이 떨어졌다. 또한, D와 J의 상호관계가 악화되었고 각자 마음의 상처를 받게 되었다.

○ 고객의 감정은 어떤 상태인가?
　사실 I가 코칭 회의를 진행하면서 D의 감정에 대해 질문과 관찰을 통해 조사해본 결과 D는 J에 대해 화가 나고 짜증 나 있으며 실망감을 가지고 있는 것으로 보였다.

○ 고객은 상대방을 어떻게 인식하고 있는가?
　D는 갈등과정을 경과하면서 J에 대해 믿음을 상실하고 신뢰가 떨어졌

으며, 낭비벽이 있는 것으로 생각했고 심지어 중학교 때 겪지 않은 사춘기가 이제야 오는 것이 아닌가 생각했다.

3단계: 고객 목표 설정(Setting Goal)

3-1. 고객 니즈 재확인

앞에서 처음 고객 니즈를 확인했을 때 D는 졸업을 앞둔 J와의 갈등이 심화되었고 스트레스를 받고 있어서 갈등을 해소하고 스트레스를 풀고 싶다고 했다. 갈등을 분석한 다음 D는 갈등해결과 스트레스 해소의 니즈가 여전히 있으며 하나 추가된 니즈는 J가 D를 이해해주면 좋겠다는 점이었다.

3-2. 고객 목표 설정

D는 J와 좋은 관계를 유지하고 싶은 목표를 설정했다. 이러한 목표는 D의 세 가지 니즈, 즉 갈등해결, 스트레스 해소, 엄마에 대한 이해를 다 포함하는 것으로 해석된다.

(3일 차)

4단계: 최선의 시나리오 개발(Developing Best Scenario)

4-1. 시나리오 옵션 개발

목표를 달성하기 위해 실천할 가능성이 있는 시나리오 옵션을 개발하기로 했다. 갈등의 쟁점이 단일 쟁점이 아니라 세 가지 쟁점으로 파악이 되어서 쟁점별로 시나리오 옵션을 개발할 필요가 있다.

1) 패딩 구매
   - 패딩의 필요성과 쓸모에 대해 의논해서 J를 설득시킨다.
   - 패딩을 조건부로 사준다. 패딩을 미리 사주고 그 반을 아르바이트

해서 번 돈으로 갚는다.

2) 카드 지출 규제
- J는 카드를 집에 반납하고 일정 금액의 용돈을 현금으로 지급한다.
- 카드의 사용 한도를 책정하고 초과분은 다음 달 용돈에서 차감하거나 아르바이트로 번 돈으로 상환한다는 계약서를 작성한다.
- 카드 사용 용도와 금액을 제한하고 초과분은 다음 달 용돈에서 차감하거나 아르바이트로 번 돈으로 상환한다는 계약서를 작성한다.

3) 사춘기 반항
- 다른 쟁점을 해결한 후에 사춘기적 반항이 남아 있는지 확인 후 이 문제를 다시 생각한다.
- D와 J가 둘이 앉아서 왜 반항하는지에 대해 대화하고 이해하려고 노력한다.

4-2. 최선의 시나리오 도출

1) 패딩 구매
패딩을 조건부로 사준다. 패딩을 미리 사주고 그 반을 아르바이트해서 번 돈으로 갚는다.

2) 카드 지출 규제
J는 카드를 집에 반납하고 일정 금액의 용돈을 현금으로 지급한다.

3) 사춘기 반항
다른 쟁점을 해결한 후에 사춘기적 반항이 남아 있는지 확인 후 이 문제를 다시 생각한다. 이것은 다른 쟁점의 결과일 수도 있음을 고려했다.

5단계: 액션플랜 수립(Action Planning)

5-1. 액션플랜 수립
목표 달성의 바람직한 성과를 위해 상황과 대화를 구성했다.

1) 패딩 구매

D는 J와 주말 저녁식사 후 차 한잔 하면서 패딩에 대한 의견을 교환한다. 특히 J의 의견을 청취하고 난 다음 D가 J의 마음을 이해하고 고려하여 최선 옵션 의견을 제시한다. D는 패딩을 조건부로 사주는 방안, 즉 패딩을 미리 사주고 그 반을 아르바이트해서 번 돈으로 갚는다는 방안을 제안하고 J를 설득한다.

2) 카드 지출 규제

D는 동일한 시간과 장소에서 두 번째 쟁점인 카드 지출에 대한 아들의 의견을 청취한 다음 자신의 의견과 느낌을 표현한다. 카드 반납에 합의를 하고 용돈 수준을 결정하는 데 합의한다. 교통비, 간식비, 기타 용돈 등 일반 용돈의 입금 방법은 주 1회로 준비하고, 이발, 생필품 구매 등 합당한 특별 용돈은 요청 시 별도로 입금을 준비한다.

5-2. 액션플랜 로지스틱

D와 J의 대화와 합의도출을 위한 회의는 이번 주말 저녁식사 후 티타임 시 집에서 하기로 하며 D는 J에게 미리 그날 대화 시간을 가지자고 제안한다.

당일 대화 시 D는 감정적 토론을 지양하고, 편안한 분위기를 만들고 대화하도록 하며, J의 말에 대해 공감적 경청을 하고, I 메시지, 긍정적 질문, 개방형 질문을 구사하기로 한다. D는 서로 다른 시각이 존재한다는 점을 인정하고 존중하는 자세가 필요하다.

이러한 커뮤니케이션의 다양한 스킬을 D가 구사할 줄을 모른다면 추가적 학습을 통해 충분히 구사할 수 있도록 I는 도와줄 필요가 있다. 이번 코칭에서는 D가 별도로 시간을 내어 학습하지 않고 리허설을 하면서 부족한 부분을 연습하도록 합의했다.

(4일 차)

6단계: 코칭 클로징(Closing Coaching)

6-1. 리허설과 피드백

4일 차는 D가 목표 달성을 위한 준비된 액션플랜을 리허설을 하여 실제에서도 그러한 대화와 문제해결을 할 수 있도록 준비한다. D가 두 가지 쟁점에 대한 시나리오를 리허설하면서 부족한 부분은 새로 수정하여 다시 할 수 있도록 I가 코칭을 했다. 리허설에 대한 평가 차원에서 준비된 질문에 대해 답을 확인하면서 리허설을 관찰할 수 있다.

○ 고객은 바람직한 성과를 내고 있는가?
D는 준비된 액션플랜을 여러 차례 리허설하면서 실전에 잘 대비했다.

○ 고객은 전달해야 할 메시지를 모두 포함하고 있는가?
D는 준비된 액션플랜에서 전달해야 할 메시지를 모두 포함했다.

○ 고객은 의도한 목소리와 태도를 유지하고 있는가?
D는 처음에는 폐쇄형으로 질문하고 지시하듯 말했으나, 코칭 받고서는 개방형 질문과 상대 배려적 경청 태도로 변화했다.

○ 고객은 우연히 부딪히게 될 상황에 대처해서 의도한 변화를 만들고 있는가?

D는 변화를 미리 만들어 연습하지는 못했다. 다만 그런 상황이 나오면 협상을 해서 차선책을 모색하기로 마음을 먹었다.

○ 고객은 상대에게 기대하는 도전적 메시지에 대해 반응하는 방법을 잘 수행하는가?

D가 준비한 시나리오 쪽으로 오도록 대화를 하고 싶었으나 방법을 몰라서 I는 코칭했다. J가 화를 내면서 도발적으로 말하면 D는 최대한 감정을 자제하고, 화를 내는 것에 대한 공감적 경청, 긍정적 문제해결이 필요하다는 것을 I는 강조했다. D는 J와 서로 만족할 다른 방법을 모색하도록 노력할 것을 I는 주문했다. 이러한 상황을 상정하여 D는 I의 코칭에 따라 긍정적으로 반응하는 방법을 상당히 잘 수행하는 것으로 보였다.

6-2. 자신감과 결심

4차례의 코칭을 통해, 특히 액션플랜의 리허설을 통해 D는 J와 갈등을 효과적으로 해결하고 좋은 관계를 회복할 수 있을 것이라는 자신감을 가지게 되었다. D의 표현에 의하면 "이제 길이 보인다."라는 자신감을 볼 수 있으며 드디어 액션플랜을 실천할 결심을 했다.

코칭 후 결과

코칭이 종료되고 액션플랜대로 실천한 이후에 D에게서 연락이 왔다. D가 전해준 결과를 요약하면 다음과 같다.

1) 패딩 구매

D는 J가 가지고 있는 중고 패딩을 팔고, 부족한 돈은 D가 대납하도록 하되, 나중에 아르바이트해서 J가 부담하는 방안을 제안했다. 추가해서 D는 패딩이 고가이니까(20~30만 원), 대학입학 후 다른 옷이 더 필요할 텐데 진짜 필요한지를 한 번 더 생각해보자고 말했다. J는 당시에 패딩 구매를 연기했는데 며칠 후 조기 취업이 되면서 월급으로 패딩을 구매했다. D는 패딩 구매 부담이 없어져서 대신 7만 원 상당의 신발을 J에게 사주었다.

2) 카드 지출 규제

카드 지출 문제는 액션플랜으로 대화하기 전에 해결되었다. J는 D와 의논을 하지 않고 일방적으로 카드를 가위로 잘라서 폐기했다. J는 엄마 카드를 안 쓰고 자기 능력껏 살아보겠다고 반항적으로 통보했다. D는 플랜을 변경해서 용돈으로 주 1회 현금을 얼마씩 주기로 의견을 제시했다. J는 용돈 액수와 방법을 수용하고 용돈을 아끼면서 쓰겠다고 응답했다.

3) 사춘기 반항

앞의 두 쟁점을 해결하면서 J의 반항적인 모습이 상당 부분 소멸했다. 결과적으로 갈등 당시에 생각했던 사춘기적 반항의 관점은 타당하지 않는 것으로 보인다고 D는 결론 내렸다. 당시에는 J가 고등학교 졸업을 맞이하여 대학진학 문제, 취직 문제 등 진로 방향에 대해 고민스러운 상태에서 신경이 예민했고 패딩이나 카드 문제의 갈등을 더 증폭시키는 요소가 되었다. D는 여러 가지 형태로 갈등을 겪고 J가 건건이 반항하는 모습에서 사춘기적 반항으로 해석했으나 쟁점 해결 후 돌아볼 때 그런 심리적 상태를 이해하게 되고 J의 상황과 심리를 더 배려하고 이해하려고 노력하고자 다짐하는 계기가 되었다. 결국 코칭의 목표인 J와의 원만한 관계를 달성하게 되었다고 평가했다.

결론적으로 D는 코칭의 효과성과 가치가 상당히 크다고 평가했다.

고객님, 몇 분만 할애하여 코칭 과정이 고객님에게 어떻게 수행되었는지를 알려주시면 감사하겠습니다. 코칭 회의 수: 4회 총 코칭 시간: 4시간 30분 코칭 시작일: ~년 11월 16일 코칭 종료일: 다음 해 1월 15일	
갈등/분쟁에 어떤 점이 적용되는지를 체크(✔)하세요.	✔
가. 목표의 평가 코칭에서 나의 목표는 1. 동료 / 상사 / 지원 부서 / 직접 보고 라인 / 기타(고객)등)와 과거 /(현재)/ 미래의 개인적 갈등을 해열 / 관리하는 것이다. [해당되는 사항을 골라서 동그라미를 치세요. 다른 사람의 역할이 표시되지 않았다면 무기명으로 구체적 대상자를 적어주세요.] 아들 J_____	✔
나는 나의 구체적인 목표를 달성했다: 　　예(O), 아니오( ), 부분적( ) 아니오 또는 부분적이라면 그 이유는 무엇입니까 _____	

나. 코칭 성과의 평가

5점 척도를 이용하여 다음의 진술에 대한 귀하의 반응에 해당하는 번호를 골라 동그라미 치세요.

5점 척도: 1 매우 부정, 2 약간 부정, 3 보통, 4 약간 긍정, 5 매우 긍정

코칭의 결과로서	
1. 나는 코칭 없이 하는 것보다 나의 갈등상황을 더 효과적으로 관리할 수 있었다.	1, 2, 3, 4, ⑤
2. 나는 객관적이고 판단하지 않는 사람과 대화할 기회를 가져 만족했다.	1, 2, 3, 4, ⑤
3. 나는 내가 갈등이나 분쟁을 잘 이해하도록 해주는 더 많은 통찰력과 자각을 얻었다.	1, 2, 3, 4, ⑤
4. 나는 나의 갈등상황을 해결하는 실천 계획을 만들었으나 아직 실천하지 못했다.	①, 2, 3, 4, 5
5. 나는 나의 갈등상황을 해결하는 실천 계획을 만들었으나 전혀 실천할 의도가 없다.	①, 2, 3, 4, 5
6. 나는 나의 갈등상황을 해결하는 실천 계획을 만들었고 실천하여 성공했다.	1, 2, 3, 4, ⑤
7. 나는 나의 갈등상황을 해결하는 실천 계획을 만들었고 비록 작동하지 않았지만 희망했던 대로 실천했다.	1, 2, 3, ④, 5
8. 내가 갈등을 관리하는 방법을 향상시켰다는 말을 다른 사람에게서 들었다. 다른 사람이 어떤 방법으로 귀하가 발전했다고 말했는지 구체적으로 서술하세요. _____	1, ②, 3, 4, 5
9. 나는 다른 사람과 화해를 했다.	1, 2, ③, 4, 5
10. 나는 갈등 또는 분쟁에서 나를 화나게 하고 내 반응을 유발한 것을 이해했다.	1, 2, 3, ④, 5
11. 나는 갈등/분쟁에 대한 나의 기여를 이해하게 되었다.	1, 2, 3, 4, ⑤
12. 나는 갈등상황을 관리할 자신감을 얻었다.	1, 2, 3, 4, ⑤
13. 나는 갈등상황에서 대처하고 소통하는 다른 상황에도 적용할 새로운 스킬과 방법을 얻었다.	1, 2, 3, ④, 5

14. 다른 사람과 상황에 대해 내가 가지고 있던 부정적인 감정이 감소했다.	1, 2, 3, ④, 5
15. 나는 갈등에 대해 스트레스를 덜 받는다.	1, 2, 3, 4, ⑤
16. 나는 갈등에 대한 일반적 접근방법과 태도의 긍정적 변화를 만들었으며 이것을 지금 사용하고 있거나 미래의 갈등과 분쟁에서 사용하려고 한다.	1, 2, 3, 4, ⑤

다. 코치의 평가

5점 척도를 이용하여 코치에 대한 다음의 진술에 관련해 귀하의 반응에 해당하는 번호를 골라 동그라미 치세요.
5점 척도: 1 매우 부정, 2 약간 부정, 3 보통, 4 약간 긍정, 5 매우 긍정

코치는	
1. 코칭, 사용한 모델과 과정, 비밀유지, 자신과 코치의 역할이 무엇인지에 대해 정보를 제공하고 명확히 했다.	1, 2, 3, 4, ⑤
2. 시간을 지켰고 내가 있을 때 있었거나 아니면 가능한 한 많이 나의 일정에 맞추어주었다.	1, 2, 3, 4, ⑤
3. 훌륭한 청취자였다.	1, 2, 3, 4, ⑤
4. 나의 갈등/분쟁과 다른 사람에 대한 나의 감정을 내가 잘 관리하도록 돕는 데 능숙했다.	1, 2, 3, ④, 5
5. 판단을 내리지 않고 객관적이었다.	1, 2, 3, 4, ⑤
6. 나의 갈등/분쟁에 개입해 있는 다른 사람에 대해 공정했다.	1, 2, 3, ④, 5
7. 이해하고, 지원하고, 사려 깊고, 존중하고, 공감적이었다.	1, 2, 3, 4, ⑤
8. 내가 무엇을 할지 어떻게 목표를 달성할 수 있을지를 스스로 결정하도록 나를 신뢰했다.	1, 2, 3, 4, ⑤
9. 내가 원하는 것보다 내가 말하거나 행동하기를 코치가 원하는 것에 관한 성과로 이끌지 않았다.	1, 2, 3, ④, 5
10. 과정 내내 나와 나의 목표에 중점을 두었다.	1, 2, 3, 4, ⑤

[그림 3-3] 고객 D에 대한 코칭의 평가

[생각해볼 점]

3-3 질문

1. 실제 갈등코칭을 실시하면서 계약을 작성하지 않고 시작하기 전에 해야 할 일은 무엇이 있는가?

2. 리허설에 대한 평가 차원에서 어떤 부분을 조사하여 고객에게 피드백해 줄 필요가 있는가?

제2부

협상코칭의 이론과 실제

제4장

협상의 전략과 스킬

4-1. 협상의 개념과 구성요소

우리가 협상이란 말을 생각할 때 무엇이 머리에 떠오를까. 아마도 갈등, 이견, 타협, 거래, 대표단, 상대편, 전략, 대화, 비밀, 밀담, 인질, 가격, 정치, 외교, FTA, 유연성, 결렬, 타결, 악수, 합의, 이해득실 등 연관 단어가 떠오를 수 있다. 연관 단어 중 일부는 부정적인 연상이지만 긍정적인 연상이 더 많을 것으로 보인다. 협상에 대해 기본적인 이해력을 가지기 위해서 본 절에서는 협상의 개념을 설명하고, 협상이 발생하는 필요조건을 살펴보고, 협상을 구성하는 기본 요소를 요약한 다음 협상이 어떤 효용성을 주는지를 논의하고자 한다.

가. 협상의 개념

협상이 왜 발생하는지 상황을 살펴보는 것은 협상을 이해하는 데 도움이 된다. 내가 원하는 것을 상대방이 가지고 있고 상대방이 원하는 것은 내가 가지고 있는 거래 관계에서 협상이 발생하게 된다. 내가 가지고 있는 것을 가능한 한 적게 주고 상대방이 가지고 있는 것을 가능한 한 많이 받기 위해 서로 대화하고 설득하여 균형을 이루는 교환 비율에 다다르면 협상이 성사되는 것이다. 이는 흥정하여 가격을 결정하는 것이라 할 수 있다.

거래에서 전혀 만족하지 않은 결과로 타결되어 끝난다면 협상의 의미를 상실한 상태라 하겠다. 한쪽만의 만족은 협상이 아니라 일방적인 결정과 수용의 결과이다. 예를 들어 판매자의 요구 가격으로 거래되면 판매자의 이익이 극대화될 것이고 구매자의 제시 가격으로 거래되면 구매자의 이익이 극대화될 것이다. 이들 요구 가격과 제시 가격 사이 중간쯤에서 결정되면 한쪽 일방의 만족이 아니라 상호 수용할 정도의 만족을 얻게 되어 협상의 이점을 볼 수 있다.

갈등을 해결하는 문제해결식 협상이라는 것이 있다. 정보를 공개하고 상대와 더불어 공동 문제인 갈등을 해결하는 과정을 협상으로 보는 것이다. 갈등이라는 문제를 파악하여 해결을 위한 대안을 강구하고 이러한 대안의 결과를 정확하게 추정하여 그중 최선이라고 판단되는 대안을 공동으로 선택하는 것이다.

갈등해결에서도 한쪽의 제압으로 결론 난다면 제압을 한쪽은 최대의 만족을 얻지만 제압을 당한 쪽은 상대적 박탈감을 가지게 되어 협상이라고 할 수 없다. 갈등당사자들이 서로 타협하여 서로 수용할 수 있는 수준의 만족을 얻는 지점에서 결론이 난다면 당사자들은 협상에서 이익을 얻을 수 있다. 그래서 협상은 거래에서 가격을 흥정하여 서로 만족을 얻기 위해서도 나타나지만 서로 충돌하는 갈등상황에서 문제를 공동으로 결정하여 서로 만족을 얻기 위해서도 나타난다.

협상을 개념적으로 정리한다면 가장 공통적인 설명은 의사결정 과정이라는 것이다. Coddinton(1968)에 의하면 협상은 다수의 이해 당사자가 가능한 복수의 대안 중에서 그들 전체가 수용할 수 있는 특정 대안을 찾아가는 동태적 의사결정 과정이라고 한다. 여기서 협상이 상호 수용 가능한 목표를 향해 의사결정을 해가는 과정임을 명시적으로 정의했다. 일종의 문제해결식 협상의 정의라고 볼 수 있다. 한편 G. Richard Shell(1999)은 협상은 한 사람이 다른 사람에게 어떤 것을 원할 때 발생하는 상호 의사소통 과정이라고 정의했다. 이것은 마치 서로가 필요한 물건을 상대방에게서 얻기 위해 내가 가진 것을 제공하는 물물교환처럼 거래형 협상의 정의라 할 수 있다.

한편 이해관계의 상반 여부에 포커스를 맞추어 Patton(2005)은 협상이란 두 사람 이상이 한편으로는 공통의 이해관계가 있고 다른 한편으로는 갈등이 있거나 이해관계가 다른 상태에서 합의에 이르기 위해 마련된 상호 간의 커뮤니케이션이라 정의하고 있다. 이는 어떤 조직이나 사회에서 구성원들 간에 발생하는 갈등을 해결하는 방법으로서 협상을 의미한다. 예를 들어 노동조합과 사용자는 자신들의 기업의 발전이라는 공통의 이해관계가 있음에도 분배에 있어서는 서로 이해관계가 상충되는 상태에서 임금협상을 하는 상황을 생각해볼 수 있다.

나. 협상의 용어[1]

1) BATNA

BATNA는 영어로 'The Best Alternative to a Negotiated Agreement'의 약자로서 '협상적 합의의 최선 대안'이라고 번역할 수 있다. 이 용어는 원원 협상의 바이블이라고 할 수 있는 "Getting to Yes"(Fisher, Ury and

---

[1] 협상의 용어는 Moffitt & Schneider(2014), pp.3-7에서 요약, 발췌했다.

Patton, 1991)에서 처음으로 사용되었다. 모든 협상 당사자는 상대방과의 합의에 이르지 못할 때 얻을 수 있는 대안이 있는데, 현재 진행 중인 협상이 결렬되면 취할 수 있는 가장 최선의 대안이 바로 BATNA이다.

BATNA는 아주 매력적일 수 있고 아주 두려울 수도 있다. 중요한 점은 협상가는 BATNA보다 나쁜 합의는 절대로 해서는 안 된다는 것이다. 협상에서 대안(alternative)이란 한 협상가가 상대방 협상가의 동의 없이 취할 수 있는 행동을 말한다. 존재하는 가능한 대안들을 식별하고 장단점을 평가하여 가장 최선의 대안을 BATNA로 선정하면 된다.

2) 최대양보(Reservation)

Reservation value란 협상가가 더 이상 갈 수 없는 '최대양보가치,' 또는 '최저선(bottom line)'을 말한다. 최대양보가치는 BATNA와 함수 관계이지만 차이점이 있다. BATNA는 법원 소송, 다른 주택 구매, 다른 고용 제안 수용 등 행동을 의미한다. 경제적 가치로 환산해서 비교하지 않는 한 대안들을 비교하는 것은 매우 어렵다. 반면 최대양보가치는 상대방이 제안하는 것을 수용할지 그냥 자신의 BATNA로 걸어나갈지 간에 차이가 없을 정도의 안을 상대방이 제안할 때, 그 정도의 선을 말한다.

3) ZOPA

ZOPA는 Zone of Possible Agreement의 약자로서 '합의 가능 영역'이라 번역된다. 이는 두 협상가의 최대양보가치(reservation value) 사이의 영역을 말한다. 말하자면 ZOPA는 두 협상가가 상호 만족하는 합의가 이론적으로 가능한 영역이다.

연봉협상에서 ZOPA를 한번 보자. 연봉협상가의 최대양보가치는 회사에게서 받고 싶어 하는 가장 낮은 연봉인 반면 회사의 최대양보가치는 연봉협상자에게 지급하고 싶어 하는 가장 높은 연봉이다. 예를 들어 연봉협상에서 근로자의 최대양보가치는 7천만 원이고 기업의 최대양보가치는 9천만 원이라면 2천만 원의 합의 가능 영역이 발생한다.

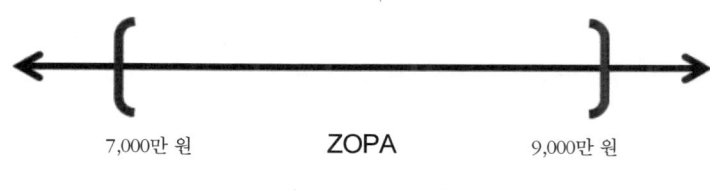

[그림 4-1] ZOPA의 사례

4) 옵션

옵션은 영어로 Option이고 옵션이라 외래어로 그대로 사용하기도 하고 선택 사항이라고 번역할 수도 있다. 옵션은 당사자 간 가능한 거래의 요소이다. 옵션의 사례로는 총액 현금 지급, 연금, 비밀보호 조항, 합동기자회견, 부가지급, 지체벌금, 분쟁해결 조항, 법률 규정 선택 등을 들 수 있다.

옵션(option)과 대안(alternative)을 때로는 같이 사용하기도 하지만 협상에서는 중요한 차이점이 있다. 옵션은 양측이 합의에 이르기 위해 고려하는 가능한 거래의 일부로서 파이 확대, 창의성을 요구하는 것인 데 반해 대안은 협상가가 자신을 위해 취할 수 있는 행동을 말한다.

다. 협상의 조건

협상의 상황은 매우 다양하게 나타난다. 전쟁에서 국가 간 평화 협상이 있고 노동조합과 사용자 간의 단체협상도 있고 경찰과 급진 정치집단 간의 인질 협상도 있다. 그렇다면 협상은 어떤 조건에서 발생하는 현상인가? 협상은 다음과 같은 조건이 성립될 때 갈등을 해결하는 실행 가능한 방법이다(Lewicki, 1992; Lewicki, Litterer, Minton, & Saunders, 1994, p.4).

1) 둘 이상의 당사자(개인, 집단, 조직)가 존재한다.

자신과의 협상을 할 수는 있지만 일반적으로 협상이라 하면 개인 간, 집단 간 과정을 말한다. 어떤 한 협상가가 부인과 협상할 수 있고, 구매관리자나 자동차 판매원과 물품 협상을 할 수도 있고, 부하직원과 연봉협상도 할 수 있다. 이 모든 유형의 협상에 상대방이 존재한다.

2) 둘 이상의 당사자 사이에 이해관계의 갈등이 있다.

한 사람이 원하는 것이 반드시 다른 사람이 원하는 것일 필요는 없으며 당사자들은 갈등을 해결하는 방법을 찾아봐야 한다. 휴가, 예산, 자동차에 대해 두 사람이 협상하고 있을 때 서로 이해관계가 상반됨을 알 수 있다.

3) 상대방이 자발적으로 주는 것을 받기보다 더 나은 결과를 얻기 위해 어떤 형태의 영향력을 행사할 수 있다고 생각하기 때문에 협상한다.

협상은 자발적인 과정이다. 협상은 선택에 의해 추구되는 전략이고 협상하도록 요구를 받는 것은 아니다.

4) 당사자들은 합의를 추구한다.

공개적으로 싸우거나, 상대방을 항복시키거나, 상위 권위자에게 분쟁해결을 맡기는 것보다 당사자들끼리 합의를 하려고 한다. 협상은 갈등해결의 고정된 규칙이나 절차 또는 시스템이 없거나 시스템 밖에서 해결하기를 선호할 때 발생한다.

5) 당사자들이 서로 주고받기를 기대한다.

 양 당사자는 시작 인사말에서 말한 어떤 것 또는 요청이나 요구를 변경하거나 양보하기를 기대한다. 당사자들이 원하는 것을 끈질기게 주장하고 상대방을 양보하도록 압박하면서 초기에는 양보하지 않지만, 결국 양쪽 모두 자신의 입장을 변경해서 상대방 쪽으로 움직여야 한다.

라. 협상의 구성요소

 앞에서 협상이 이루어지려면 둘 이상의 당사자, 이해관계의 갈등, 나은 결과 기대, 합의의 추구, 주고받기의 기대 등 5가지의 조건이 존재해야 한다는 것을 보았다. 협상이 어떤 요소로 구성되어 있느냐를 논의할 때는 이러한 협상의 조건뿐 아니라 협상에서 사용되는 각종 자원과 커뮤니케이션도 추가해야 할 것이다. 말하자면 협상의 조건은 협상의 필요조건은 되지만 충분조건은 될 수가 없다.

 한편 Patton(2005)은 협상의 핵심 변수 또는 요소로서 7가지를 제시하고 있다. 7가지 협상의 요소란 이해(interests), 공정성(legitimacy), 관계(relationship), 대안(alternatives), 옵션(options), 약속(commitments), 커뮤니케이션(communication)이다. 이 협상의 7요소는 협상가가 협상을 효과적으로 실행하기 위해 사용해야 할 변수들을 의미한다. 협상을 하기 위해 조절해야 할 변수로서 7요소는 협상이 존재하기 위한 구성요소와는 구별된다.

 이러한 논의를 토대로 협상을 구성하는 요소는 크게 나누어 당사자, 이해관계, 협상 자원, 커뮤니케이션, 협상력, 협상 결과 등으로 이루어진다고 볼 수 있다. 당사자, 이해관계, 협상 결과는 이미 협상의 조건에서 논의되었고, 협상 자원을 활용하고 커뮤니케이션을 구사함으로써 협상 완성이 가능하다. 협상의 결과를 이끌어내는 데 협상력이 중요한 역할을 한다.

먼저 협상의 주체는 바로 당사자들이다. 협상적 상황이 성립되려면 둘 이상의 당사자가 존재해야 한다. 함께 의사결정을 할 상대방이 존재해야 협상을 시작할 준비가 된 것이다.

둘째, 상반되거나 공통적인 이해관계가 존재해야 협상이 가능하다. 이해관계가 상반되면 경쟁과 투쟁으로 자신의 목표를 달성하려고 하여 협상이 비효율적으로 치달을 가능성이 크지만 이해관계가 공통적이면 협상을 문제해결식으로 전환하여 해결할 수 있다. 대개 이해관계가 상반되기도 하고 공통적이기도 할 때 협상이 효율적으로 타결될 가능성이 크다. 그래서 협상이 성립하려면 당사자들의 이해관계가 어떤 형태로든 존재해야 하고 그런 이해관계가 없다면 협상이 성립될 수 없다.

셋째, 협상이 이루어지는 과정으로서 커뮤니케이션이다. 우리 몸의 약 60%는 물로 구성되어 있듯이 협상의 60% 또는 그 이상이 커뮤니케이션으로 구성되어 있다고 해도 과언이 아니다. 커뮤니케이션이란 의사소통이라고 번역하기도 하는데 뉘앙스의 차이로 외래어로서 그대로 사용하는 경향이 있다. 커뮤니케이션이란 말하는 사람이 듣는 사람에게 메시지를 전달하면 듣는 사람이 그 메시지를 이해하고 말하는 사람에게 피드백을 해주는 시스템으로 구조화되어 있다. 메시지는 정보, 의견, 감정이라는 요소로 이루어지는데 상황에 따라 그 중요도가 차이 난다. 원래 커뮤니케이션의 양대 축인 말하기와 듣기가 다 중요하지만 대화를 원활하게 하고자 상대적으로 소홀하기 쉬운 듣기를 중시하고 강조하게 된다.

넷째, 협상 당사자가 보유하는 협상력(negotiation power)이다. 협상력은 상대방을 자기가 원하는 쪽으로 오게 하는 힘이다. 협상력이란 의도된 협상 결과를 만들어내는 능력으로 협상 자원(negotiation resources)을 얼마나 효과적으로 동원하여 협상 목표를 달성하는 데 적절히 사용하는가에 따라 그 크기가 결정된다. 협상 자원을 효과적으로 동원하는 방법은 바로 커뮤니케이션에 달려 있다. 그래서 협상 자원이 유리할수록 커뮤니케이션이 효과적일수록 협상력이 증가할 것이다. 그래서 다음 절에서 구체적으로 협상력을 분석하겠지만 간단하게 협상력을 다음과 같은 등식으로 표현할 수 있다.

협상력 = 협상 자원 × 커뮤니케이션

마지막으로 협상의 결과이다. 협상이 어떻게 결론이 나느냐는 당사자들이 바로 협상을 하는 이유가 될 수 있다. 한쪽이 일방적으로 승리할 수도 있고 양쪽이 중간 지점에서 타협하여 절반의 승리를 할 수도 있다. 또는 양쪽이 모두 자기가 원하는 바를 얻어서 욕구가 충족되는 수도 있다. 일방적으로 승리를 하면 승패(win-lose)의 결과이고 양쪽이 모두 승리하면 승승(win-win)의 결과이다. 양쪽이 모두 지는 게임이 되었다면 패패(lose-lose)라는 결과이다. 양쪽이 중간에서 적절히 양보하여 합의한다면 타협(compromise)으로 절반의 승승이 되었다고도 볼 수 있다. 이 협상의 결과는 자신과 상대방의 협상력에 따라 정해진다. 자신의 협상력이 약할수록 패배하거나 손해 볼 수가 있으며 강할수록 승리하거나 이익을 볼 수 있다. 그러나 두 사람 모두 협상력이 강하다면 승패로 한쪽으로 치우치진 않지만 상호협력 여부에 따라 패패, 승승, 타협의 결과를 예상할 수 있다.

마. 협상의 효용성

협상은 분명히 추구할 만한 가치가 있다. 협상이 주는 장점과 가치가 어떤 것이 있을지 알아보자. 협상은 어느 한쪽의 만족으로 끝나는 것이 아니라 참여한 모든 당사자에게 만족을 준다. 물론 그 만족의 정도는 모두 똑같다고는 할 수 없으나 최소한 일부분의 만족을 주며 상호 비슷한 정도의 만족을 준다는 의미에서 상호 호혜의 원칙이 작용한다.

둘째, 협상은 당사자들이 서로 좋은 관계를 유지하게 해준다. 소송에서 한쪽이 승소하고 다른 쪽이 패소하게 되면 패소한 쪽이 매우 불만을 가지고 상대편을 원망하거나 원한을 가지게 되어 관계가 악화될 가능성이 매우 크다. 반면 협상에서 양쪽이 서로 만족하게 되면 상대적 박탈감이 적고 상대방에게 우호적인 감정을 가지게 되어 당사자들의 관계가 유지되거나 더욱 발전할 수도 있다.

셋째, 둘째의 이유와 관련하여 협상은 당사자들이 속해 있는 조직이나 사회를 발전시키는 데 기여한다. 당사자들의 관계가 협상의 좋은 결과로 잘 유지된다면 그 외부 효과로서 그들이 관계하는 조직이나 사회에 긍정적인 영향을 미친다. 당사자들의 갈등을 협상으로 해결하는 모습을 바라보는 다른 조직이나 사회 구성원들이, 학습 효과로서 협상을 잘 활용하려는 마음을 가질 수 있다.

넷째, 협상은 협상 당사자들이 스스로 책임을 지고 결정하는 자율성과 자기결정권을 중시하고 있다. 협상은 다른 사람이 대신 결정해주거나 판정을 내려주지 않고 자기 자신이 결정한다는 의미에서 자율성과 자기결정권이라는 덕목을 내포하고 있다. 이렇게 결정한 협상의 결과에 대해서는 자기가 책임을 져야 하는 것이다.

다섯째, 협상은 인간의 평등과 존중을 토대로 이루어진다. 한쪽이 일방적으로 협상을 지배하여 끝낸다면 그 협상은 강압적이며 상대를 무시하고 평등하지도 않은 상황을 만들어낸다. 진정한 협상은 상대방을 협상 당사자로서 인정하고 존중해야 가능하다. 또한, 진정한 협상은 동등하고 평등한 자격으로 협상에 임하는 당사자들에 의해 완성된다. 따라서 협상은 평등과 존중이라는 가치를 실현하는 매우 효과적인 실행 도구가 되는 것으로 평가된다.

[생각해볼 점]

4-1 질문

1. BATNA는 무엇을 말하며 협상에서 어떤 역할을 하는가?

2. 협상의 여섯 가지 구성요소는 무엇인가?

4-2. 협상력의 원천과 영향 전략

협상을 이해하는 데 매우 중요한 요소 중 하나는 바로 협상력이다. 협상가가 협상력을 추구하는 주요 이유는 협상력이 상대방에 비해 자신에게 유리한 장점이나 영향력을 주기 때문이다. 이 협상력은 어디에서 나오는가? 협상의 원천은 무엇이며 그 원천에서 협상력을 어떻게 만들어내는가? 본 절에서는 이러한 질문들에 대한 답을 찾으려고 노력할 것이다.

가. 협상력의 개념

일반적으로 힘(power)이란 사람들이 원하는 결과를 만드는 능력, 또는 원하는 방법으로 일을 이루어내는 능력을 말한다(Salancik & Pfeffer, 1977). 힘을 정의하는 한 방법은 힘으로 한쪽이 다른 쪽으로 하여금 정상적으로는 원하지 않는 것을 하도록 할 수 있다는 관찰에 토대하고 있다(Kotter, 1979). 이것은 상대방이 원하지 않는 어떤 것을 하게 하는 데 어떤 종류의 폭력이 사용됨을 의미한다. 말하자면 살인, 구타, 구속, 구금, 무력 등 물리적 힘을 보통 생각할 수 있다. 그러나 협상에서의 힘이란 이러한 힘의 '물리적 정의'보다는 힘의 '관계적 정의'가 더 적절하다.

Deutsch(1973)는 어떤 사람의 힘은 그 사람의 성격과 환경적 특성에 의해 결정된다고 주장한다(pp.84-85). "A가 B보다 힘이 세다."라고 말할 때 세 가지 관점에서 이것을 볼 수 있다. 그것은 환경적 힘(environmental power), 관계적 힘(relationship power), 개인적 힘(personal power)인데 환경적 힘이란 모든 환경에 더 유리하게 영향을 미치는 힘이고, 관계적 힘이란 상대방에게 더 많은 영향을 미칠 수 있는 힘이고, 개인적 힘이란 자신의 욕구를 더 잘 충족할 수 있는 힘을 의미한다(Deutsch, 1973, p.85; Lewicki, Litterer, Minton, & Saunders, 1994, p.294).

이 세 가지의 힘을 만들어내는 방법은 상대방의 힘에 반응하는 한 개인이 과거에 존재했던 옵션이나 대안들과는 다른 옵션이나 대안들을 찾아 사용하는 것이다. 예를 들어 노동조합 리더가 과거에는 파업을 통해서 힘을 행사했는데 대량해고를 피할 수 있는 임금하락에 동의한다면 사측에서는 새로운 바람직한 옵션을 관철한 것이다. 또 새로운 감독관이 과거에는 무시할 수도 있었던 한 부하직원과 대화를 함으로써 그 부하직원이 열심히 일하게 하고 협력을 하도록 할 수 있었다.

여기서 우리는 중요한 관찰을 할 수 있다. 힘을 만드는 데에는 두 가지의 구성요소가 있음을 볼 수 있다. 하나는 새로운 대응을 할 토대로서 옵션이나 대안을 준비하는 것이고, 다른 하나는 그러한 옵션이나 대안이 만들어지도록 영향력을 행사하는 것이다. 말하자면 협상력은 두 가지의 단계를 거쳐서 창조되는데 힘의 토대 또는 원천(power base or sources)의 단계와 영향 전략(influence strategies) 단계로 이루어진다(Lewicki, Litterer, Minton, & Saunders, 1985, p.295). 힘의 토대나 원천은 환경, 상대방 또는 자신의 욕구에 영향을 미치기 위해 가용한 도구의 목록을 의미하고 영향 전략은 그러한 도구를 적절한 방법으로 효과적으로 사용하는 것을 의미한다.[2] 그래서 협상력을 구체화하기 위해 이제 협상력 원천과 영향 전략에 대해 분석해 보겠다.

나. 협상력 원천

협상력의 토대 또는 원천은 매우 다양하고 많아 모두를 열거하기는 어렵다. French & Raven(1959)은 5가지의 주요 힘의 원천을 제시했는데 보

---

[2] 영향 전략은 힘의 원천(협상 자원)에 대한 적절한 커뮤니케이션(communication)을 구사하는 것으로 본다면 앞 절에서 공식화했듯이 협상력은 협상 자원 × 커뮤니케이션으로 표현될 수 있다.

상의 힘, 강요의 힘, 합법성의 힘, 전문성의 힘, 지시의 힘(referent power)으로 구분했다. 이 구분을 토대로 하여 Lewicki, Litterer, Minton, & Saunders(1985)는 <표 4-1>에서 보는 바와 같이 새로운 5가지의 힘의 원천을 분류했다.

<표 4-1> 힘의 원천

1) 정보와 전문성의 힘
2) 자원의 통제

3) 합법성의 힘
  권위
  평판
  성과

4) 구조의 위치
  중심 위치
  필수성, 관련성
  유연성
  가시성

5) 개인적 힘

출처: Lewicki, Litterer, Minton, & Saunders(1985), p.298

1) 정보와 전문성의 힘

정보의 힘은 우리가 취하고 싶은 입장, 하고 싶은 논의, 원하는 성과를 만들어내기 위해 사용될 정보를 조립하는 능력에서 도출된다. 이 정보는 또한 상대방의 입장이나 원하는 성과를 도전하고 그래서 상대방의 협상 논의의 효과성을 손상시키는 도구로서 사용될 수 있다.

정보의 힘은 쟁점에 대한 상대방의 관점이나 입장을 변화시킬 정보의 축적과 발표를 말한다. 정보의 힘은 다음과 같은 여러 가지 요소에 따라 달라진다.

- 정보의 제공자 또는 원천에 대한 신용과 신뢰감: 원천의 신뢰성이 높을수록 정보의 힘이 증가
- 메시지의 내용, 예를 들어 정보의 유형: 메시지 내용에 대한 통제를 잘할수록 정보의 힘이 증가
- 메시지의 구조, 특히 정보가 제공되는 방법에서 - 예를 들어 구두 항의 보다 공식적·조직적인 요구 리스트를 작성하고 제시함: 메시지 구조가 명확할수록 정보의 힘이 증가
- 정보의 희귀성: 정보가 희귀할수록 정보의 힘이 증가
- 메시지 발표와 전달에서 사용된 스타일과 테크닉: 상대방에게 메시지를 전달하는 스타일과 테크닉이 강할수록 정보의 힘이 증가

한편 전문성의 힘은 정보의 힘의 특별한 형태이다. 정보의 힘은 자신의 논의를 지지하는 사실과 숫자를 조합하는 사람이 사용하지만 전문성의 힘은 그 정보를 명령하고 마스터한 수준을 달성한 사람에게 귀속된다. 이러한 사람은 전문가로 인식되는데 사람들은 협상 입장이 어떠하든 전문가의 논의에 대해 신뢰를 준다.

2) 자원의 통제

자원을 통제하는 사람은 그가 원하는 것을 하는 사람에게 자원을 할당하고 사용할 수 있으며 그가 원하는 것을 하지 않는 사람에게 그 자원을 제한하거나 빼앗을 수 있기 때문에 강한 힘을 가진다. 정보 다음으로 자원은 협상에서 가장 중요한 힘의 원천이다.

자원은 모든 유형이 될 수 있다. 조직 내에서 가장 중요한 자원은 다음과 같다.

(1) 여러 형태의 화폐: 현금, 급여, 예산 할당, 보조금, 보너스, 지출 계정 등
(2) 물품: 원자재, 부품과 성분, 조각
(3) 시간: 상대방이 신속한 해결을 하거나 기한을 지키라는 압박을 받는다면 시간에 대한 통제가 그 상대방에 대한 극심한 압력을 가할 수 있다.
(4) 설비: 기계, 도구, 기술, 장비와 프로그램, 자동차, 컨베이어 벨트 등
(5) 주요 서비스: 보수, 유지, 설치와 배송, 기술 지원, 교통 등
(6) 인적자원: 인력, 노동, 작업팀, 직원
(7) 대인관계 지원: 좋은 성과에 대한 칭찬과 권장 또는 나쁜 성과에 대한 비판의 자원

3) 합법성의 힘

합법성의 힘은 조직 구조에서 특별한 직함, 사무실 또는 지위에서 나온다. 사람들은 자신이 좋아하지도 않는 방향에 대해 반응할 때가 있다. 왜냐하면 사람들이 강제로 하는 것을 좋아하지 않아도 다른 사람이 그들에게 말하는 것이 적절하고(합법적이고) 그들이 복종하는 것이 적절하다(강제적이다)고 느끼기 때문이다.

합법성의 힘을 취득하는 방법은 여러 가지 있다. 첫째, 태어나면서부터 합법성의 힘을 가지는 경우이다. 간단한 예로서 영국 엘리자베스 2세 여왕은 여왕의 타이틀을 가지도록 태어났다. 둘째, 합법성의 힘은 선거에 의해 획득된다. 한국의 대통령은 국민에 의해 대통령으로 선출되면서 한국 정부의 법적 구조에서 나오는 실질적인 합법성의 힘을 가진다. 셋째, 합법성의 힘은 지명에 의해 또는 승진에 의해 오피스, 직업, 서열, 조직 지위 등에서 나온다. 그래서 어떤 직함이나 직위를 가짐으로써 그에 맞는 모든 권리, 책임, 특권이 부여된다.

합법적 권위를 확장하는 상황에서 평판과 성과라는 두 가지의 파생된

힘의 원천이 있다. 평판과 성과는 서로 관련성이 있고 합법성의 성공과도 관련되어 있으며 정보와 자원 통제와 마찬가지로 공식 권위를 뒷받침한다. 평판은 조직에서 개인이 개발한 이미지이고 사람들이 특정 개인에 대해 말하고 묘사하는 방법이다. 평판은 과거에 해냈던 성과에 의해 형성된다.

4) 조직 구조에서 위치

(1) 중심 위치

교환과 거래에서 위치가 보다 더 중심일수록 그 위치를 점령한 자가 더 많은 힘을 가진다. 중심 위치는 그 지점을 통과하는 정보의 양, 그 지점을 통과해서 발생하는 거래의 수, 그 지점이 정보 흐름을 관리하는 데 중심이 되는 정도에 의해 결정된다.

(2) 필수성, 관련성

정보나 자원의 많은 양이 비록 그 지점을 통해 흐르지 않을지라도 그 지점을 통해 흐르는 것이 조직의 미션, 주요 과제, 주요 제품에 본질적이다. 다른 사람에게 높이 의존하는 직무는 그 직무의 핵심 인물이 많은 장소에서 정보를 취득하고 조직의 주요 인사에게 그 정보를 제공하고 추천하는 정도에 따라 필수성이 결정된다.

(3) 유연성

직위의 유연성은 핵심 인물이 어떤 결정을 어떻게 내릴지 또는 어떤 사람이 접근할지에 대해 재량권을 행사할 수 있는 정도를 말한다. 이러한 직위의 유연성이 높을수록 그 직위의 힘이 세진다.

(4) 가시성

가시성은 과업의 성과가 조직의 다른 사람들에게 얼마나 잘 보이느냐를 의미한다. 협상의 대표가 조직구성원들이 보는 가운데 상대방에게서 양보를 얻어낸다면 매우 높은 지지를 받을 수 있다. 이것은 바로 가시성이 높기 때문이다. 중심성과 필수성이 가시성이 부족하다면 잘 알려지지 않고 보상도 덜 받을 가능성이 크다.

5) 개인적 힘

(1) 개인적 매력(친밀감)

협상가가 지니고 있는 중요한 개인적 특성은 친밀감과 다른 사람, 특히 협상 상대방과의 개인적 관계를 형성하는 능력이다. 온화함, 공감, 다른 사람 돌봄, 다른 사람에 대한 관심을 보이는 것은 다른 힘의 원천의 딱딱함을 부드럽게 하도록 도와준다.

(2) 정직

정직은 성격으로서 개인의 행동을 높은 도덕적 원칙에 토대를 두게 하는 개인적 가치와 윤리이다. 정직은 다른 사람들이 우리를 믿을 수 있도록 해주는 특성이다. 정직은 다른 사람이 비밀정보로 우리를 믿는다면 그 비밀정보를 발설하지 않는 것이다. 그리고 정직은 우리가 약속을 했다면 반드시 그 약속을 지키는 것이다.

(3) 끈기

끈기는 협상가에게 가치 있는 개인적 특성이다. 어린이들이 원하는 것을 끈질기게 요구하는 것에서 끈기의 힘을 볼 수 있다. 끈기 있는 사람은 다른 사람과의 경쟁적 모드나 갈등을 피하거나 두려워하지 않는다. 끈기 있는 사람은 목적을 추구하는 데 지속적이고, 시간과 조건이 변해도 유연하며, 전략과 접근방법을 새로 수정한다.

(4) 감정

감정은 친밀감의 구성요소임에도 불구하고 온화함, 공감, 열정 이외의 다른 감성들도 협상에 들어올 수 있다. 두려움, 화, 환희는 우리가 특히 강하게 느끼는 쟁점에 대해서 많은 협상을 완전하게 하는 부분이 될 수 있다. 감정은 협상이 정보와 자원의 냉정하고 조용하고 합리적인 교환이어야 한다는 기대와 완전 대조적이기 때문에 힘의 원천이다. 강한 느낌을 표현하고 화를 내거나 자신의 해결 방안에 대한 정열적인 스피치를 하는 사람이 이기게 된다(Henderson, 1973). 감정은 옳거나 공정하거나 정의로운 것에 대해 자신의 감정, 가치, 개인적 느낌에 호소함으로써 상대방의 마음을 얻는 데 효과적으로 사용될 수 있을 때 힘의 원천이 된다.

다. 힘의 적용: 영향 전략

앞에서 열거한 협상력의 원천을 협상력으로 전환하려면 힘의 원천으로 영향을 줄 수 있도록 실행할 필요가 있다. 말하자면 힘의 원천을 적용하여 협상력을 만들어내는 것이다. Lewicki, Litterer, Minton, & Saunders(1985)는 영향 전략(influence strategies)을 11가지로 분류하고 어떤 힘의 원천이 사용되는지를 요약해 주고 있다.

<표 4-2>는 11가지 영향 전략과 사용된 힘의 원천을 보여주고 있다. 각 영향 전략에 대해 간단히 설명함으로써 이해력을 높이고자 한다.

1) 설득(persuasion)

협상가는 사실에 기초한 논리적 주장을 하기 위해 가용한 합리적 논의,

논리, 사실, 분석, 통계, 과학적 연구, 리포트, 데이터 및 어떤 다른 정보를 사용하게 된다. 정보와 전문성은 영향력 전략에 사용되는 힘의 주요 원천이다. 설득 전략은 정보와 사실이 강력한 논리적 주장을 만들어낸다는 가정을 하기 때문에 논리적 의사결정에 영향력을 크게 행사할 수 있다.

〈표 4-2〉 영향 전략과 사용된 힘의 원천

영향 전략	사용된 힘의 원천
1. 설득	정보와 전문성-정보는 구조의 위치에서 도출될 수 있음
2. 교환	자원
3. 합법성	구조의 위치-자원을 확장할 수 있음
4. 친화력	친화력, 매력, 감정
5. 비위 맞추기	편의적 목적으로 친화력의 명확한 사용
6. 칭찬	친화력에 결합된 구두 자원
7. 단호함	끈기와 감정에 결합된 정보
8. 영감의 호소	감정에 결합된 정보
9. 협의	다른 사람의 정보와 자원의 요청과 결합된 정보와 자원
10. 압력	정보, 부정적 자원 통제, 감정
11. 연합	정보, 자원, 친화력의 연합 중 지지를 구축하고 집단적 지지를 지렛대로 사용하기 위해 사용된 여러 가지 힘의 도구

출처: Lewicki, Litterer, Minton, & Saunders(1985), p.313을 이용하여 소폭 수정함.

2) 교환(exchange)

교환은 상대방의 승낙과 협조를 얻기 위해 자원이나 호의(약속, 지원)를 명시적 또는 묵시적으로 제공하는 과정이다. 교환은 교섭(bargaining)이나 거래(trade)와 같은 것으로 "내가 당신에게 X를 한다면 당신은 내게 Y를 하겠습니까?"라고 표현할 수 있다. 교환이나 교섭은 상대방에 대한 보상, 즉 호의, 혜택, 인센티브, 향응, 부수입 등으로 전환될 수 있는 자원을 토대로 하고 있다.

3) 합법성(legitimacy)

합법성은 조직의 지위, 직함, 직무에 부여된 힘을 사용하고 그 직위나 직함에서 나오는 명령을 사람들이 따르도록 요구함으로써 영향력을 행사하는 것을 말한다. 합법성은 요구 사항이 공식적 권위의 토대에서 나오고, 권위와 일치하고, 조직의 규칙, 정치, 관행, 절차와 일치한다는 점이 분명할수록 효과적이다.

4) 친화력(friendliness)

친화력은 매력과 친화력의 힘을 사용해서 다른 사람과 관계를 창조해내는 것이다. 다른 사람과 관계를 창조해냄으로써 그 친화력이 다른 사람으로 하여금 따르도록 할 수 있다고 믿는다. 왜냐하면 친구는 서로 좋아하고 도와주고 호의를 베풀기 때문이다. 어떤 친화력 전략은 다른 사람에게 대한 진정한 관심을 보이고 느낌을 공유함으로써 다른 사람과 라포(rapport, 친밀감)를 형성하기도 한다. 효과적 듣기(effective listening)와 다른 사람에게서 기여를 끌어내는 것, 다른 사람의 작업이나 기여의 공로를 인정하는 것 등은 친화력을 얻고 개인 간의 관계를 강하게 하기 위한 효과적인 대인관계 전략이 된다.

5) 비위 맞추기(ingratiation)

비위 맞추기는 편의적 친화력(expedient friendliness)이라 풀이될 수 있다. 친화력은 시간이 오래 걸리는 전략인데 시간이 별로 없거나 결정을 빨리 해야 하는 상황에서는 효과성이 떨어진다. 이럴 경우 흔히 사용되는 것이 바로 비위 맞추기인데 피상적이고 성실해 보이지 않는 친화력 제스처이고 상대방이 방어적이 될 인식을 줄 수도 있다. 비위 맞추기 전략을 잘 사용하는 사람은 비위 맞추기, 아첨, 감정 조작을 통해 어려운 목표를 얻는 데 성공하기도 한다.

6) 칭찬(praise)

칭찬은 다른 사람이 잘하고 있다는 구두 칭찬, 격려, 긍정을 사용하는 것이다. 구두의 강조, 승인, 칭찬은 행동을 형성하는 데 있어서 매우 효과적이며, 아마도 가시적 경제적 자원만큼 효과적일 것이다(Luthans & Kreitner, 1985).

7) 단호함(assertiveness)

단호한 태도는 자신이 원하는 것을 강하고 강압적인 태도와 스타일로 표현하는 것이다. 단호한 태도는 분명하고 강하고 강요하는 언어로 표현된 정보이다. 이는 개인적인 끈기, 결정의 성격, 결정을 나타내는 감정적 언어가 결합된 형태이다. 단호함을 표현하는 방법은 요구를 하거나 자신이 원하는 것을 명백하게 진술하는 것이다.

8) 영감의 호소(inspirational appeal)

영감의 호소는 목표의 이상주의, 개인적 가치, 또는 미래의 희망과 영감에 호소하는 감정적 메시지와 정보를 성공적으로 결합한 것이다. 영감의 호소는 동기 유발의 느낌을 준다. 말하자면 영감의 호소는 사람들이 힘껏 일하고 최고의 성과를 낼 수 있는 자신감과 강인한 느낌을 가지도록 고취하는 것이다.

9) 협의(consultation)

협의란 전략, 과정 또는 성과를 계획하는 데 다른 사람을 참여하도록 하거나, 다른 사람의 아이디어, 제안, 투입에 토대해서 자신의 입장을 변경하려고 하는 과정이다. 협의는 다른 사람의 정보, 관점, 개인적 정직, 자기 존중을 이끌어내기를 추구한다. 경영에서 참여적 의사결정의 힘은 일방적으로 자신의 선택을 끌고 가기보다 자신의 선호에 대해 다른 사람과 협의하는 힘에서 도출된다(Fisher & Brown, 1988).

10) 압력(pressure)

압력이란 정보와 제재, 특히 목적을 달성하기 위해 징계와 징계의 위협을 전술적으로 사용하는 것을 말한다. 압력을 사용함으로써 협상가는 요구를 하거나, 요구가 충족되지 않으면 무엇이 일어날 것인가에 대한 결과를 알려주기도 한다. 그러나 압력 전술은 요구 사항을 단기적으로 충족할 수 있지만 상대에게서 높은 저항을 유발할 수 있다. 압력 전술을 빈번히 사용하면 높은 저항을 받게 되고 성공하지 못하면 더 강한 압력을 사용하게 되어 상대를 이반시키는 결과로 치달을 수 있다. 그래서 압력 전술은 당사자 간의 관계를 파탄시킬 수 있기 때문에 가능한 한 어쩌다 선택적으로 사용해야 한다.

11) 연합(coalition)

연합 전략에서 협상가는 알거나 좋아하거나 존경하는 많은 다른 사람의 도움이나 지지를 요청한다. 협상가는 다른 사람들이 상대방에 대해 직접 요구를 하도록 요청하거나, 많은 사람이 이미 바람직한 행동 목적을 지지하거나 지원하고 있음을 상대방에게 알리도록 요청한다. 상향식 영향에서는 부하가 상사에게 많은 다른 부하가 이 행동을 지지한다는 것을 알려줌으로써 영향을 행사하려고 한다. 수평식 영향에서는 상대방의 많은 동료가 바람직한 행동을 지지한다고 상대방에게 알려주고 같이 참여해서 팀원이 되어달라고 요청한다.

[생각해볼 점]

4-2 질문

1. 협상력에서 힘의 원천으로는 어떤 것이 있는가?

2. 협상력의 원천을 협상력으로 전환하기 위해 힘의 원천에 영향을 줄 수 있도록 실행하는 11가지 영향 전략(influence strategies)은 무엇인가?

4-3. 협상의 유형과 전략

가. 협상의 유형과 그 역사

어떤 갈등이나 분쟁에 있어서 사람마다 협상에 임하는 태도가 다를 수 있다. 어떤 사람은 매우 경쟁적이고 투쟁적인 반면 어떤 사람은 수용적이고 협력적이기도 하다. 또한, 같은 사람이라도 협상의 사안이나 환경에 따라 다른 방식으로 협상할 수도 있다. 예를 들어 회사에서 자신의 연봉협상에서는 매우 경쟁적이다가도 가족과의 여행지 결정을 위한 협상에서는 수용적이거나 협력적이기도 하다. 그래서 사람에 따라, 상황과 사안에 따라 협상에 임하는 태도나 접근 방식이 달라질 수 있음을 알 수 있다.

이렇게 협상에 임하는 접근방법에는 경쟁적이고 분배적인 방식이 있고 협력적이고 통합적인 방식이 있다. 전자의 협상 유형은 분배적 협상(distributive negotiation)이라고 하고 후자의 협상 유형을 통합적 협상(integrative negotiation)이라고 한다. 분배적 협상은 협상이 전통적으로 실시되어 왔던 방식이라는 의미에서 전통적 협상(traditional negotiation)이라고도 하고 협상 당사자들이 자신의 입장을 주장하고 고수하면서 협상을 한다는 의미에서 입장 협상(positional negotiation)이라고도 한다.

통합적 협상은 오늘날 노사관계에 적용하여 사용하고 있으며 문제해결과 원칙 협상에 적용하여 사용하고 있다.[3] 이 현대적 개념의 통합적 협상은 상당 부분 20세기 초 Mary Parker Follet의 조사 작업에서 도출되었다. Follet은 특정 분쟁해결 과정과 기법에 초점을 두면서도 실질적 문제해결이 어떻게 창조적으로 고안되는지에도 관심을 두었다(Menkel-Meadow, 2005). Follet은 20세기 초에 행정가와 조직과학자이면서 노사 컨설턴트이

---

[3] 통합적 협상을 노사관계 분야에 적용한 연구는 Walton & McKersie(1965)이고 문제해결과 원칙 협상에 적용한 연구는 Fisher, Ury, & Patton(1991)이다.

기도 했는데 갈등해결을 세 가지 형태, 즉 지배(domination), 타협(compromise), 통합(integration)으로 구분했다. 이 통합에서 양 당사자의 욕구와 목적이 충족되는 것은, 다른 사람에게 불필요하게 해를 가하지 않으면서 자신이 필요한 것 대부분을 가질 수 있도록 새로운 옵션을 발견하고 자원을 확장함으로써 갈등이 생산적으로 사용되기 때문이다(Menkel-Meadow, 앞의 책).

통합적 협상은 한쪽의 일방적 승리가 아니라 양쪽이 모두 승리한다는 의미에서 윈윈 협상(win-win negotiation)이라 부르고 있다. 윈윈 협상을 한국어로 번역하여 승승(勝勝), 상승(相勝), 상생(相生) 협상이라고 말하기도 하지만 외래어로서 그대로 윈윈 협상이 주로 사용되고 있다. 통합적 협상 또는 윈윈 협상은 당사자들의 내적 이해(interest)에 기초해서 협상한다는 의미에서 이해기반 협상(interest-based negotiation, IBN)이라고도 한다.[4] 그리고 어떤 원칙을 세워서 협상한다는 의미에서 원칙 협상(principled negotiation)이라고도 한다. 윈윈 협상과 원칙 협상이라는 용어는 하버드대학교 협상 프로그램(Program on Negotiation, Harvard University)에서 사용하기 시작했다.[5] 이해기반 협상은 미국 연방조정알선청(Federal Mediation and Conciliation Service, FMCS)에서 단체교섭의 실천적 기법으로 사용되고 있으며, FMCS는 윈윈 협상 대신 이해기반 협

---

[4] 윈윈 협상에서 영어로 interest라는 용어가 매우 중요한 요소로 등장하는데 우리나라 말로 이해, 이해관계, 또는 이익 등으로 번역되어 사용되고 있는데 여기서는 이해로 번역하여 사용할 것이다. interest, 이해는 때때로 concern, 즉 관심이라는 용어와 매우 밀접한 관계가 있다. 이해는 외형상, 공식적으로 요구하는 주장과 대조되는 개념으로 드러나지 않고 내면적·비공식적으로 원하는 바를 나타내고 있다.

[5] 하버드대학교의 협상 프로젝트에 의해 연구한 결과를 Getting to Yes라는 책으로 발간했는데 제1판은 Fisher & Ury(1981)이고 제2판은 FIsher, Ury, & Patton(1991)이다. 이 책은 윈윈 협상의 원칙을 처음으로 수립한 윈윈 협상의 바이블 같은 책이다.

상, 또는 이익기반 교섭(interest-based bargaining, IBB)을 더 선호한다.

나. 분배적 및 통합적 협상의 작동 원리

이렇게 협상은 분배적 협상과 통합적 협상으로 구분되는데 각 유형이 작동하는 원리를 살펴보자. 분배적 협상은 가치의 분배에 대해 당사자들이 경쟁하는 협상이다. 일정한 가치를 당사자들이 나누어 가지는 것이므로 어느 일방의 이득은 상대방의 손실을 초래하여 상대방의 희생으로 이루어지는 형태로 나타난다. 그래서 분배적 협상에는 zero-sum game(영합 게임), win-lose game(승패 게임)이라는 별칭이 붙기도 한다.[6]

이와는 대조적으로 통합적 협상은 이해관계를 통합하여 합의함으로써 최대의 이득을 달성하기 위해서는 당사자들이 협력하지만 그 가치를 나누기 위해서는 경쟁하는 협상을 말한다. 분배적 협상처럼 일정한 가치를 서로 나누는 데 중점을 두는 것이 아니라 가치를 증대시키는 데 중점을 둔다. 어느 일방의 이득이 반드시 상대방의 희생에 의해 성취되는 것이 아니라 상대방의 이득과 더불어서 가능하다. 그래서 통합적 협상은 nonzero-sum game(비영합 게임), positive-sum game(정합 게임), win-win game(윈윈 게임)이라는 말로 부르기도 한다.[7]

---

[6] Harvard Business School(2003), 참조.
[7] 위의 책 참조.

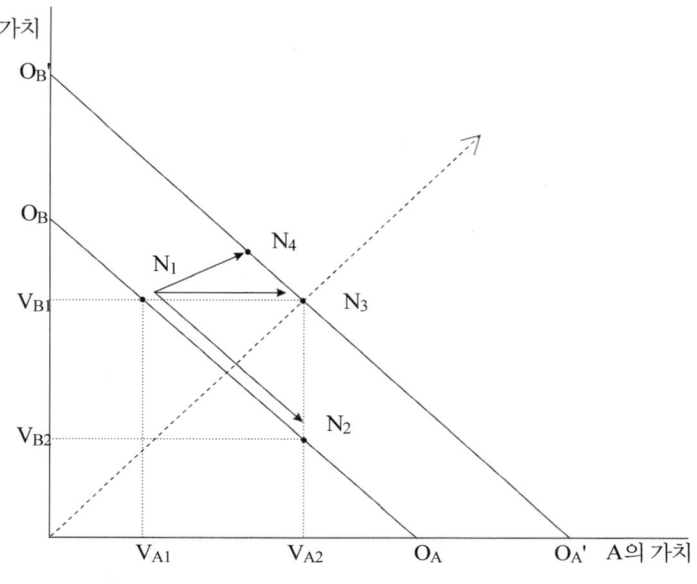

[그림 4-2] 분배적 vs 통합적 협상의 결과

분배적 협상과 통합적 협상의 결과적 차이는 [그림 4-2]를 이용하여 설명할 수 있다. A와 B가 O라는 협상을 하고 있다고 하자. 분배적 협상에서 A와 B가 각자 모두를 취하는 경우 각각 O_A, O_B를 가지게 된다. O_A와 O_B는 동일한 가치를 가진다. 이 두 점을 잇는 사선을 따라 두 사람의 협상력에 따라 결과가 결정된다. B의 현재 포지션이 N_1이라면 여기서 A가 N_2로 가려면, 다시 말하자면 A가 V_{A1}에서 V_{A2}로 더 많이 가지려면 B가 V_{B1}에서 V_{B2}로 더 적게 가져야만 가능하다. 결국 A가 더 얻는 가치는 B가 손해 보는 가치와 동일하여 제로섬 게임이 된다. 즉 $V_{A2} - V_{A1} = -(V_{B2} - V_{B1})$.

통합적 협상은 기본적으로 분배의 몫이 고정되어 있다고 보지 않고 몫을 확대할 수 있다는 가정을 한다. 그래서 분배할 수 있는 예산선이 $O_B O_A$

가 아니라 $O_B'O_A'$으로 더 확대된 선이 되며 이 선을 따라 분배하게 된다. 그래서 B가 V_{B1}의 포지션에서 협상이 없다면 A는 V_{A1}을 가져야 하나, 통합적 협상으로 A가 V_{A1}에서 V_{A2}로 더 많이 가지려 할 때는 B가 V_{B1}에서 V_{B2}로 더 적게 가질 필요 없이 V_{B1}을 그대로 유지한 채 A가 V_{A2}를 가지는 것이 가능하다. 즉 N_1에서 N_3로 갈 수 있다. 협상에 의해 확대된 예산선 $O_B'O_A'$이 가능해진다면 A와 B가 모두 가치를 증가시킬 수 있는 N_4 지점으로 합의할 수도 있다. 통합적 협상은 '파이를 키운다'라는 일반적 용어와 같이 예산선을 우상향으로 확장하는 역할을 하여 점선 화살표 방향으로 확장 경로를 만들어낸다. 요컨대 분배적 협상은 정해진 몫을 두 사람이 서로 나누어 가지는 협상이고 통합적 협상은 두 사람이 몫을 키우고 난 다음 서로 나누어 가지는 협상이다.

다. 분배적 및 통합적 협상의 전략

두 가지 유형의 협상은 어떤 전략으로 목표를 달성하는가? 먼저 분배적 협상은 이해관계가 상반되어 있다는 기본 전제 하에 주어진 몫을 서로 많이 갖기 위해 서로 경쟁하고 승리하려는 전략을 사용한다. 반면 통합적 협상은 이해관계가 공통된 부분도 존재하고 동시에 상반된 부분도 공존한다는 전제에서, 몫을 키우려면 협력 전략을 구사하고 다시 확대된 파이를 나누려면 경쟁 전략도 구사해야 한다. 분배적 협상이 두 사람의 협상 결과의 합이 제로로 고정되어 있다는 의미에서 제로섬 게임(zero-sum game)이라고 한다면 통합적 협상은 두 사람의 협상 결과의 합이 제로가 아니고 플러스가 될 수 있다는 의미에서 비영합 게임(nonzero-sum game)이나 정합 게임(positive-sum game)이라고 한다.[8] 그리고 분배적 협상은 정해진

---

[8] 제로섬 게임은 매우 보편적으로 사용하기 때문에 영합(零合) 게임으로 번역하여

몫에 대해 자신이 차지할 몫을 차지하려고 주장한다는 의미에서 가치 주장적 협상 유형이라면 통합적 협상은 몫을 새로 창조해서 더 많은 몫을 가지고 간다는 의미에서 가치 창조와 가치 주장이 혼합된 협상 유형이다.

물질적인 측면에서 두 협상 전략은 몫을 서로 나누느냐 키워서 나누느냐에 따라 경쟁적일지 협력적일지가 구분되는데 인간관계 측면에서 고려할 것이 있다. 협상 당사자들이 상호관계가 전혀 없거나 별로 의미가 없다면 분배적 협상에 머물고 경쟁해서 서로 많이 가지려 할 가능성이 크지만, 상호관계가 중요하다면 통합적 협상을 더 고려해 상대방과 협력하여 몫도 키우고 상대방에게도 몫이 많이 돌아가도록 배려할 가능성이 크다. 상호관계가 중요한데 몫이 정해져 있다면 어떻게 해야 하나? 상대방과의 관계가 중요하기 때문에 경쟁 전략을 사용하기보다 관계를 위해 양보하고 수용하는 전략을 사용한다. 반대로 상대방과 관계가 매우 나쁘다면 통합적 유형이 필요한 경우라도 상대방에게 불리하게 하고 자신에 유리하게 하는 경쟁 전략을 사용할 수도 있다. 따라서 협상에서 관계라는 변수는 물질적 협상 전략에 영향을 미쳐 협력 전략과 경쟁 전략을 바꾸는 중요한 역할을 한다.

분배적 협상을 효과적으로 수행하기 위한 전략은 다양하다. Lewicki, Litterer, Minton, & Saunders(1985)는 상대방의 최대양보점(resistance point)에 대한 정보 획득과 설득을 사용하는 전략에 초점을 맞추고 있다(pp.54-56). 말하자면 모든 분배적 협상상황에서(1) 상대방의 최대양보점을 식별해내고,(2) 상대방의 최대양보점에 영향을 줄 필요가 있다. 예를 들어 상대방의 최대양보점 가까이에서 해결하거나, 그 최대양보점을 변경

사용할 수 있으나 외래어처럼 발음대로 익숙하게 사용하고 있는 반면 논제로섬 게임은 익숙지 않아 한자로 비영합(非零合) 게임으로 번역할 수 있고 파지티브섬 게임은 정합(正合) 게임으로 번역할 수 있다.

하도록 설득하거나, 이 해결이 상대방이 얻을 수 있는 최선이라는 인식을 주도록 하라는 것이다. 이 분배적 협상 전략은 상대방의 최대양보점을 중심으로 한 국한된 전략이어서 보다 일반적인 전략이 필요하다.

이런 의미에서 분배적 협상 전략으로서 Harvard Business School(2003)은 협상을 성공하고자 6가지 전략을 제안하는데 이를 소개하면 다음과 같다.

1) 자신의 환경에 대한 중요 정보(왜 협상하는지, 실제 이해관계나 경영 제약, 쟁점이나 옵션에 대한 선호도, 협상의 중단 지점 등)를 공개하지 마라.
2) 상대방에 대한 정보는 유익하므로 환경과 선호도에 대해 가능한 한 많이 배워라.
3) 기준점 설정(anchoring) 전략: 최초 제안이 심리적으로 기준점이 되므로 올바른 지점에서 출발하라.
4) 역기준점 설정(counteranchoring) 전략: 상대가 첫 제안을 하면 심리적 기준점으로서 잠재적인 힘을 인식하고 저항하고 역기준점을 설정하라.
5) 양보 움직임(concessionary moves) 전략: 많은 양보는 추가적인 양보의 지표라고 해석하므로 조금씩 양보하라.
6) 똑딱 시계(ticking clock) 전략: 구매자가 더 나은 제안을 할 때까지 기다리지 말고 구매해야 할 제안의 기한을 정해두라.

이 전략들은 협상에서 상대방을 불리하게 하고 자신을 유리하게 하여 자신이 승리하고자 하는 전략이다. 자신의 정보는 은폐하고 상대방 정보는 많이 획득하여 정보에서 우위를 점하도록 하고 제안에서 자기중심으로 기준점이 설정되도록 전략을 사용하는 것을 승리하는 전략으로 보는 것이다. 이와는 반대로 통합적 협상의 6가지 전략은 분배적 협상의 전략과는 크게 다르다.

1) 상황에 대한 충분한 정보를 제공하라.
2) 왜 협상을 원하는지 설명하라.
3) 실질 이해관계와 경영제약에 대해 말하라.
4) 쟁점과 옵션에 대한 선호도를 개략적으로 말하고 설명하라.
5) 상대방의 이해관계를 충족할 추가적인 가능성과 자원을 보여주라.
6) 양측의 이해관계를 최대한 충족시킬 창조적 옵션을 발견하기 위해 배운 것을 활용하라.

통합적 협상의 전략은 어떻게 하면 서로 협력해서 서로가 원하는 목표를 달성할 수 있을지를 생각하게 된다. 그래서 정보를 공유하고 상황과 상대방을 충분히 이해하고 이해관계를 충족하기 위해 필요한 자원과 방법들을 발굴해내어 서로 만족할 수 있게 한다.

라. 분배적 및 통합적 협상의 비교

분배적 협상과 통합적 협상의 중요한 인식과 방법 상의 차이점을 정리하면 <표 4-3>과 같다. 상대방 인식에 있어서는, 분배적 협상이 당사자들을 적으로 간주하고 이겨야 할 대상으로 보는 반면, 통합적 협상에서는 당사자들이 문제를 해결하는 자이고 이들 사이에 현명한 합의를 이루는 것을 목표로 삼고 있다. 분배적 협상은 초기 입장을 고수하는 전략을 쓰지만, 통합적 협상은 입장이 아니라 이해관계를 분석하여 충족시키려는 전략을 사용한다. 대안 개발에서는 분배적 협상이 자신이 만족하는 대안만 고안하고 자신의 입장만을 강조하지만 통합적 협상은 상대방의 진정한 의도를 파악하고 결합된 이득을 키우는 대안을 개발하려고 노력한다. 합의 도출 과정에서는 분배적 협상이 위협과 압력을 가하고 경합하여 승리하려고 하는 데 반해 통합적 협상은 압력과 설득을 사용하고 객관적 기준에 따라 합의하도록 유도한다. 이렇게 분배적 협상은 자신이 이기기 위해,

통합적 협상은 서로가 만족하기 위해 노력하고 전략을 구사한다고 볼 수 있다.

〈표 4-3〉 분배적 협상과 통합적 협상의 항목별 비교

항목	분배적 협상	통합적 협상
상대방 인식	[협상 주제와 사람 관계 혼합] • 당사자들은 서로 적이다 • 목적은 일방적 승리를 얻는 것 • 사람과 이슈 양자에 모두 완강	[협상 주제와 사람 관계 분리] • 당사자들은 문제해결자 • 목적은 현명한 합의를 이루는 것 • 사람에게 유순, 이슈에 완강
입장과 이해 관계	[이해관계보다 입장에 초점] • 상대를 단적으로 불신 • 초기 입장을 고수 • 최대양보선에 대해 상대방 오도함	[입장보다 이해관계에 초점] • 신뢰와 관계없이 협상 진행 • 이해관계를 분석한다 • 최대양보선을 되도록 갖지 않음
대안 개발	[자신의 이익 충족 대안 고집] • 자신이 만족하는 대안만 고안 • 자신의 입장만을 강조함	[상호 이익을 얻는 대안 개발] • 결합 이득을 키우는 대안 탐색 • 상대방의 진정한 의도를 파악
합의 도출	[자기 입장을 고수] • 의지의 경합에서 승리하려 함 • 위협과 압력을 가함	[객관적 기준을 사용] • 객관적 기준에 따라 합의 유도 • 압력보다 설득을 선택함

주: 분배적 협상과 통합적 협상의 분류는 원래 경성입장 협상과 원칙 협상으로 구분한 분류를 대체한 것이다.

출처: 이달곤(2000), Fisher, Ury, & Patton(1991)의 자료를 이용하여 재작성함.

사례 4.1. 분배적 협상 사례: 아파트 매매

A는 직장을 옮기는 바람에 직장 근처에 새로 이사 갈 집을 찾고 있는데 마땅한 물건이 나오지 않다가 2개월이 지난 시점에 5년 된 32평형 아파트가 매물로 나왔다. 집주인 B는 5억 원에 집을 매각하려고 부동산에 내어놓았다. A는 4억7천만 원 정도면 사고 싶은데 그 가격은 3천만 원이 더 높다. 그러나 A는 마음속으로 융자를 해서라도 지급

할 최대의 금액을 5억2천만 원으로 설정하고 있다.

A는 가격을 흥정하기 위해 처음으로 4억5천만 원이라면 살 용의가 있다고 제시했다. B는 5억 원에 집을 내어놓았지만 4억8천만 원이면 팔겠다고 생각하고 있다. 그러나 최대로 양보해서 4억4천만 원까지는 팔아야 한다고 생각한다.

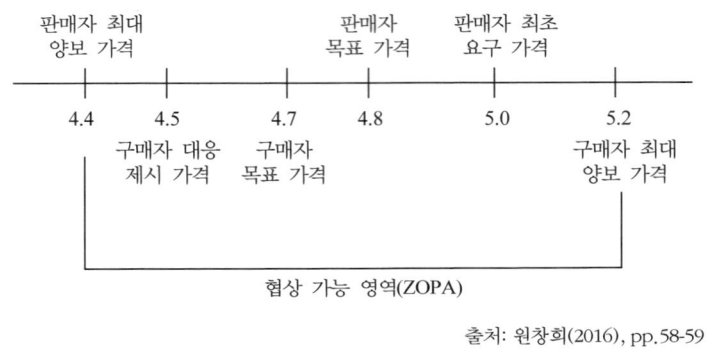

출처: 원창희(2016), pp.58-59

사례 4.2. 통합적 협상 사례: 전자부품 납품

고메즈 전자회사와 크라프트 부품회사가 향후 6개월간 크라프트가 1만 개 스위치를 생산해서 공급하는 계약을 협상하고 있다. 고메즈는 가능한 낮은 가격을 원하지만 크라프트와 장기적 관계를 유지하는 데 관심도 있다. 크라프트는 가능한 높은 가격을 원하지만 장기 고객과 좋은 관계를 유지해야 한다. 장기 파트너들은 각자 어떤 관심 사항을 상대방에게 공개하고자 한다. 고메즈가 크라프트에게 스위치당 2달러를 지급할 계약을 제안하자 크라프트는 대신 고메즈에게 30일이 아니라 60일 지급 기한을 제안해 합의했다. 추가 30일 지급 기한 덕분에 고메즈는 그 30일 동안 자본 요구를 줄이고 스위치 가격을 치를 자본을 준비할 시간을 벌 수 있다. 두 당사자는 고메즈 제품을 위해 새로운 스위치를 디자인하는 데 협력할 것을 합의했다.

출처: 원창희(2016), pp.59-60

[생각해볼 점]

4-3 질문

1. 분배적 협상 전략과 통합적 협상 전략의 근본적 차이점은 무엇인가?

2. 합의도출 과정에서 분배적 협상과 통합적 협상의 핵심 차이점은 무엇인가?

4-4. 협상의 과정과 절차

협상은 어떤 과정을 거치고 어떤 절차로 해야 하는가?[9] 한편으로는 매우 복잡하게 보일 수도 있고 한편으로는 매우 단순하게 보일 수도 있다. 협상의 과정과 절차는 사실 어떤 단일한 모형으로 정답이 있는 것은 아니다. 그래서 몇 가지 모형을 정리해서 살펴보고 적절한 모형을 도출하고자 한다.

가. 분배적 협상 과정

먼저 사회적·국제적 협상 모형을 소개하면 협상 과정은 크게 나누어 사전준비 단계, 본 협상, 협상 산출로 구분할 수 있다.[10] 다음에서 기술하는 협상 과정은 주로 전통적 협상을 전제로 한다.

[사전준비 단계]

사전준비 단계는 협상 준비와 사전 협상으로 나누어진다. 협상 준비에서는 먼저 갈등을 인식하고 그 해소 방법으로서 지배하거나, 복종하거나, 철수하거나, 방임하거나, 제3자 개입을 기다리거나, 협상을 준비하는 방안 중 하나를 선택하게 된다. 당사자들이 협상을 하려면 협상을 통한 해결이 어떤 다른 행동보다 상호 이익이 된다는 판단이 서야 한다. 협상을 하기로

---

[9] 협상이 진행되는 경과를 과정과 절차로 했는데 국어사전에서 과정은 '일이 되어가는 경로'를 말하는 것이고 절차는 '일을 치르는 데 거쳐야 하는 순서나 방법'을 말하고 있어서 절차는 과정의 하위개념이면서 과정보다 절차가 법적·제도적으로 정해진 순서나 단계를 의미한다. 그래서 협상 과정은 각 단계별 절차로 이루어져 있다. 영어사전에서는 과정이 process이고 절차는 procedure로 표기된다.

[10] 이달곤(2000), p.114. 사전준비 단계, 본 협상 또는 협의의 협상 과정, 협상의 산출과 결과에 대한 논의는 pp.115-140 참조.

했다면 갈등 분석 활동이 필요하다. 갈등의 원인이 무엇이며, 자신의 이익은 어떤 것이며, 상대방의 이익구조는 어떤지 등을 분석해야 한다.

구체적으로 우선 갈등의 상황이 어떤 것인지 분석할 필요가 있다. 갈등의 쟁점이 무엇인지, 당사자들의 입장은 무엇인지 등을 분석해야 한다. 갈등상황이 분석되었다면 다음으로 자신의 최대양보수준분포(distribution of reservation price)를 알아야 한다. 최대양보수준은 하나의 값일 수도 있고 어떤 분포를 가질 수도 있다. 최대양보수준을 잘 분석하는 것은 이해관계를 분석하고 관련된 사람들의 지혜를 모은다는 측면에서도 중요하다. 한편 상대방의 최대양보수준도 분석할 필요가 있다.

최대양보수준과 관련된 개념으로서 안전수준(security level)은 절박한 한계 수준으로서 이 수준이 보장되지 않으면 협상 자체가 의미 없게 되는 수준을 뜻한다. 안전수준은 최대양보수준보다 낮을 수도 있다. 또 다른 관련 개념으로서 협상적 합의의 최선 대안(the best alternative to a negotiated agreement, BATNA)은 협상 결렬 시 차선의 행동 대안으로 얻는 기대수준을 말한다. 이 BATNA를 알게 되면 최대양보수준이 어느 정도까지 하향할 수 있는가를 짐작할 수 있다.

그다음으로 메타 협상(meta-negotiation)의 준비가 필요하다. 사전 협상을 어떻게 할 것이며, 대안의 전개 순서, 참여자, 장소 등 제반 기본 협상 준비를 어떻게 할 것인가가 바로 메타 협상이 된다. 메타 협상에서는 절차적 문제와 협상의 실행과 관련된 문제들을 검토하게 된다.

사전준비 단계의 두 번째 절차로서 사전 협상을 하게 된다. 사전 협상은 상대와 더불어 본질적인 협상 의제의 범위를 확정하고 협상 방식과 절차 등에 대해 합의하는 과정을 의미한다. 예를 들어 정상회담의 의제와 장소 등을 결정하기 위해 예비회담을 갖는 것이 사전 협상에 해당한다. 일종의 본 협상의 협상 규칙을 정하는 협상이라고 할 수 있다.

[본 협상]

본 협상은 당사자들이 핵심적인 협상을 진행하는 과정이다. 먼저 협상 테이블에 앉아서 어느 일방이 제의(offer)를 하면 상대방은 자신의 요구를 역으로 제의하는 대응 제의(counter offer)를 하는 과정이 진행된다. 여기서 제의란 상대방이 고려하기를 바라는 이슈들의 내용과 타결 조건들을 제시하는 형태를 말한다. 간혹 먼저 제의하는 쪽이 자신이 취약하거나 책임을 져야 하는 것으로 인식할 수도 있기 때문에 유의해야 한다. 대응 제의는 어느 일방의 제의에 대해 상대방이 자신의 요구를 제시하는 것을 말한다. 제의를 교환하는 방식이 명백하게 보이는지에 따라 명시적 협상과 묵시적 협상으로 구분되는데 명시적 협상은 제의의 교환을 명백하게 하는 것이고 묵시적 협상은 의사를 실행에 옮김으로써 대응 제의를 유도하는 형태를 취한다. 본 협상에서 의사소통이 중요하며 정보의 통제와 공개성 유무도 주요 변수로 작용할 수 있고, 시간 제약, 위협, 경고, 언질, 양보의 수순 등 전술적인 협상 기술도 관심 사항이 된다.

타협을 이끌어내는 데에 금지해야 할 규칙도 있고 권장해야 할 규칙도 있다. 금지해야 할 타협의 규칙은 당사자들이 지켜야 할 행위규범으로서 명확한 거짓, 약속의 파기, 모욕적 언사, 노골적 위협, 상호 이해 사항의 일방적 해석, 합의된 원칙의 무시 등은 금지해야 한다는 규칙이다. 이러한 행위규범을 따르면 이해 조정이 쉽고 적대감을 줄일 수 있다.

반면 타협을 촉진할 수 있는 바람직한 규율로는 협상 대표의 신체적·정신적 안전을 보장한다거나, 신분에 대한 논쟁을 피하도록 상대방을 공평하고 평등하게 대한다거나, 합의된 의제를 존중하거나 부분적인 합의도 존중하는 것들이 있다. 그 외에도 상대방에게 결정이나 선택의 여지를 주도록 유연성을 가지는 것, 상대방의 양보에 화답할 수 있는 자세, 협상 과정을 합리적이고 순조롭게 운영하는 것, 공동체 의식을 개발하는 것 등도 타협을 촉진하는 규율이 된다.

[협상의 산출]

협상 당사자가 행마를 거듭해서 이루어 놓은 합의안을 협상 산출(negotiation output)이라고 하고 이러한 합의안이 현실 속에서 집행되어 최종적으로 나타나는 상태를 협상 결과(negotiation outcome)라고 한다. 협상의 산출은 최종승인이 내려진 공식 합의문을 지칭하고 여기에는 추상적인 원칙이나 애매한 조건이 포함될 수도 있다. 협상의 결과는 애매한 조건뿐 아니라 명확한 조건들이 이행 과정에서 변질되고 현실을 변화시킨 상태를 가리킨다.

합의를 할 때 원칙에 대해서만 합의할 경우 그 합의 내용을 해석하고 집행하는 데 문제가 생길 수 있다. 암묵적인 부분을 서로 모순되게 해석할 수도 있고 이행될 것으로 믿고 있는 바를 고의적으로 위반할 수도 있다. 이를 예방하려면 합의 내용을 명시적으로 구체화할 필요가 있으나 너무 세세한 부분에까지 합의를 보는 데는 많은 시간이 필요하기도 하고 협상 과정을 경직시켜 합의를 불가능하게 할 수도 있다. 다만 오해의 소지를 줄이고 집행을 용이하게 하려면 협상안을 구체화하는 것이 바람직하다.

한편 Richard Shell은 레버리지(leverage)를 강조하면서 네 가지 단계로 나누어 진행하는 절차를 제시했다.[11] 여기서 레버리지는 자기방식대로 합의를 이루어내는 것을 말한다(앞의 책, p.90). 누가 유리한 입장이고 누가 결과를 통제할 수 있으며 합의가 안 되면 누가 더 잃을 것이 많은지 등으로 레버리지를 측정할 수 있다.

---

[11] Shell(2006)의 Chapter 7-10에서 네 가지 절차의 상세한 내용을 참조할 수 있다.

1단계: 전략을 준비하기

상황을 평가하고 그 상황에 따른 전략과 유형을 선택할 필요가 있다. 여기서 상황이란 금전에 대한 갈등과 미래 관계의 중요성에 따른 균형 있는 관심, 관계, 거래, 무언의 협조 등 네 가지로 구분된다. 각 상황에 따라 문제해결, 타협, 수용, 경쟁, 회피 등 5가지 전략 중에서 가장 적절한 전략을 선택하는 계획을 세우면 된다. 이는 토머스(Thomas)-킬먼(Kilmann)의 갈등관리 모형에서 제시된 전략을 활용한 것이다.

2단계: 정보를 교환하기

협상에서 정보를 교환하는 것은 세 가지 목적이 있다. 즉 친밀감을 형성하고, 쟁점과 이해관계의 정보를 얻고, 기대와 레버리지를 알려주는 등 세 가지 목적을 위해 정보를 교환한다. 정보를 수집하는 방법으로서 질문하기, 이해도 시험하기, 요약하기 등이 있는데 전문 협상가일수록 이러한 방법을 많이 이용한다.

3단계: 거래를 시작하고 양보를 만들기

거래는 전술을 활용하는 단계인데 첫째, 내가 먼저 거래를 시작할지 결정한다. 제의를 내가 먼저 할 수도 있고 상대방으로 하여금 하게 할 수도 있다. 둘째, 내가 최대의 합리적(낙관적) 제안을 할지를 결정해야 한다. 합리적 제안은 입증하거나 논거를 댈 수 있다는 점에서 무모한 제안과는 다르다. 셋째, 어떤 양보 전략이 좋을지를 결정해야 한다. 양보 전략은 앞의 네 가지 상황에 따라 다른 전략을 구사해야 한다.

4단계: 거래를 종료하고 약속을 얻어내기

거래를 종료하고 마무리하는 단계에 와 있다면 취해야 할 몇 가지가 있다. 첫째는 결핍 효과(scarcity effect)인데 사람들이 서로 원하지만 공급이 부족해서 서둘러 결정하지 않으면 놓친다는 결핍의 심리를 이용하거나 기한을 설정해서 그 이후는 결렬된다는 심리적 압박을 가하거나, 상대가 이쪽 제의를 수용하지 않는다면 일어나서 퇴장하는 것 등이다. 둘째는 거래 과정에 대한 과도한 약속이다. 누구든 아주 중요한 결정을 하면서 힘이 많이 들었다면 실패를 인정하거나 손실을 수용하지 않으려는 인간의 심리, 즉 과잉약속(overcommitment)이 있다. 오랫동안 시간을 투자할수록 더 큰 약속을 주는 것이다. 오랫동안 협상을 해오면 결렬보다 조금이라도 원하는 걸 얻으면 만족을 하는 과잉약속 전술을 쓸 수 있다. 그래서 때로는 양자의 초기 제안을 중간 지점에서 타협하는 것, 즉 중간점 자르기도 한 방법이 된다.

나. 통합적 협상 과정

위의 두 가지 협상 과정 모형은 외교적·국제적인 협상이나 상거래 협상에서 분배적 협상의 과정을 제시하는데, 이제 통합적 협상의 과정을 살펴보기로 하자. 통합적 협상은 원원 협상이나 이해에 기반한 협상과 같은데 Barrett(1998)는 원원 협상의 PAST 모델을 개발했다. 여기서 PAST는 원칙(Principles), 가정(Assumptions), 단계(Steps), 기법(Techniques)을 지칭한다. 이 중 단계는 사전 교섭과 교섭 단계로 구분하는데 교섭 단계는 다음과 같다(Barrett, 1998, p.20).

1) 쟁점의 리스트에 합의하라.
2) 쟁점의 이해관계를 식별하라.
3) 쟁점의 옵션을 개발하라.
4) 수용 가능한 기준을 창조하라.
5) 해결을 위해 기준으로 옵션을 평가하라.

이 절차 모형은 원원 협상 방법으로서 위스콘신대학교와 연방조정알선청(FMCS)에서 활용되어 왔으며 사용되고 있는 교육 매뉴얼을 토대로 하여 7단계로 재작성했다.[12]

1) 쟁점의 선정

먼저 협상에 참가하는 양측 당사자들이 별도로 모여 사전 협상 준비를 하고 협상 테이블에 모이게 한 다음 개회식을 한다. 각 집단은 대표를 선임하고 대표로 하여금 개회사를 연설하게 한다. 각 대표는 자기 협상팀의 멤버를 소개하는 시간도 필요하다. 상호 소개가 있고 난 다음 협상에서 논의할 쟁점이나 문제점이 무엇인지 선정하게 된다.

2) 이해관계의 식별

별도로 개별회의를 통해 미리 선정된 쟁점에 대한 이해관계를 당사자 양측이 식별하는 단계이다. 이해관계란 앞에서도 설명했듯이 입장을 취하게 된 진정한 이유나 속마음을 말한다. 양측의 이해관계를 식별하여 플립차트에 기록하되 각자 6~7개 정도 리스트를 작성할 필요가 있다. 본 쟁점을 선택한 이유는 무엇인지, 항목 중에 관심보다 입장, 요구, 제안, 해결은 들어 있는지 검토함으로써 이해관계를 더 정확하게 식별할 수 있다. 전체

---

[12] FMCS(2004), "Interest-Based Bargaining," Training Manual 참조.

회의에서 양측대표가 리스트를 설명하고 필요하면 질문과 토의를 할 수 있다. 이 중에서 공통의 이해관계를 식별해내는 것이 합의도출을 위해 중요하다.

3) 대안의 개발

공동의 이해관계를 충족시키는 대안을 발굴하고 각자의 이해관계를 충족시키는 대안을 제안하도록 유도한다. 브레인스토밍을 사용하고 각 대안을 플립차트에 기록하며 모든 항목에 번호를 부여한다. 중복된 대안이나 명백한 하자가 있는 표현은 제거하고 어색한 표현은 수정하도록 한다

4) 평가 기준의 설정

대안을 평가할 목표 기준을 설정해야 한다. 평가 기준은 사전에 정해진 것은 없으며 양측이 대안을 평가할 적절한 기준을 함께 선정하면 된다. 예를 들어 합법성, 예산 가용, 수용성, 실천 가능성 등 대안을 효과적으로 평가할 기준을 설정하면 된다. 이러한 독립적 기준 리스트를 이용하여 대안 평가표를 만들 수 있다.

5) 대안의 평가

독립적 기준 리스트를 활용하여 각 대안을 평가하는 단계이다. 각 대안이 기준 리스트에 부합하는지를 논의하고 모든 기준을 충족하는 대안은 번호로 표시한다. 때로는 해결 방안에 도달하기 위해 대안을 결합하는 것도 가능하다. 대안을 평가하는 유용한 방법으로서 다음과 같이 3단계 요소 분석이 있다.

1단계 실현 가능성: 합법성, 예산 가능성, 실천성
　　2단계 관심 충족성: 중요한 관심 충족
　　3단계 수용 가능성: 양측의 수용 여부, 공정성

　1단계에서는 대안이 실현 가능한지를 먼저 평가해보고 그다음 2단계에서 각자의 관심을 충족하는지를 평가한 다음 마지막으로 3단계에서 양측이 수용하려고 하는지를 평가한다. 이 3단계 요소 분석의 대안 평가표를 만들어서 중복이나 하자 있는 대안은 제거하고 양측이 각 대안에 대한 순위를 부여한 다음 상호 높은 순위 중심으로 수용성 등을 논의하여 합의에 이르면 효과적이다.

6) 합의안의 도출

　평가 기준을 충족하면서 많은 관심을 충족시키는 대안을 선택하거나 또는 대안의 결합을 모색하여 최적 대안을 찾아낼 필요가 있다. 여기에 도출한 해결 방안에 모든 참가자가 동의해야 한다. 만장일치가 안 되면 가정을 살펴보고 기준으로 돌아가 해결 방안을 다시 찾아보는 노력을 해야 한다.

7) 협약서 작성

　합의가 이루어졌다면 협약서를 작성해야 한다. 협약서에는 분쟁의 본질, 분쟁을 해결하는 합의안의 구체적 내용, 당사자들이 자발적으로 합의를 한다는 선언적 문구, 이 합의안의 실행과 해석상 향후 분쟁이 발생할 때 다시 조정을 받을 것 등을 포함하고 날짜 및 서명을 한다. 협약서는 두 통을 작성하여 공증을 받고 서로 한 부씩 보관한다.

다. 경쟁적·협력적 협상 절차 비교(Folberg & Golann)

위의 협상 과정이 외교적·상업적·사회적 협상을 대상으로 한 데 반해 Folberg & Golann(2011)은 변호사들이 주최가 되어 민사사건, 개인적 협상을 대상으로 한 7단계 협상 절차를 제시하고 있는데, 이를 요약하면 <표 4-4>과 같다. 7단계별로 경쟁적(분배적) 협상과 협력적(통합적) 협상의 세부 절차들을 정리한 결과 밑줄을 그은 부분이 서로 다른 절차들인데 시작과 끝부분을 제외하고는 두 가지 협상 유형의 절차들이 상이함을 알 수 있다.

〈표 4-4〉 경쟁적·협력적 협상 절차 비교(Folberg & Golann)

단계	경쟁적 협상	협력적 협상
1. 준비와 목표 설정	-기획과 조사 -협상 관련 고객 상담 -협상 당사자 <u>협상력</u> 평가 -<u>입장과 최저선</u> 결정 -목표 설정	-기획과 조사 -협상 관련 고객 상담 -협상 당사자 <u>욕구</u> 평가 -<u>BATNA, 최대양보수준</u> 결정 -목표 설정
2. 초기 대화	-목소리 설정 -<u>신임장과 권한</u> 형성 -<u>최초 요구나 제의 만들기</u>	-목소리 설정 -<u>관계와 신뢰</u> 형성 -<u>일정에 합의</u>
3. 정보 교환과 수정	-질문하기 -<u>과대·과소평가 제안</u> -<u>정보적 교섭</u> -<u>공식 발표</u> -<u>입장 진술</u>	-질문하기 -<u>평가 공유</u> -<u>정보 교환</u> -<u>비공식 발표</u> -<u>욕구나 이해 진술</u>
4. 교섭	-<u>논쟁과 설득</u> -<u>양보하기</u> -<u>연합하고 저항하기</u>	-<u>원칙의 제안</u> -<u>원칙 기준의 적용</u> -<u>우선순위 교환과 해결책 마련</u>
5. 종료 마무리	-<u>힘과 위협 사용</u> -<u>시간제한 설정</u> -<u>제의 평가</u>	-<u>BATNA 검토</u> -<u>기한에 대한 합의</u> -<u>결정 분석</u>

6. 난국 또는 합의	-난국 가능성 -타협 -조건 추가	-난국 가능성 작음 -공동 문제해결로 상호 결정 도달 -대안적 결과 창출
7. 합의서 작성	-합의문 초안 반대 준비 -초안 협상 -승인, 인준, 합의	-용어 메모 -단일 문서 합의에 동의 -승인, 인준, 합의

주: 밑줄은 경쟁적 협상과 협력적 협상의 서로 다른 절차를 의미한다.
출처: Folberg & Golann(2011), pp.75-76, 원창희(2016), p.83 재인용함

1) 준비와 목표 설정

준비 단계에서는 양측을 평가하고 목표를 설정하게 되는데 경쟁적 협상은 협상력의 크기에 의한 협상 결과가 달라지므로 협상력 평가와 상호 입장이 무엇인지를 결정하는 데 중점을 두는 데 반해 협력적 협상은 당사자들의 욕구가 무엇인지를 파악하고 각자의 대안과 결렬 시 최선 대안(BATNA)을 분석하는 데 중점을 둔다. 서로 마지노선이라고 할 수 있는 한계점으로서 경쟁적 협상은 양보할 수 있는 최저선(bottom line)을[13] 정하고 있고 협력적 협상은 최소한 BATNA보다는 높은 최대양보수준(reservation price, RP)을 설정하게 된다. 목표는 최저선보다는 높은, 자신이 원하고 긍정적인 어떤 수준을 설정하면 된다.

2) 초기 대화

초기에 서로 만나 대화를 시작할 때 점검할 일들이 있다. 먼저 목소리를 강한 어조로 할지, 부드러운 어조로 할지 등 톤을 결정해야 한다. 그리고 경쟁적 협상은 상대가 신임장은 있는지 권한을 확인하고 요구 사항이 무

---

[13] 최전선이란 협상 당사자가 달성해야 할 가장 높은 정당한 기대수준(highest legitimate expectation)을 의미한다. Folberg & Golann(2011), p.82.

엇인지, 어떤 제의를 할지를 결정한다. 협력적 협상에서는 관계와 신뢰 형성이 매우 중요하고 상호 일정에 합의할 필요가 있다. 서로 관계가 좋지 않고 불신한다면 협력적 협상을 하기는 어렵다.

3) 정보 교환과 수정

협상에서 정보가 어떤 역할을 하는가가 협상 유형에서 매우 중요하다. 경쟁적 협상에서 정보가 경쟁의 우위를 점할 일종의 무기가 되는 데 반해 협력적 협상에서는 정보가 문제를 잘 풀어나가는 좋은 재료가 되는 셈이다. 경쟁적 협상에서는 서로 자신은 과대평가하고 상대방은 과소평가하며, 정보를 주무기로 하여 교섭한다. 또한, 경쟁적 협상에서는 입장을 진술하고 공식적으로 요구하는 모양을 취한다. 반면 협력적 협상에서는 평가를 공유하고 정보를 교환하고 공유하며, 욕구나 이해관계를 중심으로 진술하되 비공식적으로 표출하는 모습을 보인다.

4) 교섭

본격적으로 교섭을 할 때 경쟁적 협상에서는 논쟁과 설득이 난무하고 타협을 이끌어내려면 서로 일정한 양보를 하기도 하며 때로는 연합하고 저항하기도 한다. 이에 반해 협력적 협상에서는 논쟁이 아니라 원칙을 정하고, 브레인스토밍을 활용하여 가치를 창조하는 옵션을 개발하고, 원칙의 기준에 따라 우선순위를 교환하고 해결 방안을 모색하게 된다.

5) 종료 마무리

최종 마무리할 때도 협상 유형에 따라 다른 모습이 나타난다. 경쟁적 협상에서는 힘을 사용하고 때로는 위협을 가하기도 하고, 제의를 할 시간 제한을 설정하고, 제의를 평가도 해본다. 협력적 협상에서는 자신과 상대방의 BATNA를 검토하고, 종료할 기한에 대해 합의하고, 서로 내린 결정을 분석하게 된다.

6) 난국 또는 합의

경쟁적 협상은 최종 합의하기 전에 난국(impasse)의 위기가 발생할 가능성이 있고, 타협으로 결론 내거나 때로는 어떤 조건을 추가해서 협상을 어렵게 할 수도 있다. 그러나 협력적 협상은 난국의 가능성이 작고 공동 문제해결로 공동 결정에 도달하고 대안적 결과를 창출해내는 전혀 다른 모습을 보인다.

7) 합의서 작성

합의가 이루어졌다면 합의문 초안을 작성해야 하는데 경쟁적 협상은 그 초안에 대해서도 반대하거나 다시 협상을 하려고 한다. 반면 협력적 협상은 협약을 기록하고, 단일 본문으로 합의할 것을 동의한다. 마지막으로 두 협상 유형 모두 필요할 경우 승인하고 인준하는 절차를 밟을 수도 있다.

라. 분배적·통합적 협상 절차의 7단계 비교

위의 협상 7단계는 경쟁적 협상과 협력적 협상을 비교했으나 단계별 내용이 복잡하게 설명되어 있을 뿐 아니라 통합적 협상을 효과적으로 할 수 있는 절차를 파악하기 어려워 <표 4-5>에서 7단계 절차를 새로 설정했다. 분배적 협상은 Folberg & Golann(2011)의 7단계를 이름과 내용에서 좀 간략하게 정리했고 통합적 협상은 하버드스쿨과 FMCS의 원원 협상 절차를 적용하여 7단계를 설정했다. 통합적 협상은 분배적 협상의 7단계와 정확하게 단계별로 매치가 잘 되지 않을 수 있지만, 중간 단계에서 거쳐야 하는 절차들을 서로 비교했다. 그래서 두 협상 방법은 협상 준비, 합의도출, 합의서 작성은 같은 단계의 이름을 가지지만 2-5 중간 단계들은 다른 이름을 부여하여 구분했다.

〈표 4-5〉 분배적·통합적 협상 절차의 7단계 비교

분배적 협상		통합적 협상	
단계	주요 내용	단계	주요 내용
1. 협상 준비	-당사자 협상력 평가 -입장과 최저선 결정 -목표 설정	1. 협상 준비	-당사자 욕구 평가 -BATNA, 최대양보수준 결정 -목표 설정
2. 초기 접촉	-상호 소개 -최초 요구나 제의	2. 쟁점 선정	-상호 소개 -협상의 쟁점과 입장 진술
3. 정보 교환	-질문하기 -정보적 교섭 -입장 진술	3. 이해관계 식별	-질문하기 -정보 교환 -욕구나 이해 진술
4. 교섭	-논쟁과 설득 -양보하기	4. 대안 개발	-브레인스토밍으로 대안 개발 -대안 검토와 수정 보완
5. 마무리	-힘과 위협 사용 -시간제한 설정 -제의 평가	5. 대안 평가	-평가 기준 설정 -평가 기준에 의한 대안 평가 -대안의 결합, 우선순위
6. 합의도출	-난국 가능성 -조건 추가 -타협	6. 합의도출	-BATNA 검토 -가장 최적의 대안을 결정 -상호만족 합의안 도출
7. 합의서 작성	-초안 협상 -승인, 인준, 합의	7. 합의서 작성	-단일 문서 합의에 동의 -승인, 인준, 합의

출처: 원창희(2016), p.87

사례 4.3. 부부의 휴가 계획 협상 과정 사례

〈상황〉

　　남편 A는 회사에서 일주일간 휴가를 얻게 되어 휴가를 떠나고자 한다. 아내 B는 이번 휴가에 대해 남편과 입장이 달라서 휴가를 결정하지 못하고 있다. 부부간 어떤 합의가 최선일까?

〈가정〉
- 신혼여행지는 제주도이고 결혼한 지 10년이 되었음
- 아이 두 명은 학원에 다녀야 해서 부부만 여행을 떠남
- 남편은 골프 수준이 싱글이고 아내는 초보 수준임
- 결혼 후 해외여행을 한 번도 간 적이 없음

〈입장〉

　남편 A의 입장: 한 번도 가보지 못한 태국에서 골프 투어를 하면서 관광도 하고 싶다.

　아내 B의 입장: 결혼 10주년을 맞아 신혼여행지인 제주도에서 고급호텔에 머물고 신혼을 회상하면서 휴가를 즐기고 싶다.

〈관심〉

아내 관심	남편 관심
신혼을 회상함	해외여행을 하고 싶음
맛있는 생선을 즐김	골프를 즐기고 싶음
고급호텔에 숙박	태국 요리를 즐기고 싶음
아이들 문제 생기면 급히 귀가	

〈대안의 발굴〉

　　태국에서 6박 7일 골프 여행
　　제주도에서 6박 7일 여행
　　태국에서 6박 7일 여행 중 2일은 골프 경기
　　제주도에서 6박 7일 여행 중 2일은 골프 경기
　　태국에서 3박 4일 골프 여행 + 제도에서 2박 3일 여행

〈기준의 설정〉(공동, 만장일치)
　예산 기준
　수용성
　비상시 귀가

〈대안의 평가〉

대안	예산 기준	수용성	비상시 귀가	총계
1안: 태국에서 6박 7일 골프 여행함	C	D	D	D+
2안: 제주도에서 6박 7일 여행함	A	D	A	B
3안: 태국에서 6박 7일 여행 중 2일은 골프 경기함	D	C	D	D+
4안: 제주도에서 6박 7일 여행 중 2일은 골프 경기함	B	C	A	B
5안: 태국에서 3박 4일 골프 여행 + 제도에서 2박 3일 여행	B	A	B	B+

〈합의안 도출〉
　태국에서 3박4일 골프 여행 + 제도에서 2박3일 여행

출처: 원창희(2016), pp.87-88

[생각해볼 점]

4-4 질문

1. 통합적 협상 모델의 하나인 PAST 모델 중 단계(Steps)에 해당하는 교섭 단계는 어떤 절차를 거치는가?

2. 입장과 이해관계는 무엇이며 분배적 협상과 통합적 협상에서 어떤 역할을 하는가?

4-5. 성공적 협상의 비결

협상에 대한 기본적인 이해를 했음에도 협상을 잘하기란 쉽지 않다. 하나하나의 기법과 절차를 알고 있다 해도 어떻게 완성도를 높이는 방법을 구사해내는가는 사람마다 다를 수 있기 때문이다. '구슬이 서 말이라도 꿰어야 보배다'라는 옛 속담은 좋은 기술이 있어도 잘 엮어 예술적 경지에 이르러야 비로소 빛이 난다는 의미의 말이다. 협상을 성공적으로 마무리하기 위한 실천적 비법을 정리해서 소개하려고 한다.

가. 충분한 협상 준비

협상을 얼마나 준비해서 하느냐가 협상의 성공에 영향을 주는 것은 당연한 이치이다. 마치 운동경기에 임하는 선수가 얼마나 연습하고 준비하느냐에 따라 우승할 가능성이 달라지는 것과 같다. 하버드 비즈니스스쿨에서 제시하는 협상 준비의 9가지 단계를 소개한다.[14]

1) 자신과 상대방에 대해 좋은 결과가 무엇인지 고려하라.
2) 잠재적인 가치 창조 기회를 식별하라.
3) 자신의 BATNA와 유보 가격 그리고 상대방의 그것들을 식별하라.
4) 자신의 BATNA를 보강하라.
5) 상대방 의사결정권에 맞추어라.
6) 상대방 구성원, 문화, 목표 그리고 쟁점 구성 방법을 최대한 파악하라.
7) 협상 과정의 유연성을 준비하라: 획일적으로 진행되지 않고 변수들이 생기면 유연하게 대처하라.
8) 공정성에 관련된 외부 표준과 기준을 수집하라.

---

[14] Harvard Business School(2003), pp.30-31.

9) 협상 일정과 과정을 자신이 선호하는 방향으로 이끌어가라: 자신의 아이디어를 은밀하게 홍보하고 지지세력을 조성하라, 과정을 자신에게 유리한 형태로 재구성하라.

협상 준비는 처음에 한 번 하는 것으로 생각할 수가 있는데 협상이 진행되는 동안 지속적으로 평가하고 다시 준비할 필요가 있다. 보통 협상을 준비, 협상, 합의 또는 실패라는 단선적 과정으로 보곤 한다. 그러나 새로운 정보가 나중에 나올 수 있고 쟁점에 새로운 가능성도 나타나며 당사자들이 요구를 양보하거나 강화하기도 하는 등 매우 복잡하게 전개되어 실제로는 비선형 협상 과정(nonlinear negotiating process)이라 할 수 있다. 즉 준비 – 협상 – 결과 및 정보 – 평가 – 다시 준비 – 협상 – 결과 … 이렇게 반복, 수정하여 다시 진행되는 구조이다.

협상 전 정보에 토대한 과정을 구축하는 대신 다음을 고려하는 것이 매우 효과적이다.

1) 정보를 수집하면서 작은 스텝을 취하라.
2) 새로운 정보와 상대방의 행동에서 계속 배워라.
3) 그 학습을 이용하여 나아갈 방향을 조정, 재조정하라.

평가는 과정의 또 다른 중요한 요소이며 전술의 한 부분이다. 문제가 잘되어 가는지, 협상 과정이 내 목표를 충족하는 방향으로 가는지, 누구의 프레임이 협상에 지배적인지, 내가 상대방 입장이라면 이러한 질문을 어떻게 답할지를 질문해봄으로써 적절한 평가를 할 수 있다.

나. 신뢰와 친밀감을 얻는 방법

불신(distrust)은 협상을 방해한다. 불신은 부정적인 행동과 서로 믿지 않는 이유를 확신시키는 선택적 인식을 만들어내는 자기달성적인 예언이다.[15] 그래서 불신은 정보의 교환, 협력, 공동 문제해결의 장해가 된다. 협상가들은 서로 잘 알거나 긍정적인 공동의 경험을 가지지 않는 한 불신이 협상 초기에는 기준이 된다. 왜냐하면 상대방이 나의 목표 달성을 못 하도록 방해할 것이라고 생각하기 때문이다. 그래서 신뢰(trust)를 구축하려는 긍정적인 목소리와 행동은 매우 중요하다. 긍정적인 목소리로 시작한다면 어려울 때도 협상을 해낼 수 있는 신뢰의 힘을 구축할 수 있다. 그래서 경청, 진지한 칭찬, 작은 공개적 양보를 통한 신뢰는 상호 호혜적으로 구축이 된다.

신뢰와 밀접한 관계가 있는 친밀감(rapport)이라는 중요한 요소가 있다. 우리나라 등 아시아지역과 같이 관계를 중시하는 문화에서 정보를 교환하고 의사소통을 통해 친밀감을 형성하는 것은 매우 중요하다. 이 친밀감은 매우 개인적인 문제여서 개인 대 개인의 관계에서 소통으로 형성된다. 친밀감을 형성하는 전통적인 방법은 비록 협상과는 무관한 것이지만 상대방과 공유할 수 있는 공통의 이해관계, 패션, 경험, 취미, 가족, 고향 등을 찾아내는 것이다.[16] 협상에서 상대방이 우호적인 감정을 가지게 되는 이러한 친밀감 현상을 Robert Cialdini는 '호감의 법칙(liking rule)'이라고 했다.[17] 이는 우리가 알고 좋아하는 사람의 요구에 '예'라고 대답하기를 선호한다는 의미이다. 호감의 법칙에는 우리가 다른 사람이 우리에게 친숙하

---

[15] Folberg & Golann(2011), p.88.
[16] Shell(2006), p.136.
[17] 위의 책, p.136.

거나 유사하다는 것을 알 때 그 사람을 조금 더 신뢰하게 된다는 의미가 숨어 있다.

다. 협상의 윤리

협상가들에게도 윤리라는 것이 있는가? 그 윤리는 협상에서 중요한가? 협상이나 경영에서 전략과 전술을 평가할 때 세 가지 기준이 있다. 바로 윤리(ethics), 신중(prudence), 실용(practicability)의 기준이다(Missner, 1980). 윤리적 기준은 전략전술을 도덕적 행동에 기초해서 평가하고, 신중성 기준은 손익적 측면에서 무엇이 효과적인가에 기초해서 평가하고, 실용성 기준은 목표 달성에 용이한가에 기초해서 평가한다.

어떤 부류의 사람들은 윤리적으로 행동하는 것을 신봉하기도 한다. 윤리적으로 행동해야 편하고 윤리적으로 행동해야 좋은 영업을 할 수 있다고 믿는 것이다. 그런데 윤리적이냐 아니냐는 어떤 경우에는 명백히 구분할 수 있지만 어떤 경우에는 명백히 구분하기 어렵고 애매할 때도 있다. 그럼에도 불구하고 협상에서의 윤리 문제는 중요한 문제임에 틀림없다. 윤리적 문제를 언급함으로써 협상가들이 윤리적인 의사결정을 검토해보도록 권장하게 된다.

무엇이 비윤리적으로 행동하게 하는가? 비윤리적 행동을 유발하는 경제적 동기가 있다. 그러한 동기들로서 Missner(1980)은 이윤(profit), 경쟁(competition), 정의(justice), 광고(advertising)를 제시하고 있다.[18] 분명 이윤은 협상에서 협상가들이 성과를 극대화하려고 하기 때문에 협상의 동기가 된다. 그런데 여기서 문제는, 이윤이나 성과를 극대화하는 것은 본질적

---

[18] 광고는 일방적인 자신의 홍보를 하는 것이어서 협상에서는 고려에서 제외하므로 여기서는 생략한다. 세 가지 윤리적 동기에 대한 설명은 Missner의 논의를 재정리한 Lewicki, Litterer, Minton, & Saunders(1985), pp.374-379를 요약, 발췌했다.

으로 비윤리적인가, 또는 비윤리적인 행동을 유발하게 되는가이다. 상대방을 속여서라도 협상에서 이득을 취하려는 동기가 있을 수 있지만 실제로 속임수를 쓸 것인지는 개인적인 문제이다. 경쟁적 요소 또한 이윤과 마찬가지로 이를 추구하는 과정에 비윤리적 행동을 촉진할 동기가 될 수 있다.

정의는 공정성과 관련이 있다. 협상 결과를 공정하게 분배했느냐, 즉 분배의 공정성(distributive fairness)이 여기서 문제가 된다. 정의 또는 공정성을 추구하는 것 자체가 협상가들로 하여금 비윤리적일(부정직할) 동기를 유발할 수도 있다는 것이다. 협상을 하는 한 당사자가 상대방에 의해 이용당하고 불공정하게 취급되었다고 믿게 되면 그는 화가 나고 보복하려고 할지 모른다. 또는 재분배를 요구하거나 정당한 몫을 돌려달라고 할 수도 있다.

비윤리적인 행동은 거짓, 허위, 속임수, 사기, 허세, 불공정, 정보 호도 등 다양하게 나타난다. 비윤리적 전술을 구사함으로써 협상가는 긍정적 또는 부정적 결과를 경험하게 된다. 그 결과는 비윤리적 전술이 효과적인지, 상대방이 그 전술을 어떻게 평가하는지, 자신은 그 전술을 어떻게 평가하는지에 달려 있다. 비윤리적 전술이 효과적인지 아닌지, 상대방이 그 전술을 적절하다고 생각하는지 아닌지, 자신은 결과적으로 그 전술에 대해 불편하게 생각하는지, 스트레스를 받는지, 죄의식을 가지는지, 문제없다고 생각하는지에 따라 비윤리적 전술의 성과가 결정된다. 만약 어떤 비윤리적 전술이 효과가 있고 상대방이 부적절하다고 이의를 제기하지 않고 자신도 문제없다고 생각한다면 다음에는 그 전술을 더욱 효과적으로 사용하려 할 것이다(Lewicki, Litterer, Minton, & Saunders, 1985, pp.387-389).

비윤리적 전술을 사용했거나 사용하려고 하는 협상가는 그 전술의 세 가지 가능한 결과를 고려해야 한다. 비윤리적 전술은 목표 달성에 도움이 될 것인가? 비윤리적 전술은 미래에 상대방과의 관계에 영향을 줄 것인가? 비윤리적 전술은 자신의 평판에 영향을 줄 것인가? 그러나 종종 간과하기 쉬운 사실은 비윤리적 전술이 단기적으로 원하는 것을 얻을 수 있지만 장기적으로는 문제가 생기며 효과성도 감소할 것이라는 점이다.

라. 통합적 협상 촉진법

일반적으로 보통의 상황에서 협상을 하게 되면 자신의 이익을 극대화할 경쟁 전략을 선택하는 경향이 있다. 통합적 협상을 성공시키는 데 필요한 요소를 잘 발견하여 활용한다면 통합적 협상을 분명히 촉진할 수 있다.[19]

1) 공통의 목표를 찾기

협상 당사자들이 경쟁하거나 개별적으로 일하는 것보다 공동으로 일함으로써 이익을 더 얻을 수 있다고 믿는다면 통합적 협상의 가능성을 높일 수 있다. 세 가지 유형의 목표가 있다. 즉, 공통의 목표(common goal): 함께 일하고 똑같이 나누어 가지는 하나의 목표, 공유의 목표(shared goal): 함께 일하고 서로 다르게 나누어 가지는 하나의 목표, 연합의 목표(joint goal): 서로 다른 목표를 가진 사람들이 협력적으로 결합하기로 합의한 목표를 말한다.

2) 문제해결 능력에 대한 믿음

함께 일할 수 있다고 믿는 사람들이 보통 함께할 수 있다. 이런 믿음이

---

[19] 여기의 통합적 협상 촉진법은 Lewicki, Litterer, Minton, & Saunders(1985), pp.100-105 참조.

없는 사람들은 협력적 관계에 노력을 덜 하고 갈등의 경쟁적 해결을 더 추구하게 된다.

3) 상대방 입장의 타당성에 대한 믿음

상대방의 관점에 대해 비판하게 되면 상대방은 화를 내고 방어하려고 하고 문제해결에 소극적이게 된다. 그래서 상대방의 관점을 의심하지 말고 그것을 문제의 정의에 통합해 넣고 상호 수용 가능한 대안을 찾을 필요가 있다.

4) 함께 일하도록 동기 유발

상대방이 경쟁하지 않고 협력하도록 동기를 유발해야 한다. 각자의 목표를 추구하기보다 모두에게 이익이 되는 목표를 약속할 필요가 있다. 전투적이기보다 인상 좋게 하고, 공격하고 방어하기보다 개방적이고 신뢰하며, 엄격하기보다 유연하게 하는 것이 좋다.

마. 협상의 10가지 성공 법칙

협상에 성공하기 위해 Lewicki, Barry, & Saunders(2015)는 10가지의 성공 법칙을 제시했다.[20]

1) 협상 준비를 철저히 하라.
2) 협상 기본 구조를 진단하라.
3) BATNA를 식별하고 작업하라.

---

[20] 10가지 성공 법칙의 원문은 Lewicki, Barry, & Saunders(2009)에 있으며 여기서 소개하는 내용은 Lewicki, Barry, & Saunders(2015)에서 수록한 것을 요약, 발췌한 것이다.

4) 기꺼이 손을 떼라.
5) 협상의 핵심 패러독스를 마스터하라.
6) 무형 요소를 기억하라.
7) 연합을 적극적으로 관리하라.
8) 자신의 명성을 보호하라.
9) 합리성과 공정성이 관련되어 있음을 기억하라.
10) 경험에서 지속적으로 학습하라.

1) 협상 준비를 철저히 하라

좋은 준비는 자신의 목표와 이해관계를 이해할 뿐 아니라 그 목표와 이해관계를 상대방에게 능숙하고 명확히 말할 수 있는 것을 의미한다. 자신과 상대방의 욕구를 식별하는 것은 협상 성공의 중요 요소이다. 양측의 욕구를 충족할 합의에 이르기 위해 상대방의 의사소통을 이해할 준비가 되어 있어야 한다. 협상가는 자신의 강점, 약점, 욕구, 이해관계, 상황, 상대방의 그러한 점들을 이해하는 것이 중요하다.

2) 협상 기본 구조를 진단하라

분배적 협상, 통합적 협상 또는 복합적 협상 중 어디에 직면해 있는지 결정하고 그 전략과 전술을 선택해야 한다. 잘못된 전략전술은 차선의 결과에 이르게 된다. 통합적 상황에서 분배적 전술은 통합적 가능성을 이루지 못하고 분배적 상황에서 통합적 전술도 차선의 결과로 이어진다.

협상이 통합적 요소와 분배적 요소가 복합되어 있을 때는 분배적 국면과 통합적 국면이 있다. 특히 분배적 국면과 통합적 국면이 전환할 때 주의해야 하는데 잘못 대처하면 난국으로 이를 수 있다. 양보, 회피, 타협이 적절한 때가 있는데 이러한 상황을 식별하고 적절한 전략과 전술을 구사해야 한다.

3) BATNA를 식별하고 작업하라

자신의 BATNA가 무엇인지 알아야 하고 딜을 개선하기 위해 BATNA를 개선해야 한다. 강한 BATNA가 없으면 좋은 합의를 달성하기 어렵다. 왜냐하면 상대방이 공격적으로 밀어붙이면 불만족스러운 해결 방안을 수용할 수밖에 없게 되기 때문이다.

상대방의 BATNA를 식별하고 자신의 제안과 비교해보아야 한다. 자신이 제시하는 합의안이 상대방의 BATNA로 얻는 것보다 양호할 때 협상의 힘을 얻는다. 상대방의 BATNA에 대해 협상가가 해야 할 일이 세 가지 있다.

(1) 상대방의 BATNA보다 경쟁우위를 얻기 위해 상대방 BATNA를 모니터하라.
(2) 자신의 제안이 상대방 BATNA보다 유리하다는 점을 상대방에게 인식시켜라.
(3) 상대방 BATNA가 생각만큼 강하지 못하다는 것을 제시하라. 이것은 당신의 강점을 강조하는 긍정적 방법과 상대방의 약점을 강조하는 부정적 방법을 활용함으로써 가능하다.

4) 기꺼이 손을 떼라

결렬이 나쁜 협상보다 낫거나 과정이 공격적이라 거래가 작업할 가치가 없을 때는 기꺼이 협상에서 손을 떼야 한다. 실제로는 많은 협상가가 합의 자체에 초점을 맞추어 좋은 성과에 이르는 실질 목표의 시야를 잃곤 한다. 현재의 협상 진전을 목표, 결렬, BATNA와 계속해서 비교하고 결렬이나 BATNA가 더 나은 선택이라면 현재의 협상에서 손을 떼야 한다.

좋은 BATNA가 없을 경우에도 언제 협상을 중단해야 할지 명백한 결렬점을 마음속에 두어야 한다. 협상가가 어려운 협상 시기에 상기할 수 있도록 결렬점(walkaway point)을 기록하거나 말로 표현하는 것이 도움이 될 수도 있다.

5) 협상의 핵심 패러독스를 마스터하라

(1) 가치 요구 vs 가치 창조

가치 요구 단계에선 분배적 스킬이 요구되고 가치 창조 단계에서 통합적 스킬이 유용한데, 두 단계 간 전환의 균형이 필요하다.

(2) 원칙의 고수 vs 유동성의 탄력

타협과 원칙의 쟁점을 잘 구분해야 한다. 원칙에 기초한 확고함을 비타협으로 오도하지 않도록 원칙을 상대방에게 전달해야 한다.

(3) 전략의 고수 vs 새로운 옵션의 기회적 추구

새로운 정보로 새로운 기회를 추구하려는 것과 원래의 전략을 고수하려는 것의 패러독스를 관리해야 한다. 실제 기회와 환상의 기회를 구분해야 한다.

(4) 정직하고 공개적인 것 vs 폐쇄적이고 불투명한 것

완전히 공개하면 상대방이 그것을 이용할 위험이 있고 지나치게 폐쇄적이면 비효율적 협상 전략이 된다. 긍정적인 진전에 따라 신뢰를 구축해야 하고 더 많은 정보를 편하게 제공해야 한다. 그러나 진전된다고 최대양보선을 드러내게 해서는 안 된다.

(5) 신뢰 vs 불신

상대방이 말하는 모든 것을 믿으면 이용당할 위험이 있고 상대방이 말하는 어떤 것도 믿지 않으면 합의에 도달하기 어렵다. 협상은 시간에 따라 진화하는 과정임을 기억해야 한다.

6) 무형 요소를 기억하라

무형 요소는 승리, 손실 회피, 상대방에게 강하게 보이기, 약하게 보이지 않기, 공정하기 등을 포함하고 있다. 어떤 것을 단호히 변호하거나 또 다른 양보를 거부하거나 일리가 없는 행동을 적절히 설명할 수 없다면, 무형적 요소가 있는지 찾아봐야 한다. 무형 요소를 식별하는 방법은 다음과 같다.

- 왜 그토록 집착하는지 질문을 해 본다.
- 관찰자나 청취자를 데리고 협상장에 가서 관찰하게 한다.

7) 연합을 적극적으로 관리하라

세 가지 유형의 연합이 있다: (1) 당신을 반대하는 연합, (2) 당신을 지지하는 연합, (3) 당신을 지지할 수도, 반대할 수도 있는 느슨한 불확실한 연합.

강한 협상가는 연합의 존재와 강도를 평가하고 자신의 이익을 위해 연합의 강도를 조절하고자 작업한다. 자신의 연합에 그런 것이 불가능하다면 자신의 목적을 위해 상대방이 연합을 취하지 못하도록 작업할 필요가 있다.

8) 자신의 명성을 보호하라

긍정적 명성으로 협상을 시작하는 것은 중요하며 명성을 보호하기 위해 경계할 필요가 있다. 자신의 말을 어기고 정직하게 협상하지 않는 협상가는 정직하다는 명성을 가진 협상가보다 미래에 협상하는 데 매우 어려움을 겪는다. 일관성 있고 공정한 매너로 행동함으로써 명성을 증진시키는 것이 중요하다. 일관성과 공정성이 명성에 매우 중요한 요소이다.

9) 합리성과 공정성이 관련되어 있음을 기억하라

협상가들은 자기중심적으로 세상을 보고 자신에게 이득이 되는 방향으로 합리적인 것과 공정한 결과를 정의한다. 협상가들이 이러한 경향의 인식을 관리할 세 가지 방법은 다음과 같다.

(1) 자신의 공정성 인식을 질문해보고 명백한 원칙에 올려놓을 수 있다.
(2) 공정한 결과를 제안하는 외부 벤치마크나 사례를 찾을 수 있다.
(3) 협상가는 상대방이 내리는 공정성의 정의를 부각시킬 수 있고 공정성 기준에 따라 합의에 이르는 대화를 할 수 있다.

10) 경험에서 지속적으로 학습하라

최고의 협상가는 경험에서 지속적으로 학습한다. 최고의 협상가는 협상이 끝난 다음 분석하고 무엇이 발생했고 무엇을 배웠는지를 검토할 기회를 가진다. 3단계 과정을 추천하면 다음과 같다.

(1) 협상 후 개인적 회고의 시간을 계획하라.
(2) 주기적으로 훈련가나 코치에게서 교훈을 얻어라.
(3) 강점과 약점에 대한 개인적 일기를 쓰고 약점에 대해 연구할 계획을 개발하라.

[생각해볼 점]

4-5 질문

1. 비윤리적 전술을 사용하려는 경우 고려해야 할 세 가지 결과는 무엇인가?

2. 통합적 협상을 촉진하는 방법으로는 어떤 것이 있는가?

4-6. 협상 파괴의 극복 방법

협상은 이론대로 처음부터 종료될 때까지 순탄하게 진행되지 않은 경우가 많다. 여러 가지 형태로 장해가 나타나 협상이 진행되지 않고 파괴되려고 할 때 어떤 조처를 해야 할지 알아둔다면 큰 도움이 될 수 있다. 그래서 본 절에서는 협상이 여러 가지 이유로 더는 진행되지 않고 파괴될 때 어떤 방법을 사용하여 이를 타개할 것인지를 알아보겠다.[21]

가. 상대방이 화가 나 있거나 좌절해 있을 때

상대방이 화가 나 있거나 흥분해 있을 때는 긴장이 고조될 수밖에 없는데 이 긴장을 완화해야 한다. 어떤 사람은 웃음을 자아내고 긴장을 완화하기 위해 위트나 농담을 즐겨 사용할 수도 있고, 다른 사람은 어떤 반응 없이 상대방이 화를 내게 하고 좌절감을 표출하도록 내버려두기도 한다. 또 어떤 노련한 협상가는 상대방의 말을 듣고 감정을 표출하도록 하여 카타르시스가 되도록 하고 협상이 원래대로 되돌아오게 한다.

상대방이 다른 의견을 말할 때 오해를 하는 것은 갈등을 심화시킬 수 있다. 상대방의 감정을 그대로 인정하고 적극적으로 들어주는 것이 중요하다. 상대방이 말하는 것을 정확하게 듣는 것과 그 말에 동의하는 것은 다르다. 들을 때는 상대방 메시지의 내용과 정서적 강도를 모두 이해해야 한다. 상대방의 말에 도전적으로 말하기보다 잘 이해하려고 확인하는 자세가 필요하다.

때로는 감정이 격화되어 있는 당사자들이 대면해서 말하지 않도록 서로 떨어져 있도록 하는 것이 도움이 될 수도 있다. 휴식을 취하거나 별도 회

---

[21] 본 장의 내용은 Lewicki, Litterer, Minton, & Saunders(1994)의 Chapter 6. Negotiation Breakdowns: Causes and Cures의 내용을 요약, 발췌했다.

의를 하거나 회의를 연기하고 다시 모이게 하는 등 열기를 식힐 기회를 가지는 것이다.

한편 Osgood(1962)은 일방적 갈등 완화 전략으로 GRIT(Graduated and Reciprocated Initiatives in Tension Reduction)을 제안했다. 일방적 행동은 다음을 포함하고 있다.

- 양보를 명확하게 알려준다.
- 양보는 긴장을 완화하는 전략적 정책의 일부임을 알려준다.
- 상대방이 어떤 특별한 방법으로 보답할 것을 기대한다고 말한다.
- 양보는 정해진 일정에 실시된다고 말한다.
- 상대방이 보답할지 알 필요 없이 양보를 시행하기로 약속한다고 말한다.

이때 양보는 명백하고 입증이 가능해야 한다. 이를 공표하는 것이 좋다. 상대방이 반응을 하지 않으면 계속 행동하며 상대방을 유인할 리스크가 약한 양보를 반복한다. 상대방이 반응하면 첫 양보보다 좀 더 리스키한 행동을 취한다. 이 GRIT는 관계를 변화시키고자 하는 노력이다. 즉 상대방을 징벌하는 적대적이고 신뢰 없는 관계에서 한쪽의 신뢰 제스처에 대해 다른 쪽의 협력적 제스처를 보이는 개방적이고 신뢰하는 관계로 변화시키는 것이다.

나. 상대방이 감정적이고 공격적일 때

상대방이 감정적이고 공격적일 때는 효과적인 듣기가 되지 않는다. 갈등이 심화되면 듣지를 않게 되어 서로 입장이 공통성이 있을 수 있다는 것을 깨닫지 못한다. 이를 개선하는 방법으로서 첫째 역지사지가 있다. 역지사지(role reversal)는 다른 사람의 관점에서 사물을 바라보고 돕는 방법이다. 예를 들어 경영자는 근로자의 입장에서 생각하고, 판매원은 소비자 입장에서 생각하고 구매 기업은 판매 기업 입장에서 생각하는 것이다. 상대방이 무엇을 생각하고 느끼는지 정확하게 알 수는 없지만, 이 방법을 통해 상대방의 관점과 느낌에 대한 유익하고 놀라운 직관력을 가지게 된다. 만약 역지사지 기법이 이전의 관점이 잘못되었음을 알고 상대방 입장을 정확하게 이해하는 계기가 된다면 당사자들은 통합적 관점을 가지도록 촉진할 수 있다. 협상에서 역지사지의 목적은 각자의 입장 사이에 공통성과 중첩 영역을 찾게 하는 것이다. 유사점이나 공통점을 발견하지 못해도 역지사지가 실제 입장의 차이를 완화하는 기여를 한다.

역지사지와 유사한 방법이지만 이미징(imaging)이 있다. 다음 네 가지를 차례로 묘사해보도록 하는 것이다(Lewicki, Litterer, Minton, & Saunders, 1994, p.149).

1) 나는 스스로를 어떻게 보는지 묘사해보라.
2) 나는 상대방을 어떻게 보는지 묘사해보라.
3) 상대방은 나를 어떻게 본다고 생각하는지 말해보라.
4) 상대방이 스스로를 어떻게 본다고 생각하는지 말해보라.

당사자들은 이런 정보를 서로 교환한다. 놀랍게도 양측의 묘사가 너무나 차이가 난다는 것을 알게 될 것이다. 그러나 많은 차이가 실제가 아니라는 것을 알고 서로의 정확한 모습을 이해하게 된다. 서로 오해와 편견을 명확하게 하고 수정할 수 있으며 서로 상대방의 진정한 욕구를 더 잘 이해하게 될 것이다. 이 과정은 서로 방어적으로 되지 않고 상대방의 말을 듣게 한다.

다. 갈등 쟁점의 크기와 숫자가 확대될 때

갈등이 심화될수록 쟁점의 크기와 숫자가 늘어나면 해결하기 어려워진다. 그래서 갈등을 관리하기 쉬운 정도의 규모로 좁히는 것이 좋다. Roger Fisher(1964)가 제시하는 6가지 쟁점 관리 방법을 소개한다.

1) 양측의 참가자 수를 줄여라.

갈등이 심화될수록 연대를 하거나 구성원을 참여시키거나 당사자를 늘리려고 할 수도 있다. 변호사, 전문가, 당국과 같은 추가적인 당사자를 정보제공이나 영향력을 위해 대동하기도 한다. 당사자가 많아질수록 견해가 많아지고 시간이 더 필요하고 불일치기회가 늘어나 협상이 어려워지게 된다. 그래서 협상 당사자의 수를 제한하는 기본규칙을 수립할 필요가 있다. 한 가지 방법은 원래의 당사자로 돌아가는 것이다.

2) 실질 쟁점의 수를 통제하라.

갈등이 증폭될수록 쟁점의 크기와 숫자가 늘어나게 된다. 그래서 쟁점의 숫자를 건설적으로 관리할 수 있을 정도로 줄이는 것이 좋다. 그렇다고 쟁점의 숫자를 너무 줄이는 것도 좋지 않다. 단일 쟁점 갈등은 승패(win-lose)의 극단으로 치달을 가능성이 크다. 이럴 때는 오히려 쟁점의 숫자를 늘리는 것이 바람직하다. 서로 뭔가를 얻을 수 있고 윈윈 해결을 달성할 수 있다.

3) 쟁점을 원칙이 아니라 주체적으로 기술하라.

쟁점을 원칙의 문제로 다룰 때 협상이 어려워진다. 정책에서의 이탈은 그 정책에 대한 위협이 되고 한 쟁점에서 양보하기보다 정책을 변화시키는 것이 더 어렵다. 원칙의 문제는 협상의 대상이 되기 어려울 수 있다. 만약 구체적 쟁점과 원칙 사이에 연계성이 별로 없으면 구체적 쟁점만 해결하고 원칙은 다음에 다루도록 한다. 만약 그 연계성이 있다면 약간의 변화가 특별한 환경에서 있다 해도 기본 원칙은 변하지 않고 유지된다는 것을 강조하면 된다.

4) 과정이든 내용이든 선례를 제약하라.

쟁점의 양보를 내용상 또는 과정상 선례의 위반으로 볼 때 쟁점의 확대 문제가 발생한다. 한쪽에서는 현 쟁점의 양보가 미래에 같은 쟁점의 양보를 요구할 것이라는 선례의 문제가 발생한다고 주장하게 된다. 이 경우에도 하나의 쟁점을 선례의 주요 문제로 확대되지 않도록 해야 한다. 핵심 쟁점에 집중하고 현재 쟁점의 양보가 미래의 선례를 반드시 만들어내는 것이 아님을 강조해야 한다.

5) 큰 쟁점을 분절하는 방법을 모색하라.

큰 쟁점을 작은 쟁점들로 분절하는 것을 살라미 전략(salami tactics)이라고 하다. 예를 들어 임금인상을 시간당 금액으로 한다거나 가족긴급휴가를 한 달에 한 번 하루에 3시간 이내에 공식신청 없이 상급자가 허락하는 쟁점으로 구체화할 수 있다.

6) 객관적 쟁점은 당사자들과 분리하라.

흔히 입장 교섭은 쟁점과 상호관계를 모두 갈등하는 경향이 있다. 사람이 쟁점의 입장과 동일시되곤 한다. 그래서 효과적 협상을 위해서 쟁점과 무관하게 생산적인 상호관계를 구축하거나 사람과 관계없이 쟁점을 해결함으로써 쟁점을 사람과 분리할 필요가 있다. 협상 쟁점은 엄격하게 하지만 사람에 대해서는 부드럽게 하는 것이 통합적 협상의 방법이 된다.

라. 상호 차이점은 확대, 유사점은 축소시킬 때

협상 당사자들은 갈등이 심해질수록 실제보다 서로 간격이 크고 공통점이 적다고 생각하는 경향이 있다. 이 경우 공통점을 찾거나 공동 목표에 초점을 맞출 필요가 있다. 네 가지 구체적인 방법을 제시할 수 있다.

1) 상위 목표

상위 목표(superordinate goals)는 공동 목표로서 양 당사자가 서로 바라고 협력하여 성취하고자 하는 목표이다. 한 기업에서 판매 부서와 제조 부서의 목표는 서로 다르지만 생존해야 한다는 더 상위 목표는 같이 추구하는 것을 볼 수 있다. 효과적으로 협상에 영향을 주려면 상위 목표를 양 당사자가 공동으로 추구해야 하고, 그 목표가 어느 한쪽이 다른 쪽보다 더 많은 이익을 취하는 목표로 보여서는 안 된다.

2) 공동의 적

상위 목표의 부정적인 형태가 공동의 적이다. 당사자들은 제3자의 개입을 피하기 위해 그들의 차이점을 스스로 해결하거나 공동의 적을 이기기 위해 자원을 모아서 사용할 새로운 동기를 찾는다. 노동조합과 사용자 분쟁에 대한 강제중재, 해외 경쟁, 정부 간섭으로 위협을 받을 때 서로 협력적으로 행동할 수 있다.

3) 규칙과 절차에 대한 합의

당사자들이 공통점을 만들어내려면 협상의 규칙에 대한 상호 합의를 이끌어낼 필요가 있다. 갈등이 증폭될수록 상대방을 이기고자 모든 수단과 방법을 사용하려고 한다. 이럴 때 도를 넘지 않게 협상의 기본규칙을 합의할 필요가 있다. 예를 들어 회의 장소, 회의 일정, 참석자, 시간제한, 발언 순서 등 규칙을 서로 합의하는 것이다.

4) 통합적 체계

앞의 세 가지 방법은 단기적인 방법으로서 그러한 공통의 목표나 적이 없어진다면 분쟁을 해결할 토대가 사라진다는 것을 알 수 있다. 그럴 경우 당사자 사이의 차이점보다 유사점에 중점을 두고 양 당사자의 이해를 수용하도록 쟁점을 재정의하는 방법을 모색할 필요가 있다. Eisman(1978)이 제시하는, 양극화된 입장에서 통합적 체계를 창조해내는 네 가지 방법을 소개하면 다음과 같다.

- 문제를 같은 차원으로 해석하라. 갈등을 서로 다른 종류의 관점으로 보지 말고 연속선상의 점들로 생각하는 것이 좋다. 예를 들어 창문을 열 것인가 닫을 것인가가 아니라 어느 정도 열 것인가로 본다면 협상이 쉬워진다.
- 차원의 숫자를 증가시켜라. 다차원은 한 당사자를 한 차원에서 승리하고 다른 당사자는 다른 차원에서 승리하도록 여지를 준다. 차원의 숫자를 늘리다 보면 서로 차이점을 좁힐 수 있는 차원을 식별할 수 있다. 모두를 만족시킬 가능성을 주는 정도, 차이, 변화를 인식할 수 있다.
- 이상적인 상황(ideal case)을 만들어라. 각자 자신의 욕구만 해결하려고 몰입하지 말고 양측의 욕구를 모두 충족시키는 이상적인 상황을 만들어내는 것이 좋은 방법이다. 예를 들어 "이상적으로 볼 때 다른 사람이 찬 바람을 피하면서도 어떻게 하면 한 사람이 신선한 공기를 마실 수 있는가?"라는 표현이 그러한 이상적인 상황이다. 이는 양측의

문제를 모두 하나로 묶어서 진술하는 공동 문제 진술(joint problem statement)의 형태를 띤다. 이 이상적인 상황에 대한 이상적인 해결 방안을 모색하면 된다.
- 의미상 해결 방안을 모색하라. 계약 언어, 정책 수립, 합의안 작성 등 단어나 아이디어에 대해 협상하고 있을 때 핵심 단어나 구문, 표현에 집중하게 된다. 갈등이 사소한 언어적 표현으로 전환되면 단어 선택이 의미나 의도 상 중요하다. 당사자들이 어떤 단어에 다른 의미를 부여하는 것이나 양측을 수용하는 언어를 개발하는 것은 통합적 체계를 달성하는 또 다른 대안이다.

마. 상대방이 자기 입장에 고착되어 있을 때

갈등이 고조되면 쟁점에 대한 엄격한 입장에 매몰되어 협상이 계속되어도 원래의 입장에 고착되어 움직이지 않게 된다. 상대방이 자기 입장에 계속 고착되어 있으면 협상가는 요구를 더 강하게 하고 위협하기까지 하는 경향이 있다. 이 경우 협상가는 자신의 입장을 요구하거나 위협하기보다 제안을 해서 상대방을 움직이도록 하는 편이 낫다. <표 4-6>에서는 요구를 해서 받아들여지지 않으면 위협을 가하는 것과 제안을 하는 것의 차이점을 누가, 무엇을, 언제, 왜라는 질문의 형태로 보여준다.

제안에 기초해서 협상을 이끌어가는 것은 자신의 이해관계보다 상대방의 이해관계에 초점을 맞추면서 협상하는 것이다. 상대방의 욕구를 파악했다면 요구나 위협이 아니라 제안을 통해서 상대방을 자기 쪽으로 움직이게 해야 한다. 그래서 Fisher(1969)는 네 가지의 대안적 전략을 조언하고 있다.

- 상대방에게 '예'라고 할 수 있는 제안(yesable proposal)을 하라.
- 상대방에게 다른 결정을 요청하라.

- 상대방에게 위협을 강화하지 말고 제안을 달콤하게 하라.
- 해결 방안을 평가하는 객관적 기준을 사용하라.

〈표 4-6〉 Fisher의 협상에서 요구, 위협, 제안 체계

	요구 (원하는 결정)	위협 (결정이 안 될 때 결과)	제안 (결정이 될 때 결과)
누가?	누가 결정을 하는가?	결정이 안 되면 누가 피해를 보는가?	결정이 되면 누가 혜택을 받는가?
무엇을?	어떤 결정을 할 것인가?	결정이 안 되면 어떤 위기가 예상되는가?	결정이 되면 어떤 혜택이 예상되는가?
언제?	언제까지 결정을 해야 하나?	결정이 안 되면 언제 결과가 발생하나?	결정이 되면 언제 그 혜택을 보게 되는가?
왜?	왜 이 결정을 내리는가?	그 결과가 왜 공정하고 합법적인가?	그 결과가 왜 공정하고 합법적인가?

출처: Fisher(1969) 원 출처와 Lewicki, Litterer, Minton, & Saunders(1994) 인용에서 발췌하여 재구성함.

바. 어려운 협상가를 만났을 때

여러 가지 이유로 상대방이 다루기 힘든 협상가라면 그에 맞는 다른 전략을 구사해야 한다. 세 가지의 다루기 어려운 협상가 유형을 제시하고, 이들과 함께 분배적 윈루즈(win-lose) 협상에서 통합적 윈윈(win-win) 협상으로 전환하기 위한 전략을 소개한다.

1) 상대방이 비열한 수법(분배적 전술)을 취할 때

비열한 수법이란 상대방이 최대의 이익이 나지 않는 어떤 것을 하도록 압박을 가하는 분배적 전술을 말한다. 이 경우 대응 전략을 몇 가지 제안한다[22].

- 그러한 수법을 무시하라.
- 그러한 수법을 공개하라.
- 같은 수법으로 대응하라.
- 보다 생산적 방법으로 변화를 제안하라.

2) 상대방이 더 힘이 셀 때

다른 조건이 같을 때 힘이 센 협상가가 승리할 가능성이 크다. 힘의 불균형이 있으면 개인적 욕구의 충족과 협력적 과정에 명백한 위험이 존재할 수 있다. 이럴 경우 네 가지의 대안을 구사할 필요가 있다.

- 스스로 보호하라.
- 자신의 BATNA를 개발하라.
- 우호적 협상가에 의한 경보시스템을 구축하라.
- 협상 파워의 불균형을 교정하라.

3) 상대방이 다루기 까다로운 사람일 때

아주 까다로운 행동을 하는 문제 협상가를 만날 수 있다. 첫째 유형은 협상을 어떻게 하는지 전혀 모르지만 자신의 행동을 바꾸라는 제안에는 반응을 할 수도 있는 협상가이고, 둘째 유형은 행동이 협상 내에서나 밖에서나 일관성이 있는 까다로운 협상가이다. 이러한 까다로운 협상가에 대해 Ury는 5가지 단계로 대응하기를 제안한다.

---

[22] Fisher, Ury, & Patton(1991), pp.129-130, Lewicki, Litterer, Minton, & Saunders (1994), pp.165-166 참조.

〈표 4-7〉 까다로운 협상가를 관리하는 전략

단계	협력의 장애	장애 극복 방안	전략
1단계	상대방의 경쟁적 행동	반응하지 말기	발코니로 나가라
2단계	상대방의 부정적 정서와 공격적 행동	상대방을 진정시키기	상대방에게 다가가라
3단계	상대방이 입장을 고수하는 행동	게임을 바꾸기	거절하지 말고 전략을 재구성하라
4단계	상대방의 합의 혜택에 대한 부정적 시각	상대방이 '예스'하도록 하기	상대방에게 황금 다리를 만들어주라
5단계	상대방의 인지된 파워	상대방이 '노'라고 말하지 못하게 하기	상대방을 무릎 꿇리지 말고 센스에 호소하라

출처: Ury(1991) 원 출처와 Lewicki, Litterer, Minton, & Saunders(1994) 요약 버전에서 발췌하여 재구성함.

<표 4-7>에서 까다로운 협상가를 관리하는 전략을 정리했다. 단계별 전략의 방법과 의미를 살펴보면 다음과 같이 정리할 수 있다.

1단계: 상대방과의 접촉을 피하고 일종의 관찰자가 되어 원래의 목적을 다시 생각하게 하는 것이다.
2단계: 상대방의 욕구를 인정하고 적극적으로 듣는 긍정적 의사소통으로 상대방에게 다가가는 것이다.
3단계: 개방형, 문제해결형 질문을 하거나 게임의 룰을 직접 협상하여 상대방의 전술을 재구성하도록 하는 것이다. 예를 들어 상대방이 공격해 온다면 공격을 무시하고 자신이 아니라 문제에 대한 공격으로 돌리고, 공통의 목표와 이해관계를 보여주는 비대결적 용어로 고쳐준다.
4단계: 설득의 단계이다. 상대방을 모두의 이해관계를 언급하는 합의를 만드는 데 참여하도록 하고, 상대방에게 합의의 정당성을 제공하여 구성원들에게 면을 세울 수 있게 한다.

5단계: 자신의 BATNA를 강화하고 상대방이 자신의 BATNA가 무엇인지 알게 하며, 합의가 이루어지지 않으면 그 결과를 생각해보게 한다.

사례 4.4. 중고차 매매 협상 사례

자동차를 신차로 살 수도 있지만 상태 좋은 중고차를 저렴하게 사서 오랫동안 사용할 수 있다면 매우 만족스러울 것이다. 그러나 중고시장에서 좋은 마음에 드는 중고차를 골라 산다는 것이 그리 쉬운 것은 아니다. 사고 난 차도 수리하여 얼핏 보면 잘 모르기도 하고 자동차 부품이나 엔진 상태 등이 좋은 것인지는 자동차 정비사가 아니면 잘 모르기 때문이다. 자동차를 타다가 중고차로 매각하려는 입장에서는 가능하면 비싼 값을 받고 중고차를 팔고 싶어 한다. 그러나 중고시장에서는 이러저러한 약점들을 들추어내어서 가격을 많이 깎아내리기가 일쑤이기 때문에 판매자는 전략과 협상을 잘해야 한다.

K는 4년 정도 탔던 2011년식 YF 소나타(실버, 선루프)를 중고시장에서 팔고 다른 신차를 구입하려고 한다. K는 2011년식 YF 소나타의 오프라인 중고상과 온라인 중고상을 통해 기본 정보를 탐색했다. 심지어는 해외 중고시장까지 정보를 확인했다. 오프라인 시장매입 가격대가 700~800만 원대이고 판매가는 850~950만 원대이므로 중고차 딜러들은 적게는 50만 원 많게는 250만 원까지 이익을 남길 수 있는 구조이다.

이제 K는 2011년식 중형차 매매를 위해 중고 매매상을 방문했다. 판매 가격을 높이기 위해 강점을 부각하는 전략을 세웠다. 자기 차량이 동 매물 년식에 비해 마일리지가 짧다는 것이고 해외에서 선호색상인 실버이며 선호 옵션인 선루프를 장착하고 있음을 강조했다. 또한, 최근 네비게이션을 달았고 휠도 교체했다는 것이다.

반면 중고상 A는 차량의 단점을 부각하려고 노력했다. 말하자면 동급 완전 풀 체인지 모델이 시장에 출시되었다는 점, 중고상들이 2~3년 된 연식을 선호하지만 K 차량은 4년 정도가 되었다는 점, 국내 선호

색은 흰색과 검은색인데 K 차량은 실버색이라는 점, 단순 교환(보험 처리 기록) 이력이 있다는 점이 K 차량의 단점이라고 중고상 A가 지적했다.

중고상 A는 신형 모델 또한 중고시장에서 속속 나온다며 700만 원 이상 가격을 주기 어렵다고 했다. 이 가격은 예측되는 시장 가격 850~950만 원, 온라인 예상 가격 950만 원 이상에 크게 못 미치는 금액이었다. K는 기대 가격을 시장 가격 마지노선인 900만 원으로 제시했지만 제시 가격의 차이가 커 1차 협상이 결렬되었다.

K는 1차 협상에서 별로 좋은 조건으로 매각할 수 없음을 알고 그 대안으로서 온라인을 통한 해외 판매상으로 눈을 돌렸다. 현 시장 가격보다 100만 원 정도 더 받을 수 있음을 시장조사로 알았지만 단순 전화 상담으로는 중동 선호 색상(실버) 및 옵션(선루프)에 의해 최대 950만 원까지 제시하여 구미가 당겼다. 그러나 K는 추가 감가(현장검증)를 100만 원까지 예상했다. 왜냐하면 온라인상은 추가로 최대 100만 원까지 감가를 한다는 사례가 많기 때문이었다. 온라인상이 인천에 소재하므로 지방에서 인천까지 차를 가지고 가고 돌아올 때 교통비 등을 고려하여 50만 원이 추가로 소요된다는 것도 고려했다. 그래서 최종적으로 2차 기대 가격을 800만 원으로 설정했다.

온라인상으로 거래하기 전에 좀 더 안전한 오프라인을 다시 한번 알아보았다. 다른 오프라인 중고 매매상을 한두 곳(B, C) 연락하여 가격을 타진해 보았으나 제시하는 매입가는 710만 원을 넘지 못했다. 그래서 2~3차에 걸쳐 오프라인 매매 협상을 시도했지만 결렬되었다.

드디어 K는 다시 인천에 있는 온라인상 D(수출 차량 판매)에게로 눈을 돌렸다. 이번에 K는 장점을 부각하기 위해 온라인상에 변형 거래를 제안했는데 사진 및 영상 사진을 전송했다. K는 서로의 원원을 위해 매매 대상을 부품, 옵션 세부항목 이외의 거래 방법 등까지 모두 제시했다. 또한, 감가 수준도 사전에 확인하며 상태 점검을 위해 방문한다면 비용을 자신이 별도 부담하겠다고 했다.

D는 방문 점검 비용 20만 원을 요구하고 추가로 감가상각 예정 80

만 원을 제시했다. 이렇게 해도 K는 850만 원의 매매 가격을 예상하게 되어 흔쾌히 방문 견적을 수락했다. D가 방문하여 점검한 결과 추가 감가 요소가 발생했다. D는 선팅과 오일에서 20만 원이 더 감가해야 한다고 주장했고 K는 이를 수용하여 결국 100만 원의 감가상각으로 결정되었다. 결과적으로 감가 100만 원 방문 점검 20만 원을 합쳐 원래 제시 가격인 950만 원에서 차감하여 830만 원에 합의를 했다.

최종 가격 830만 원은 오프라인 가격인 710만 원보다 120만 원이 높은 가격으로 K는 크게 만족했다. A, B, C는 지속적으로 단점만을 들추어내어 가격 인하를 요구했으나 D는 전향적인 자세였기 때문에 윈윈의 결과를 얻을 수 있었다. 물론 온라인 매매가 오프라인 매매보다 현장 감가를 많이 했으나 잘 활용함으로써 높은 가격에 중고차를 매각할 수 있었다.

출처: 원창희(2016), pp.116-118

[생각해볼 점]

4-6 질문

1. 상대방이 감정적이고 공격적일 때 극복하는 방법을 설명하라.
2. 상대방이 더 힘이 셀 때 극복하는 방법을 설명하라.

제5장
협상코칭의 절차와 스킬

5-1. 협상코칭의 이해와 준비

가. 협상코칭의 기존 연구

갈등코칭이 시작된 것은 두 가지 방향에서 이루어졌다. 하나는 경영자코칭에서 갈등관리를 주제로 다룬 1994년이었고 다른 하나는 조정에서 한 당사자만 참여하는 경우 1대1 갈등해결 과정을 거칠 필요성을 호주의 매쿼리대학에서 제기한 1993년이었다. 어떤 방향에서 왔든 갈등코칭은 25년 정도의 역사를 가지고 발전되어왔다.

협상코칭은 이러한 역사적 발전과정을 찾아보기 어렵지만 여러 실무자가 비즈니스로 제공하고 있는 현실을 볼 때 매우 최근에 시작된 것으로 보인다. 협상지도협회(Negotiation Guidance Associates, NGA)가 2009년 초부터 포스팅을 시작한 것으로 보아 협상코칭이 최소한 10년의 역사가 있음을 알 수 있다.[1]

협상코칭의 개념도 찾기가 매우 어려운데 두 가지 사이트에서 찾아볼 수 있다. NGA에서는 협상코칭의 정의를 정확하게 내리지는 않지만 협상코칭이 어떤 것이라는 구체적인 설명을 제공하고 있다.[2]

"협상코칭은 협상을 계획하고 자신의 스킬을 향상시키고 결과를 높이기를 원하는 자와 협력적 협상의 경험이 있거나, 원칙 협상에 익숙하거나, '협상 시작하기' 세미나에 참석했던 개인이나 소규모 팀을 돕는다."

또한, 협상 코치는 협상가들이 다음의 사항을 이행하는 데 도움을 주는 일을 한다.

- 협상의 전략적 접근을 설계하기
- 특히 상대방에 집중해 협상상황을 진단하기
- 갈등의 새로운 관점을 개발하기
- 커뮤니케이션 계획을 개발하기
- 모든 당사자에게 가치를 극대화하는지 옵션을 평가하기
- 협상을 지지하기 위해 개발해야 하는 새로운 정보를 식별하기
- 스킬과 자신감을 증가시키기
- 협상 기간 동안 어려운 행동, 장애물, 변화에 대비한 계획

한편 John Curtis는 자신의 웹사이트에서 협상코칭의 개념을 다음과 같이 정리하고 있다.[3]

"협상코칭은 경험이 많은 코치가 당신의 커뮤니케이션과 설득 스킬을 향상시켜 주기 위해 당신과 함께 일하는 1대1 과정이다. 협상 코치는 명확

---

[1] "Dr. Sanders Joins NGA"라는 포스팅이 2009년 1월 5일에 실려 있다. 다음의 웹사이트 참조. https://negotiationguidance.com/2009/01/05/dr-sanders-joins-nga/
[2] https://negotiationguidance.com/about/negotiation-coaching/ 웹사이트에서 참조.
[3] John Curtis, "Negotiation Coaching," https://www.johncurtis.ca/services/negotiation/ 참조.

하고 설득적인 화자와 주의 깊은 청취자가 되는 필요한 원칙과 기법을 당신에게 가르쳐 주고, 역할연기와 실습을 통해 당신에게 자신감을 심어 줄 것이다."

John Curtis가 정의를 내린 협상코칭의 주요 특징을 살펴보면 다음과 같다.

- 코치가 서비스를 제공
- 커뮤니케이션과 설득 스킬을 향상
- 코치와 고객의 1대1 과정

나. 협상코칭의 개념과 요소

2장 갈등코칭에서 내린 갈등코칭의 정의를 보면 다음과 같다.

"갈등코칭이란 코치가 갈등상황에 있는 고객으로 하여금 갈등을 해결할 스킬과 전략을 구사하는 능력을 개발하도록 지원하는 양자 간의 1대1 의사소통을 말한다."

이러한 협상코칭과 갈등코칭의 정의와 관련한 여러 가지 자료를 참고하여 이 책에서 협상코칭을 학습하기 위해 사용할 새로운 정의를 제안할 필요가 있다. 갈등코칭과 유사하게 협상코칭에서 포함하고 있는 주요 요소를 정리하면 다음과 같다.

주체: 코치
객체: 고객(개인, 집단)
문제: 분쟁(협상 쟁점)
목표: 해결(협상 성공)
도구: 스킬, 전략

대상: 고객 능력(자신감)
　　방법: 1대1, 1대 다수 의사소통

　이 협상코칭의 요소를 잘 결합하고 갈등코칭의 정의도 참조하여 협상코칭의 정의를 다음과 같이 제시한다.
　"협상코칭이란 코치가 분쟁이나 쟁점에 대해 협상을 원하는 고객으로 하여금 협상을 성공적으로 완수할 스킬과 전략을 구사하는 능력을 개발하도록 지원하는 1대 1 또는 1대 다수 의사소통을 말한다."
　여기서 협상은 개인 간 협상도 있지만 집단적 협상도 다루게 된다. 그래서 1대1뿐 아니라 1대 다수의 의사소통이 필요하다. 위에서 나열된 협상코칭의 요소 중 (　)안의 단어는 추가 또는 대체해서 사용할 수 있는 것들이다.
　우리는 이 대목에서 갈등코칭과 협상코칭의 차이점은 무엇인가 하는 질문을 해보지 않을 수 없다. 그래서 갈등코칭과 협상코칭의 차이점을 <표 5-1>에서 정리했다.

〈표 5-1〉 갈등코칭과 협상코칭의 차이점

	갈등코칭	협상코칭
참여 규모	개인 간 갈등	개인 간 또는 집단 간 협상
코칭 형태	1대1 코칭	1대1 또는 1대 다수 코칭
코칭 문제	갈등	분쟁 또는 쟁점
문제해결방법	갈등관리	협상
코칭 목표	갈등해결	협상 성공
코칭 스킬	경청, 질문, 비전, 관계	경청, 질문, 설득, 합의

　<표 5-1>에서 보는 바와 같이 갈등코칭과 협상코칭의 근본적 차이점은 갈등코칭이 갈등상황에서 갈등해결을 목표로 코칭을 하는 데 반해 협상코

칭은 정해져 있는 협상의 틀에서 협상의 성공을 목표로 코칭을 한다는 점이다. 또한, 갈등코칭이 주로 개인 간 갈등을 대상으로 하지만 협상코칭은 개인 간 협상뿐 아니라 집단 간 협상도 중요하게 다룬다는 점도 중요한 차이다.

다. 협상코칭의 방법과 성과

잠재 고객이 협상코칭에 대해 궁금해할 것이기 때문에 협상코칭이 어떻게 이루어지는지 질문으로서 정리해보면 다음과 같다.[4]

- 협상코칭이란 무엇인가?

  협상코칭은 훈련된 코치가 협상을 원하는 고객에게 협상을 성공적으로 완수하는 데 필요한 스킬과 전략을 구사할 능력을 개발하도록 지원하는 1대1 또는 1대 다수의 과정이다.

- 고객은 코치에게 무엇을 기대하는가?

  코치는 고객의 목표 달성을 도와줄 뿐 아니라 건설적인 방법을 제공하고, 상호 합의된 시간과 장소에서 만나 대화하고, 단계적 절차를 사용하고, 고객의 코칭이 진척되고 있는가를 정기적으로 점검한다.

- 코치는 고객에게 무엇을 기대하는가?

  코치는 고객이 자신의 협상과 목표에 관한 정보를 공유할 의지와 정직성을 기대한다. 코치는 이 과정의 성공을 위해서 협력적 관계를 기대한다. 고객이 불편한 사항이 있으면 문제를 개선하기 위해 코치에게 알려주기를 기대한다.

---

[4] 갈등코칭의 궁금한 질문을 정리한 Noble(2012), pp.84-101을 협상코칭에 응용하여 정리했다.

○ 교육 훈련을 이수해야 하는가?

협상코칭이 공식적으로 시작하기 전에 협상의 사전 교육을 받기를 권장한다. 고객의 협상 관련 지식과 전문성에 따라 기본 교육 또는 전문 교육을 이수하도록 계획되어 있다.

○ 해야 할 과제는 있는가?

고객은 협상 단계 사이에 어떤 과제에 대해 일해야 한다. 이 과제는 고객이 목표를 향해 발전할 수 있도록 도움을 주게 된다.

○ 코칭 회의는 얼마 동안인가?

회의 시간은 획일적이지 않고 매우 다양하다. 회의 시간의 1회에 30~60분이다. 코치는 고객이 집중할 수 있는 에너지를 잘 고려해서 회의 시간을 설정해야 한다. 얼마나 자주 회의를 하느냐는 협상 진행의 속도나 시급성, 고객의 시간 여유, 코치의 일정 등을 종합적으로 판단하여 결정될 문제이다. 별다른 시급성이 없다면 1주일 1~2회가 적절할 것으로 보인다. 각 회의의 말미에 5~10분은 그날의 코칭 회고, 다음 일정과 과제 등에 대해 의논하도록 마련할 필요가 있다.

○ 코칭 기간은 얼마나 오래 걸리나?

회의를 몇 번이나 해야 할지를 명확하게 정하기는 어렵다. 회의 횟수에 영향을 미치는 여러 요소를 고려하여 코칭 기간은 예측될 수 있다. 요소들을 고려하더라도 실질적 진전을 만들기에는 한두 번의 회의로는 어렵다. 조직 내부에서 코칭 기간이 제한되어 있을 수도 있고 외부 코칭을 이용할 경우 예산제약으로 코칭 기간이 제한될 수도 있다. 코칭 기간에 대한 고객의 여러 가지 우려에 대해 코치는 의논하고 지원할 기회를 가져야 한다.

○ 계약에 서명해야 하는가?

잠재 고객은 계약의 법적 의미에 대해 질문하거나, 그들의 경력 개발에 반영될 수 있는 인사 파일에 코칭 정보가 남는 데 대한 우려를 표명할 수도 있다. 계약은 구두로 하거나 서면으로 할 수 있는데 전문적 코칭은 서면으로 이루어지는 것이 보편적이다. 계약항목은 코치와 고객의 역할과 책임, 비밀유지의 약속, 자발성, 약속 시각과 횟수 등 행정 사항 등을 포함한다.

○ 평가 도구를 사용하는가?

평가 도구의 사용에 대한 질문은 주로 진전과 성공을 어떻게 평가하는지에 대한 질문이다. 이 질문은 잠재 고객보다는 후원자나 조직이 더 물어보는 경향이 있다. 많은 조직은 협상 행동이나 커뮤니케이션 스킬을 포함하는 일련의 특성을 평가하는 도구를 사용한다. 고객의 목표와의 관련성에 따라 그 결과가 코칭에 사용될 수도 있다. 협상 관련 스타일과 반응을 평가하는 도구가 선호될 수도 있다.

라. 협상코칭의 착수 단계

협상코칭의 사전 교육을 통해 코칭을 받기로 했다면 시작하기 전에 착수해야 할 일이 몇 가지 있다. 고객의 상황과 수준에 따라 코치가 세워야 할 목적을 다음과 같이 정해야 한다.[5]

- 사전 교육에서 시작된 친밀감을 형성하는 것
- 코칭 모델에 대해 정보를 제공하는 것
- 코칭이 무엇이고 무엇이 아닌지에 대해 고객이 이해하도록 하는 것
- 고객과 코치의 역할과 책임을 고객이 이해하도록 하는 것

---

[5] 착수 단계의 내용은 Noble(2012), pp.101-103의 내용을 발췌하여 활용했다.

- 코칭에 대한 화제의 제한을 확실히 하는 것
- 예약과 코칭의 날짜와 기간을 설정하는 것
- 코칭의 형태를 확실히 하는 것
- 코칭 합의를 검토하고 서명하는 것
- 코칭 의뢰의 계약 조건을 확실히 하는 것
- 첫 번 회의에 대해 고객을 준비시키는 것
- 고객의 질문에 대답하는 것

이 코칭 의뢰의 계약 조건은 간단한 설명이 필요하다. 코치가 의뢰받는 방법은 여러 가지이다. 외부 코치는 합의서, 의뢰서, 또는 제안서를 작성하여 의뢰를 시작하고 내부 코치도 코치, 고객, 후원자(있을 경우)에 의해 합의된 조건에 따라 서면계약으로 의뢰가 시작된다. 외부 코치의 의뢰서(retainer letter)는 대면 회의에서 합의한 내용에 따라 서면을 쓰는 형식인데 코칭의 기간과 시간 횟수를 명기하고 시작일과 종료일도 명기한다. 시간당 요금과 기한 경과 시 체불 요금의 가산 이자도 정해야 하고 고객이 시작 전 몇 시간 안에 회의를 취소한다면 몇 분의 요금이 청구된다는 것도 알려야 한다. 또한, 비밀유지의 조건들도 코칭 계약서에 따른다는 내용도 포함되어야 한다.

[생각해볼 점]

5-1 질문

1. 협상코칭의 요소와 이를 이용한 정의를 서술하라.
2. 갈등코칭과 협상코칭의 차이점은 무엇인가?

5-2. 협상코칭의 절차

가. 해외 협상코칭 절차 모델

갈등코칭의 절차는 2장에서 보았듯이 여러 가지의 모델이 개발되어 운영되고 있지만 협상코칭의 절차는 거의 찾아보기 힘들다. 존스·브린커트(Jones & Brinkert, 2008)의 CCC 모델에서는 갈등을 풀어나가는 적용 방법의 하나로서 협상을 언급하고 있다. 협상코칭에 대해 연구된 저서나 논문은 찾기 어렵다. 그러나 개업하여 실무적으로 협상코칭을 제공하고 있는 교육 훈련, 컨설팅 기업은 상당수에 이르는 것으로 보인다. 이들이 협상코칭을 개발해온 접경영역을 보면 흥미로운 사실이 발견된다. 원래의 코칭 전문 기업은 기업/조직 코칭으로서 비즈니스, 인사관리, 직업 역량 등을 다루고 개인 코칭으로서 커리어, 학습, 가족관계, 라이프 등을 다루고 있다(이소희, 길영환, 도미향, 김혜연, 2016, p.99). 이들 코칭 전문 기업이 기업/조직 코칭의 한 주제로서 협상코칭을 취급하고 있을 수는 있으나 거의 발견되지 않는다.

반면 협상의 교육, 멘토링, 컨설팅을 하는 기업들이 협상코칭의 영역을 확대하여 그 서비스를 제공하는 경우는 상당수 발견된다. 그러나 이들 기업마저도 협상코칭을 제공하고는 있으나 어떻게, 어떤 절차로 하고 있는지를 정리해서 설명하고 있지 않다. 숙련된 협상 코치를 고용하여 전문적인 협상코칭을 제공하는 기업은 협상지도협회(Negotiation Guidance Associates, NGA)이다. 여기서는 NGA의 협상코칭 절차 모델을 소개하려고 한다.

1) NGA 협상코칭 사전준비 단계

협상코칭을 하기 전에 두 가지 종류 중 하나의 1일 세미나를 이수하기를 권장한다. 첫 번째 세미나는 '협상 시작하기(Step Up to Negotiation)'

이고 두 번째 세미나는 '협상 기술 향상(Advancing the Art of Negotiation)'이다.

(1) 협상 시작하기

협상 시작하기는 NGA가 제공하는 1일 세미나이다. 실무전문가들이 성공적 협상 전략을 수립하는 방법을 알려준다. 이 전략들은 비즈니스 경영자, 엔지니어, 과학자들이 자신의 협상 스타일을 이해하고, 자신감을 가지고, 대결에서 문제해결로 전환하는 방법을 배우는 데 도움을 주도록 고안되어 있다. 이 세미나에서 다루는 5가지 주제는 다음과 같다.

① 왜 협상을 하는가?
협상이 언제 필요하고 협상의 대안이 무엇이 있을지 이해하기 위해 이 주제를 탐구한다.

② 공통의 협상 실수
10가지의 협상 실수를 설명한다. 교육생들은 이 실수를 토론하고 개선 방법을 제안한다.

③ 협상 전략의 빌딩 블록(Building Blocks)
세 가지의 협상 전략(경쟁적·협력적·통합적)을 학습하고 이 중에서 어떤 전략이 상황에 맞는지 조사하고, 자신에게 불리하게 사용되는 전략을 진단하는 방법을 토론한다. 비생산적인 전략에서 생산적인 전략으로 전환할 수 있는 방법을 검토한다.

④ 협상 준비 방법
참석자들이 가장 중요한 계획 도구를 준비하기 위해 함께 작업을 한다. 계획은 성공적 협상에 필수적이며 모든 사람은 이 토론에서 많은 것을 얻는다.

⑤ 협상에서 표현하는 방법

여기서는 커뮤니케이션 스킬을 배운다. 고객의 대부분이 듣기와 표현력을 증진할 필요가 있다고 하므로 모든 사람이 능력을 제고할 실습 기회를 제공한다.

이러한 주제의 1일 세미나 일정의 예를 <표 5-2>에서 볼 수 있다.

〈표 5-2〉 협상 시작하기 일정표

세션	시간	내용
오전 세션	8:30 – 9:30	소개
	9:30 – 10:15	왜 협상을 하는가?
	10:15 – 10:30	휴식시간
	10:30 – 11:15	공통의 협상 실수
	11:15 – 12:00	협상 전략의 빌딩 블록
	12:00 – 1:15	점심식사
오후 세션	1:15 – 2:15	협상에서 표현하는 방법
	2:15 – 2:30	휴식시간
	2:30 – 3:30	협상의 준비 방법
	3:30 – 4:45	협상 실습과 평가

(2) 협상 기술 향상

참가자들이 다자 간 협상을 준비하고 있거나 협상의 스킬이 있는 협상팀을 운영하고 있는 경우 협상 기술 향상 세미나를 제공하고 있다. 협상 기술 향상 세미나는 경험이 있는 전문가들이 자신의 협상 스킬을 개발하고 효과적으로 협상할 능력을 증진하기 위해 고안되어 있다. NGA는 두 가지의 형태로 이 세미나를 제공하고 있다.

① 다자 간 협상

다자 간 협상은 2일 세미나로서 복잡한 다자 간 분쟁의 환경에서 협상을 강조하면서 갈등을 해결하는 기본 원리를 탐구한다. 참석자들은 이해관계자와 협상 의지를 평가하는 것에서부터 경쟁에서 협력으로 협상을 전환할 전략을 개발하는 것에 이르기까지 다자 간 협상의 모든 측면에서 그들의 지식을 심화시키고 스킬을 향상시킨다.

② 천연자원 협상

천연자원 협상은 3일 세미나로서 2일간의 스킬과 훈련을 실시한 후에 3일 차에는 참석자와 후원자에게 특별한 이해가 있는 천연자원을 협상하는 주제를 다룬다. 3일 차는 참석자들이 처해 있는 협상 상태를 식별하고 명확히 하기 위해 후원자와 협의하여 과정을 개발한다.

협상 시작하기나 협상 기술 향상 세미나를 이수하고 난 다음 '세미나 후 세션(the after-seminar session)'을 선택할 수 있다. 세미나 후 세션은 1대1 대화에서 강사와의 토론을 계속할 수 있다. 세미나 후 세션은 협상코칭 경험을 소개하는 것인데 이 세션의 비용은 세미나 가격에 이미 포함되어 있다. 만약 협상 코치와 대화하기로 결정한다면 협상팀은 그 코치에게 특별한 협상을 소개하고 준비를 시작할 수 있다. 그래서 세미나 후 세션의 목적은 협상 코치를 원하는 사람에게 필요한 코칭 유형에 관한 결정을 하도록 도와주는 것이다. 참석자들은 자신의 지식, 협상 시작하기 세미나에서 배운 교훈, 강사의 전문성을 활용하여 특별한 전략과 협상 플랜을 검토할 수 있다. 협상가나 협상팀과 최종적으로 코칭을 하는 협상 코치는 강사 한 사람이 아닐 수도 있고 직접 주제의 전문성이 있는 NGA의 위원일 수도 있다.

2) NGA 협상코칭 프로그램

NGA에서 제시하는 협상코칭의 절차는 다음과 같이 7단계로 구성되어 있다.[6]

    1단계: 결합 회의
    2단계: 시작과 계약 회의
    3단계: 분쟁 평가
    4단계: 협상 전략 수립
    5단계: 협상 계획 수립
    6단계: 협상 계획 실행
    7단계: 진행 평가

1단계: 결합 회의

결합 회의는 협상 시작하기 세미나를 종료한 직후에 완성되기도 한다. 그러나 대부분 포스트 세미나 토론은 코치와 협상가를 결합시키는 과정의 시작이 된다. 이 회의를 함으로써 모든 사람은 코칭 과제의 목적과 방향을 부여받게 된다. 협상이 팀이라면 책임자가 이 회의에 반드시 참여해야 한다. 코치, 협상가, 책임자가 비밀유지를 토론하고 주제 문제를 어떻게 보호할지를 합의한다.

2단계: 시작과 계약 회의

이 회의에서 코치와 협상가는 비밀유지, 책임성, 그리고 대표에 대한

---

[6] 협상코칭의 7단계 모델은 NGA에서 사용하고 있는 프로그램이며 Koone(2010)의 모델을 참고했다는 것을 NGA에서 밝히고 있다.
https://negotiationguidance.com/coaching-program/negotiation-coaching-program-details/ 참조.

진행 상황 보고에 대해 토론한다. 코치와 협상가는 전체 코칭 프로그램을 이끌어갈 계약 조건에 합의한다. 계약 조건에 합의한 다음 공식 코칭 프로그램이 시작된다.

3단계: 분쟁 평가

코치와 협상가는 당사자들 각자를 평가할 것이다. 각 당사자가 협상해야 할 동기의 이해, 협상의 가능 대안, 협상력의 자원, 초기 협상의 성과에 대해 강조할 것이다.

4단계: 협상 전략 수립

분쟁의 평가를 토대로 협상가와 코치는 가능한 전략을 토론한다. 어떤 전략이 조직의 목적에 가장 적합한지를 결정하게 된다. 코치와 협상가는 현재 분쟁 상황에서 강점과 약점을 비교하면서 잠재적 전략을 평가한다. 협상가와 코치는 조직이 선택된 전략을 충분히 지원할 것인지를 확인하기 위해 대표자와 그 선택 전략을 협의할 것이다.

5단계: 협상 계획 수립

전략이 선택되면 협상가와 코치는 그 전략을 수행하는 데 가용한 자원을 평가해야 한다. 앞의 4단계와 5단계가 서로 연결되고 동시에 일어날 수도 있다. 협상 계획의 일부는 협상팀의 다른 회원을 선택하고 그들의 역할과 책임을 이해하는 것도 포함할 것이다.

6단계: 협상 계획 실행

협상가와 코치는 실제 협상에서 배우는 교훈에 토대해서 계획을 수립해야 한다. 협상이 시작되기 전에 또는 계획과 협상의 동시 진행 시나리오에서 계획이 완성될 때 코치는 협상가를 관찰하고 피드백을 줘야 한다. 어떤 경우에도 코치는 실제 협상을 수행해서는 안 된다. 실제 협상은 협상가, 대표, 조직의 책임이다.

7단계: 진행 평가

코치는 협상가와 대표에게 협상 진행 상황에 대해 자주 피드백을 보내야 한다. 이것은 협상가에 의한 성과의 개선을 포함한다. 코치는 코칭 프로그램의 개선에 관해 협상가와 대표에게서 의견을 받을 필요가 있다.

나. 한국형 OASDAC-N 협상코칭 절차 모델

우리가 사용할 협상코칭의 절차 모델을 창조하기 위해 몇 가지 고려해야 할 사항이 있다. 해외에서 협상코칭 절차 모델이 있다면 그 적절성을 검토해서 반영하고 해외 갈등코칭 절차 모델도 검토할 필요가 있다. 또한, 앞의 2장에서 개발한 OASDAC 갈등코칭 절차 모델을 어떻게 활용할 수 있을지도 검토해야 한다. 결론적으로 말하면 갈등에 포커스를 맞춘 OASDAC 절차 모델을 협상에 포커스를 맞추면서 해외 NGA 협상코칭 절차 모델을 고려하여 결정할 수 있다. 특히 NGA 협상코칭 절차 모델에서 분쟁의 평가와 협상 전략 개발은 참조할 필요가 있다. 그래서 갈등코칭과 같은 약자로 쓰되 다른 단어를 이용하여 OASDAC-N 모델을 제안한다. 여기서 N은 Negotiation(협상)을 의미한다.

[OASDAC-N 모델]

1단계: 코칭 오프닝(Opening Coaching)
2단계: 협상상황 분석(Analyzing Negotiation Context)
3단계: 고객 목표 설정(Setting Goal)
4단계: 협상 전략 개발(Developing Negotiation Strategy)
5단계: 액션플랜 수립(Action Planning)
6단계: 코칭 클로징(Closing Coaching)

〈표 5-3〉 OASDAC-N 모델의 세부 절차

주요 단계	세부 단계
1단계: 코칭 오프닝 (Opening Coaching)	1-1. 라포 형성
	1-2. 코칭 안내
	1-3. 고객 니즈 확인
2단계: 협상상황 분석 (Analyzing Negotiation Context)	2-1. 협상상황 파악
	2-2. 협상상황 분석
3단계: 고객 목표 설정 (Setting Goal)	3-1. 고객 니즈 재확인
	3-2. 고객 목표 설정
4단계: 협상 전략 개발 (Developing Negotiation Strategy)	4-1. 협상 전략 옵션 평가
	4-2. 최선 협상 전략 도출
5단계: 액션플랜 수립 (Action Planning)	5-1. 액션플랜 수립
	5-2. 액션플랜 로지스틱
6단계: 코칭 클로징 (Closing Coaching)	6-1. 리허설과 피드백
	6-2. 자신감과 결심
	6-3. 코칭 평가

1단계: 코칭 오프닝

1-1. 라포 형성

협상코칭을 받기 위해 사전에 오리엔테이션이나 교육을 받았다 해도 정식으로 코칭을 받으려면 코치와 고객 간 관계 형성이 중요하다. 갈등코칭에서와 같이 협상코칭에서도 라포(rapport, 친밀감) 형성을 위한 노력이 필요하다. 협상이나 조정을 할 때도 라포 형성을 위해 아이스브레이킹을 하기도 하는데 지속해서 커뮤니케이션을 해야 할 사이라면 어느 경우라도 라포 형성을 위해 노력해야 한다. 특히 고객을 코칭 광장으로 이끌고 나와야 할 코치라면 이에 대한 신경을 써야 한다. 친밀감이 잘 형성되어 있을수록 코칭이 잘 진행될 수 있음을 기억해야 한다.

협상 코치는 고객과 대화를 시작하면서 날씨나 환경에 대한 의견 교환, 주위나 배경의 정보 교환, 가족이나 직장의 근황에 대한 대화 등 주변적인 이야기들을 나눔으로써 서로 거리감을 좁힐 수 있다. 코치는 또한 이러한 대화를 통해 고객의 의사소통 스타일과 성격을 파악함으로써 향후 코칭에 참고할 수 있다. 반대로 고객은 코치와의 이러한 대화를 통해 편안함과 믿음직함을 느낄 수 있다면 1단계에서 목표로 하는 성과를 얻었다고 할 수 있다.

중요한 협상을 하고 있는 중이거나 그러한 협상을 앞두고 있는 고객이 코칭을 받아 좋은 성과를 내려는 용기에 대한 칭찬과 감사의 말씀을 전할 필요가 있다. 고객이 불안감을 해소하고 밝은 마음으로 전개해 갈 준비를 하는 것은 매우 중요한 시작이다.

1-2. 코칭 안내

어느 정도 라포가 형성되었으면 시간을 지체하지 않고 코칭을 시작해야 한다. 협상코칭은 무엇인지, 무엇을 하려는 것인지, 왜 그렇게 해야 하는지에 대해 먼저 배경을 알리고 기본적 이해를 하도록 설명할 필요가 있다. 그다음은 어떤 절차로 진행될지 자세히 설명하고 궁금한 점이 있으면 질문을 하게 하여 이해가 부족한 부분은 시간을 더 할애하여 보충 설명을 해야 한다. 특히 협상코칭을 받고 나서 고객이 어떤 혜택을 받을지, 어떤 결과를 얻을 수 있을지에 대해 이해할 수 있도록 의견을 나누어야 한다.

코칭 안내에서 보다 더 중요한 것은 코치와 고객의 역할에 대한 설명이다. 코칭의 주체는 코칭을 받는 고객이다. 조정에서 가장 중요한 원리의 하나가 자기결정(self determination)이듯이 코칭에서도 고객이 자발적으로 참여하고 스스로 결정을 내리는 자기결정이 중요함을 이해시켜야 한다. 코치는 고객이 스스로 결정을 내릴 수 있도록 지원하고 촉진하는 역할을 해야 한다. 가장 낮은 코칭은 학교에서 선생님이 학생에게 모두 알려주고 그대로 따라 하게 하는 것과 똑같이 코치가 고객에게 알려주고 이끌어가는 코칭이다. 가장 높은 코칭은 고객이 스스로 생각하고 깨닫고 결정하도록 도와주는 코칭이다. 고객이 코칭 과정에 적극적으로 참여하여 스스로 자신의 길을 찾아가는 코칭이야말로 가장 바람직한 코칭이다.

1-3. 고객 니즈 확인

어떤 물품을 구매하거나 서비스를 요청하는 고객은 그렇게 하는 이유, 즉 니즈가 있게 마련이다. 감기로 병원을 찾는 환자는 병을 치료하고 낫게 하려는 니즈가 있다. 소송을 제기하려는 사람이 변호사를 찾아오는 이유는 소장을 잘 써서 소송에서 이기려는 니즈가 있기 때문이다. 이와 마찬가지로 협상코칭도 이를 필요로 하는 고객이 협상코칭 서비스를 받으러 온 이유가 있다. 고객이 어떤 협상을 해야 하거나 협상을 하고 있는 상황에 처해 있음은 분명하고 그러한 협상을 어떻게 만족스럽게 처리하고 싶은지에 대한 고객의 니즈가 있기 때문에 코칭을 받으러 온 것이다. 그 니즈는 사람에 따라 다르고 목표, 전략, 방향, 방법, 시간 등에 있어서 다르게 나타날 수 있다.

협상코칭을 받는 고객의 니즈에 대한 예를 한번 들어보자. 어떤 실력 있는 IT 전문가가 내년 연봉을 책정하는데 자신의 능력에 상회하는 연봉

수준을 협상하기 위해 코칭을 원하고 있을 수 있다. 어떤 고객은 선친에게서 재산을 상속받는 데 매우 불리한 조건이 결정되어서 가사소송을 제기할지 협상으로 합당한 상속 지분을 확보할지를 선택하고 협상으로 한다면 그러한 지분을 확보할 수 있도록 코칭을 받기를 원할 수 있다. 또한, 어떤 전자부품회사가 원청회사와의 관계를 잘 유지하면서도 높은 부품단가를 합의해낼 방법을 찾기 위해 코칭을 원할 수 있다.

초기 단계에서 고객의 니즈를 파악한다고 해서 그 니즈에만 충실히 따라가지 않을 수도 있다. 왜냐하면 앞으로 협상코칭을 진행하면서 고객이 스스로 자신의 원래 니즈에서 벗어나 다른 방향으로 협상을 진행하고 싶은 마음이 생길 수 있기 때문이다. 코치는 초기 단계에서 파악된 고객의 니즈에 대해 어떤 평가를 내려서는 안 된다. 초기 니즈를 잘 확인하고 코칭이 진행되면서 그것이 바뀔 수 있을지에 대해 면밀한 주의를 기울여야 한다.

2단계: 협상상황 분석

2-1. 협상상황 분석

협상코칭의 기본적인 안내와 고객의 니즈를 확인했다면 이제 본격적으로 협상코칭을 시작할 준비가 되어 있다. 병원에 환자가 찾아왔다면 의사에게 병의 증세를 말해주듯이 고객은 코치에게 자신이 코칭을 받고 싶어 하는 협상상황에 대해 설명을 해주어야 한다. 고객이 설명하는 분쟁 상황은 연봉협상과 같이 쟁점이 명확한 경우도 있지만 어떤 경우에는 복잡하게 얽혀 있거나 자신이 기억하고 있는 단편적인 기억을 중심으로 묘사될 가능성도 있다. 코치가 분쟁 상황을 필요한 만큼 파악하려면 보다 더 자세한 사실과 고객의 느낌을 알아야 한다.

코치의 역할이 본격적으로 전개되는 시기는 이때부터일 것이다. 코치는 고객이 편안한 마음으로 자신의 분쟁 이야기를 할 수 있도록 들어주고 참고 기다려주는 인내심이 필요하다. 코치는 고객의 이야기를 듣지만 이를 판단하거나 분석하거나 의견을 말하면 안 된다. 아직 협상을 분석할 단계가 아니라 고객의 언어로 표현되는 분쟁 이야기를 그대로 들어주고 기록하는 초기 단계에서의 협상상황 파악이다. 그래서 기초 스킬인 적극적 듣기(active listening) 기법을 매우 중요하게 활용해야 한다. 코치는 물론 질문을 할 수 있다. 그 질문은 고객의 협상상황 설명 중에 불분명하거나 빠져 있는 부분에 대해 정확하게 알고 싶을 때 사용하는 것이지 고객의 깊은 심정 파악이나 협상의 분석을 위해 사용하는 것이 아니다. 보다 깊은 이해를 위한 질문은 그다음 단계에서 하면 된다.

여기서 유의할 사항 중 하나는 고객의 감정 처리에 관한 것이다. 고객이 협상상황을 설명하는 도중 감정이 격화되어 화를 내거나 울거나 두려움에 떨거나 하는 격한 감정에 휩싸이기도 한다. 이럴 경우 화를 내지 말라거나 울지 말라거나 두려워하지 말라는 등 감정을 억제시켜서는 안 된다. 자신의 솔직한 감정을 표출하여 카타르시스를 느낄 수 있다면 감정표출은 매우 중요한 과정이 될 수도 있다.

2-2. 협상상황 분석

앞에서 고객의 협상상황 스토리를 코치의 전문가적 눈으로 바라보고 평가할 필요가 있다. 말하자면 병의 증세 설명만 듣고는 정확히 병을 알아내기 어렵고 각종 검사를 실시하고 진단하여 최종 판정을 내리듯이 협상상황을 평가해야 한다. 그래서 협상상황 분석은 다음의 요소를 알아내고 그 맥을 잡아야 한다.

- 협상은 어떻게 시작되었는가?
- 협상의 원인은 무엇인가?
- 고객과 상대방은 반응을 어떻게 했는가?
- 고객과 상대방이 협상할 인센티브는 무엇인가?
- 고객과 상대방의 협상에서 가능 대안(BATNA)은 무엇인가?
- 고객과 상대방의 협상력의 원천은 무엇인가?
- 고객과 상대방은 커뮤니케이션을 어떻게 했는가?
- 초기에 협상이 있었다면 그 성과는 무엇인가?

협상의 발단에서 어떤 원인으로 어떤 반응을 거쳐 현재의 상태에 이르렀는지를 살펴봄으로써 협상의 역사성을 탐구할 수 있다. 협상상황 파악에서와는 달리 코치는 고객이 가는 대로 따라가거나 그대로 받아들이는 것이 아니라 복잡한 길을 헤치고 정리해 어떤 목적지를 찾아가야 한다. 협상의 요소들을 찾아야 한다는 목적의식을 가지고 질문과 응답을 통해 그곳을 찾아가야 한다. 협상을 하려는 인센티브, BATNA, 협상력의 원천, 커뮤니케이션, 협상의 성과 등은 협상에 임하는 협상가를 평가하는 중요한 요소가 된다.

협상가의 심리적 문제는 갈등상황에서 당사자 자신의 심리 문제만큼은 아닐 수 있다. 말하자면 자연 상태에서 상대방과의 갈등에서 오는 심리적 압박과 스트레스, 분노 같은 심리적 문제는 협상을 준비하는 협상가에게는 그 정도가 약할 것이다. 그러나 상대방에 대한 인식은 협상에서도 마찬가지로 중요하다.

상대방을 어떻게 인식하고 있는가는 자신의 프리즘으로 바라보는 이미지와 같아서 지극히 주관적이다. 협상 당사자는 대체로 적대감으로 상대를 인식하고 영화에서 아군은 착한 사람, 적군은 나쁜 사람으로 보듯이 고객의 무대에는 상대가 악당으로 등장해 있다. 이 대목에서 코치는 중립적·객관적인 시각으로 분쟁 당사자들의 상호관계를 보려고 노력해야 한다. 분쟁을 원만히 해결하려면 상대의 관점을 이해하는 것이 매우 중요하다. 그래서 코치는 고객이 상대의 관점을 이해할 수 있도록 질문과 역지사지 기법 등을 적극 활용할 필요가 있다. 결과적으로 고객이 자신의 주관적인 상대 인식에서 벗어나 상대방이 관점이 다르다는 것을 이해하도록 도와야 한다. 말하자면 고객이 좀 더 객관적인 시각을 가질 수 있도록 촉진하는 코치의 노력이 있어야 한다.

3단계: 고객 목표 설정

3-1. 고객 니즈 재확인

협상상황을 충분히 분석해보았다면 이제 결정해야 할 일은 어떤 목표로 나아갈 것인가이다. 이 목표는 고객의 니즈를 토대로 설정되어야 한다. 이 시점에서 오프닝 때에 확인했던 고객 니즈를 상기시킬 필요가 있다. 고객이 처음 코칭을 받기 위해 와서 표출한 자신의 니즈가 여전히 유효한지를 코치는 확인해 보아야 한다. 앞의 협상상황 분석 단계에서 니즈의 변화가 발생했는지를 살펴봐야 한다. 때때로 고객은 코치의 도움을 받아 분쟁과 협상의 요소를 찾아내고 차분히 평가하면서 자신이 원하는 바를 바꾸고 싶은 욕구가 생기기도 한다. 니즈의 변화가 반드시 좋다거나 바람직하다거나 하는 판단을 일률적으로 할 수는 없지만 고객이 자신의 협상상황을 분석하고 성찰한 이후에 발생한 것이기 때문에 협상 성공에 긍정적인 신호일 가능성이 크다. 특히 고객이 상대의 관점을 좀 더 이해하면서 니즈를 바꾼다는 것이 협상 성공의 가능성을 높이는 전환점이 될 수 있다.

3-2. 고객 목표 설정

고객의 초기 니즈가 그대로이든 어떤 변화를 가져와 새로운 니즈가 발생했든 그 현재의 니즈에 맞추어 분쟁 협상의 방향성을 잡아야 한다. 그것이 바로 고객 목표의 설정인 것이다. 그런데 때로는 코치는 질문과 대화를 통해 고객이 새로운 목표를 설정하도록 도움을 줄 수 있다. 어떤 경우이든 이제 나아가야 할 고객의 목표를 설정해야만 한다. 협상상황 분석에 기초해서 정확한 고객의 니즈에 맞는 목표를 설정해야 한다. 여기서 유의할 점은 고객의 자기결정권 원칙에 따라 스스로 목표를 설정하도록 코치가 도와야 하며 절대로 코치가 대신 결정해서는 안 된다는 것이다.

4단계: 협상 전략 개발
4-1. 협상 전략 옵션 평가

3단계에서 고객의 목표가 설정되었다면 이를 달성하기 위한 다양한 옵션을 제시하여 평가해 볼 필요가 있다. 협상 전략은 4장에서 검토했듯이 기본적으로는 두 가지가 있다. 목표 달성을 위해 분배적 협상 전략과 통합적 협상 전략의 두 가지 옵션을 먼저 검토할 필요가 있다. 분배적 협상 전략은 전통적 협상이나 입장 기반 협상이라고도 하는데 분배할 몫이 고정되어서 서로 많이 가져가는 제로섬 게임을 하고 처음에 정해놓은 자신의 입장을 계속 고수하는 협상 전략을 의미한다. 고객이 분배적 협상 전략 옵션을 선택할 경우 협상에서 유리한 고지를 점령하기 위해 자신이 가지고 있는 협상 자원을 검토하고 이를 어떻게 행사할 것인지 고려해야 한다.

이에 반해 통합적 협상 전략은 원칙 협상, 윈윈 협상, 또는 이해기반 협상이라고도 하는데 몫이 고정되어 있지 않고 당사자들의 협력적 자세에 의해 공통의 이해관계를 반영하는 창조적 옵션을 개발할수록 파이를 키우고 각자에게 돌아가는 몫도 커질 수 있다. 통합적 협상 전략에서는 자신이 이해관계와 상대방의 이해관계를 식별해서 양자의 이해관계를 모두 충족하는 합의안을 만들어내는 것이 중요하다. 고객이 통합적 협상 전략 옵션을 선택할 경우 자신의 목표 달성을 위해 상대방의 이해관계를 파악하고 상대를 만족시키면서 자신도 만족하는 협상 전략을 구사할 필요가 있다.

두 가지의 기본적 협상 전략에 국한하지 않고 두 가지 전략을 결합한 복합적 협상 전략(composite negotiation strategy)을 선호할 수도 있다. 일부 학자들은 협상이란 완전히 승패나 윈윈이 아니라 파이를 확대하더라도 결국 서로 나누어야 하기 때문에 경쟁과 협력의 전략이 복합되어 있다고 주장한다.[7] 복합적 협상 전략을 위한 권고 사항을 정리하면 다음과 같다 (Jones & Brinkert, p.218).

(1) 분배적 협상과 통합적 협상을 모두 마스터하라.
(2) 협력적으로 협상을 시작하도록 시도하라.
(3) 상대방이 분배적 협상을 시도하면 협력적 조건을 거듭 주장하라.
(4) 상대방이 계속 분배적 협상을 한다면 당신도 같이 분배적 협상을 해야 한다.
(5) 협력적 트랙을 취할 수 있다는 열린 마음을 유지하라.
(6) 신뢰는 당신이 선택해야 할 접근방법의 지표이다. 협력 스타일은 높은 신뢰를 요구한다.

복합적 협상 전략을 옵션으로 선택할 경우 먼저 신뢰를 보이면서 협력적으로 협상을 시작하다가 도저히 어려울 경우 분배적 협상으로 전환하는 방법을 선택할 수 있다.

4-2. 최선 협상 전략 선택

앞에서 개발한 세 가지의 협상 전략 중에서 어떤 전략을 최선의 전략으

---

[7] Watkins(1999), Lax & Sebenius(1986), Morley & Stephenson(1977) 등 참조.

로 선택할 것인가? 이것은 분쟁 상황의 특성과 상대방과의 관계에 따라 달라질 수 있을 것이다. 분쟁의 쟁점에 대한 이해관계가 서로 상충될 수밖에 없고 공통의 이해관계가 없다면 분배적 협상 전략을 선택하고, 공통의 이해관계가 많을수록 통합적 협상 전략을 선택하는 것이 바람직할 수 있다. 상대방과의 관계가 중요하고 신뢰가 필요하다면 통합적 협상 전략을 선택해야 하고 그렇지 않으면 분배적 협상 전략을 선택해도 상관없다. 이해관계가 상충되는 면도 있고 공통적인 부분도 있는 경우와 상대방과의 신뢰 관계가 협상의 결과에 따라 미래에 중요할 수도 있는 경우에는 복합적 협상 전략을 선택하여 상대방의 협상 전략과 그 강도에 따라 분배적 또는 통합적 전략을 유연하게 구사하면 된다.

5단계: 액션플랜 수립

5-1. 액션플랜 수립

이제 최선의 협상 전략 옵션을 실천할 구체적인 계획을 수립할 단계이다. 선택한 협상 전략을 위해 그에 맞는 적절한 준비와 절차 계획을 수립해야 한다. 세 가지 협상 전략별 준비와 절차 계획을 정리하면 다음과 같다.

(1) 분배적 협상 전략
○ 준비 계획
- 고객과 상대방의 입장이 무엇이고 강도가 어느 정도인지 조사한다.
- 고객과 상대방의 BATNA가 무엇인지 조사한다.
- 고객과 상대방의 협상력(협상 자원과 영향)을 조사한다.
- 협상의 목표를 설정한다.
○ 절차 계획
- 초기 접촉
- 정보 교환

- 교섭하기
- 마무리하기
- 합의도출

(2) 통합적 협상 전략

○ 준비 계획
- 고객과 상대방의 입장이 무엇이고 강도가 어느 정도인지 조사한다.
- 고객과 상대방의 이해관계가 무엇인지 조사한다.
- 고객과 상대방의 BATNA가 무엇인지 조사한다.
- 고객과 상대방의 공통의 목표가 있는지 조사한다.
- 협상의 목표를 설정한다.

○ 절차 계획
- 쟁점 선정
- 이해관계 식별
- 대안 개발
- 대안 평가
- 합의도출

(3) 복합적 협상 전략

○ 준비 계획
- 고객과 상대방의 입장이 무엇이고 강도가 어느 정도인지 조사한다.
- 고객과 상대방의 이해관계가 무엇인지 조사한다.
- 고객과 상대방의 BATNA가 무엇인지 조사한다.
- 고객과 상대방의 공통의 목표가 있는지 조사한다.
- 협상의 목표를 설정한다.
- 고객과 상대방 간의 신뢰 수준과 신뢰의 중요성을 조사한다.

○ 절차 계획
- 쟁점 선정

- 공통의 이해관계와 목표 탐구

(통합적 협상 전략이 가능할 경우)
- 대안 개발
- 대안 평가
- 합의도출

(분배적 협상 전략을 선택해야 할 경우)
- 교섭하기
- 마무리하기
- 합의도출

5-2. 액션플랜 로지스틱

액션플랜을 수행하기 위해 필요한 스킬과 현장 준비를 검토해야 한다. 갈등관리의 기초 스킬에서 설명했던 브레인스토밍, 적극적 듣기, "I" 메시지, 합의도출과 협상의 주요 개념인 입장, 이해관계, BATNA, 대안 개발 등에 익숙할 필요가 있다. 만약 이들 스킬이 미흡하여 협상의 준비가 덜 되었다면 별도의 훈련을 받아야 할 수도 있다.

또한, 액션플랜이 현실이 되게 하려면 언제, 어디에서, 어떤 방법으로 이루어져야 하는지를 계획해야 한다. 협상이 공식적으로 시간과 장소가 정해져 있다면 그에 맞추어서 준비해야 하고 아직 미정이라면 언제, 어디에서, 어떤 방법으로 협상할지를 계획할 필요가 있다. 물론 상대방이 동의를 해야 협상 일정이 확정되기 때문에 협상을 위한 사전 미팅이나 협의를 해야 한다.

6단계: 코칭 클로징

6-1. 리허설과 피드백

무대에 올라가는 어떤 오페라나 연극 또는 뮤직 콘서트는 반드시 충분한 리허설이 있고 난 다음 공연된다. 그만큼 관중 앞에서 공연하는 실제의 콘서트는 많은 연습을 통해 완성된다고 할 수 있다. 고객 목표를 실현하는 액션플랜도 현실에서 새로운 콘서트를 공연하는 것과 마찬가지로 충분한 리허설이 필요하다. 커뮤니케이션을 실습하는 것은 상호작용하는 새로운 길을 시도하는 효과적인 방법이다.

고객이 리허설을 하는 동안 코치의 역할에 주목해야 한다. 코치는 고객이 자신의 생각과 노력으로 리허설을 하고 실험하는 동안 관찰하고 고객에게 피드백을 제공해야 한다. 피드백에 포함되는 질문은 다음과 같다.[8]

- 고객은 바람직한 성과를 내고 있는가?
- 고객은 전달해야 할 메시지를 모두 포함하고 있는가?
- 고객은 의도한 목소리와 태도를 유지하고 있는가?
- 고객은 선택한 협상 전략의 준비와 절차를 잘 계획하고 있는가?
- 고객은 상대에게 기대하는 도전적 메시지에 대해 반응하는 방법을 잘 수행하는가?

고객이 리허설을 하는 동안 고려해야 할 사항은 상대의 역할을 누가 하는가이다. 가능한 한 고객이 상대의 역할까지 하도록 하는 편이 좋다. 코치는 이에 대해 피드백을 주고 고객은 다시 수정해서 이중 역할을 하면 된다. 때때로 코치가 상대의 역할을 연기해 줄 수도 있다. 말하자면 고객은 자신의 역할을 하고 코치는 상대의 역할을 하는 역할연기를 해볼 수 있다. 코치의 직접 상대의 역할을 연기할지 말지는 코치가 상황에 따라 결정해야 할 것이다.

---

[8] Noble(2012), p.135의 갈등코칭에 활용한 피드백 내용을 협상코칭에 적절하도록 일부 수정하여 소개한다.

6-2. 자신감과 결심

고객으로 하여금 리허설을 하게 촉진하는 것은 많은 기능을 하게 된다. 예를 들어 리허설은 고객에게 커뮤니케이션이나 느낌 또는 상호작용의 새로운 길을 경험하는 기회를 제공하는 기능을 한다. 반복되는 노력은 고객이 분쟁 상황의 새롭고 다른 길을 만들어나가면서 편안함과 자신감을 가지게 해줄 것이다. 더 많이 연습할수록 고객이 스스로의 능력으로 목적을 달성할 수 있음을 깨달음으로써 일을 더 쉽게 할 수 있다.

이러한 리허설을 통해 고객이 목표 달성을 위한 액션플랜에 자신감을 가지게 되면 실행을 위한 준비가 끝나게 된다. 콘서트의 리허설을 충분히 한 다음 자신감을 가지고 무대에 오르기만 기다리는 것과 같다. 고객은 리허설에서 연습한 대로 실제로 실행할 것을 결심해야 할 차례이다. 로지스틱 단계에서 결정했듯이 언제, 어디에서, 어떤 방법으로 액션플랜을 결행하기로 결심하면 계획하고 연습한 대로 실행할 일만 남아 있다.

6-3. 코칭의 평가

코칭을 하고 난 다음 일정 기간이 지나서 코칭 프로그램을 평가할 필요가 있다. 코칭의 성과를 평가해서 고객에게 피드백을 해줄 필요가 있기 때문이기도 하지만 코칭 프로그램의 개선을 위해서도 필요하기 때문이다. 코칭 프로그램 평가는 과정과 결과의 평가를 포함한다. 존스·브린커트(Jones & Brinkert, 2008)의 평가 요소를 소개하면 다음과 같다(pp.273-277).

(1) 과정의 평가
- 평가 과정
- 계획 과정
- 오리엔테이션 과정

- 참여자 선택 과정
- 코칭 훈련 과정
- 코칭 프로그램 실시 과정
- 프로그램 유지 과정
- 상황/환경 요소

(2) 결과의 평가
- 스킬과 능력의 학습
- 태도의 변화
- 행동의 변화
- 프로그램의 효용성
- 자원의 생산

협상코칭의 정량적 평가를 해보기를 원한다면 [그림 3-2] 코칭의 평가를 응용하여 평가해볼 수 있다. 6-1절의 [그림 6-2]에 협상코칭의 평가를 소개한 내용을 참고할 수 있다.

[생각해볼 점]

5-2 질문

1. OASDAC-N 협상코칭 모델은 어떤 단계로 이루어져 있는가?
2. 4단계 협상 전략 개발은 어떻게 하는가?

5-3. 협상코칭의 스킬 1: BATNA와 설득

협상코칭에 필요한 스킬은 코치가 고객이 협상을 성공적으로 완수할 수 있도록 지원하고 촉진하는 스킬과 협상을 성공적으로 완수하는 스킬을 모두 다 필요로 한다. 코치의 고객 지원과 촉진 스킬은 2장 2-4의 공감적 경청과 2-6의 관계 형성, 감정 다루기, 가능성 질문, 피드백을 잘 활용하면 충분할 것으로 보인다. 고객이 협상을 성공적으로 완수하는 스킬은 협상코칭의 사전 교육에서 충분히 습득할 기회가 없었을 것으로 보고 여기서 보완하려고 한다.

협상의 스킬은 상당 부분 4장의 각 절에서 많이 언급되어 있기 때문에 여기서는 전략에 따른 중요한 스킬로서 앞에서 자세하게 언급하지 않았던 스킬을 중심으로 설명하려고 한다. 분배적 협상과 통합적 협상의 스킬이 다를 수 있는데 본 절에서는 분배적 협상의 스킬로서 BATNA와 설득에 대해서만 설명을 할 것이다. 통합적 협상의 스킬로서 PAST, 평가 기준에 의한 합의 결정, 아이디어 차팅의 설명은 다음 절로 미룬다.

가. 최대양보와 BATNA 활용

협상에서 자신을 보호하는 방법은 있는가? 그 방법이란 바로 협상에서 최대양보선(Bottom Line 또는 Reservation)을 미리 정해두고 그 이하로 합의하지 않는 것, 그리고 BATNA를 명확히 이해하고 협상할 때 이를 고려하는 것이다. 최대양보선을 미리 정해두는 것은 자신을 보호할 수는 있으나 높은 비용을 초래할 수 있다. 어떤 경우에도 최대양보선을 높이거나 낮추지 못해 협상에서 오는 학습과 성과를 얻지 못한다. 그래서 최대양보선을 채택하는 것은 몹시 나쁜 합의를 수용해야 할 상황에서 자신을 보호하지만 창조적 안을 만들지 못하게 하고 또한 수용하는 것이 현명할 수도 있는 해결 방안에 합의하지 못하게 할 수 있다(Fisher, Ury, & Patton, 1991, pp.98-99).

최대양보선이 가지는 단점을 보완하는 것이 바로 BATNA이다. 협상가가 거부해야 할 합의를 수용하지 못하게 자신을 보호함과 동시에 수용해야 할 합의를 거절하지 못하게 자신을 보호하는 합의는 BATNA로 측정할 수 있다. 합의를 하지 못했을 때 할 수 있는 대안이 있다면 이는 자신을 보호하는 중요한 보루가 된다. 예를 들어 2년 전에 5억 원을 주고 산 집을 직장 이전으로 팔아야 한다고 하자. 5억 2천만 원에 매물로 내어놓았는데 4억 9천만 원에 사겠다는 구매자는 몇 사람 있었지만 그 이상 가격 수용자가 없어 팔지 않았다면 판매자의 BATNA는 무엇인가? 5억 원을 최대양보선으로 결정해 두었다면 그것은 판매자가 마음속에 임의로 결정해 둔 가격이다.

BATNA는 협상 대상자와의 합의 없이 혼자서 취할 수 있는 최선의 대안을 의미한다. 집 매각의 대안은 여러 가지 있을 수 있다. 전세로 주고 이사 가야 할 곳에서 다시 전세로 집을 얻는 방법, 집을 상가 용도로 변경하여 임대하고 이사 갈 곳에 전세로 집을 얻는 방법, 집을 친척에게 무료로 살게 하고 페인트칠과 보수를 하고 관리비를 내게 하는 방법 등의 대안이 있을 수 있다. 이 중에서 가장 유리한 대안이 전세로 주고 이사 가야 할 곳에서 다시 전세로 집을 얻는 방법이라면 이 대안이 바로 BATNA이다.

협상을 하는 이유는 협상하지 않고 얻을 수 있는 결과보다 더 낫기 때문이다. 바로 BATNA나 그보다 더 나은 제안이라면 수용할 수 있다. 그래서 BATNA는 협상에서 합의하는 데 비교할 기준이 된다. 전세를 주고 전세로 집을 얻어 가는 방법보다 좋아야 집을 판매해도 이익이 된다는 논리다.

BATNA를 계산하는 데 흔히 범하는 실수는 심리적으로 그러한 대안들을 총체적으로 본다는 것이다. 예를 들어 직장에서 연봉에 합의하지 않으면 다른 회사에 가서 일할 수 있고, 농장에서 일할 수도 있고, 친구와 개업해서 사업할 수 있다고 말할 수도 있다. 여러 가지 대안이 많이 있으니 낮은 연봉에 일하기보다는 나을 것이라고 생각할 수 있다. 그러나 이러한 대안은 모두 합쳐 계산할 수 없으며 합의에 이르지 못하면 결국 이 중 하나의 대안을 선택해야 하는 상황이 된다.

더 큰 실수는 합의에 너무 집착하는 것이다. 합의의 대안을 개발하지도 않고 협상에서 합의가 실패할 때 일어날 일이 과도하게 비관적이라면 불리한 합의를 쉽게 수용할 가능성이 크다.

협상에서 어떤 것에 합의를 할지 말지 여부는 BATNA가 얼마나 매력적이냐에 전적으로 달려 있다. BATNA가 좋을수록 협상력이 커진다. 그래서 BATNA를 개발할 필요가 있다. 매력적인 대안은 그저 주어지는 것이 아니다. 협상가는 가능한 BATNA를 창조하기 위해 세 가지의 작업을 해야 한다(Fisher, Ury, & Patton, 1991, p.103).

(1) 합의가 실패한다면 협상가가 취할 수 있다고 생각하는 행동의 리스트를 모두 작성한다.
(2) 유망한 아이디어 중 일부를 개선해서 실질적 대안으로 전환한다.
(3) 가장 최선으로 보이는 한 대안을 잠정적으로 선택한다.

여기서 간과하기 쉬운 것은 상대방의 BATNA에 대한 무관심이다. 자신의 매력적인 BATNA가 협상력을 강화해 주듯이 상대방의 매력적인 BATNA는 상대방의 협상력을 강화해 준다. 상대방의 BATNA가 어느 수준인지 알아내는 것은 협상을 잘 준비하는 데 도움이 된다. 상대방의 BATNA를 알아낸다면 협상에서 기대할 수 있는 것을 실질적으로 측정할 수 있다. 양쪽의 BATNA가 모두 매력적이라면 협상의 최상 결과는 합의를 하지 않는 것일 수도 있다.

나. 설득

협상을 하면서 협상가는 자신이 제시하는 협상안이 가치 있는 것이고, 자신의 제안이 합리적이며, 더 이상 제안할 수 없다고 확신시키기를 원한다. 또한, 협상가는 상대방에게 자기 목적의 중요성에 대한 믿음을 변화시키고, 상대방의 양보가 처음에 믿었던 만큼의 가치가 없다고 확신시키기를 원한다. 협상가는 자신을 정중하게 취급해야 할 좋은 사람으로 묘사하고 싶어 한다. 이 모든 노력은 상대방의 입장, 인식, 의견, 태도에 영향을 미치기 위해 만들어진다. 이러한 것은 모두 설득(persuasion)이라 할 수 있다.

설득 과정에는 세 가지 주요 요소가 있다. 수신자가 믿고 수용하고 이해하기를 송신자가 원하는 내용인 메시지(message), 설득을 시도하는 당사자인 출처(source), 설득될 당사자인 수신자(receiver)가 그 주요 요소이다. 이 요소들은 어떤 사람을 성공적으로 설득하기 위해 개별적으로나 결합해서 사용될 수 있다. 그래서 여기서는 메시지의 구조와 내용, 출처의 신뢰성, 수신자의 특성에 대해 설명할 것이다.[9]

1) 메시지 구조와 내용

메시지를 조직할 때 고려해야 할 세 가지 요소는 메시지의 내용(전달할 사실과 주제), 메시지의 구조(사실과 주제를 정리해야 할 방법), 메시지의 전달 유형(delivery style)(메시지를 보내기 위해 사용해야 할 전달 체계)이다.

---

[9] 이 부분은 Lewicki, Litterer, Minton, & Saunders(1985), pp.206-228를 요약, 발췌했다.

(1) 메시지 내용

○ 수신자에 대한 제안의 매력
  설득은 매력적 제안이 어떻게 평가되는가의 투쟁일 수 있다. 제안을 하는 협상가는 양보를 최소화하기 위해 제안의 매력적 특징을 강조하는 데 반해 제안의 수신자는 더 많은 양보를 받기 위해 제안의 매력적이지 못한 특징을 강조한다. 어느 당사자이든 이러한 교환에서 사용할 수 있는 사실이 객관적일수록 자신에게 유리한 형태로 합의를 만들어 낼 가능성이 크다.

○ 상대방이 "예"라고 말하도록 하기
  광고업자의 공통된 발견에 의하면 아무리 사소한 것이라도 첫 제안에 합의하는 사람은 같은 사람이 제안하는 두 번째 제안에 합의할 가능성이 크다고 하는데 이 점을 잘 이용해야 한다.

○ 원칙에의 합의
  어려운 협상에서 구체적 합의에 들어가기 전에 일단 일반적 원칙에 합의부터 하는 것이 가치 있는 단계이다.

○ 규범적 메시지
  사람들은 종교, 사회, 윤리적 행동규범 같은 가치에 일관성 있는 행동을 할 동기가 있기 때문에 자기 이미지와 일관되는 말을 할 필요가 있다. 예를 들어 "우리 자손들에게 위대한 유산을 남기자." "나무를 심자." 등이 그러한 가치를 반영하는 메시지가 될 수 있다.

(2) 메시지 구조

○ 메시지 순서
설득 논의를 준비하면서 설명이나 정보의 주요 포인트를 어디에 배치하는 것이 좋은가? 중요한 메시지는 중간에 두는 것은 좋은 방법이 아니다. 주제가 익숙한 메시지라면 초반에 배치해야 하고 주제가 익숙하지 않다면 마지막에 배치하는 것이 효과적이다.

○ 단면적 또는 양면적 메시지
상대방 의견은 무시하고 자신의 의견만 강조하는 것이 단면적 메시지(one-sided message)이고 상대방의 관점이 자신의 관점보다 얼마나 부적절한지를 보여주는 것이 양면적 메시지(two-sided message)이다. 보통의 사람은 어떤 관점의 반대적 관점을 고려하기 때문에 양면적 메시지를 사용하는 것이 효과적이다.

○ 분쟁을 분절하기
너무 큰 제안은 받아들이기 어렵기 때문에 상대방이 이해하고 수용하기 쉽게 더 작게, 이해할 수 있는 조각으로 분절하는 것이 좋다.

○ 결론을 내기
결론이 동일하다면 자신이 결론을 내는 것보다 상대방이 그의 결론을 내도록 하는 것이 효과적인 설득의 방법이다.

(3) 메시지 전달 유형

○ 적극적 참여 대 소극적 반응
상대방의 설명을 적극적으로 검토하고 만져보고 기록을 조사하는 적극적 참여가 사실을 제시하고 질문을 하는 소극적 반응보다 더 많은 설득을 만들 수 있다. 왜냐하면 적극적으로 참여하는 것은 상대방으로 하여금 노력을 하도록 하는데 이것은 같이 참여하도록 하고 태도 변화를 이끌기 때문이다.

○ 은유
어떤 장황한 사실을 늘어놓는 것보다 은유를 쓰는 것이 효과적일 수 있다. 예를 들어 중고차 딜러가 차의 카뷰레이터 성능, 속도감, 가속 비율을 모두 다 말하는 대신 "이 차는 바람처럼 나르고 가스 대식가가 아닙니다."라고 말해도 충분한 설득력을 보일 수 있다. 그러나 지나친 은유는 허풍으로 보일 수 있으므로 어떤 사실을 요약하면서 사용해야 더욱 효과적이다.

○ 두려움과 위협
협상가가 자신이 제안한 포인트의 절대적 중요성을 강조하고 싶을 때 위협적인 메시지가 효과적이다. 예를 들어 노동조합의 파업 위협, 경영자의 직장폐쇄 위협, 상대방 명성의 손상 위협, 협상 실패의 위협 등이 그러한 위협이다. 그러나 위협은 상대방의 반응을 정확하게 예측하기 어렵게 하므로 조심해야 한다. 직접적 위협보다 두려움을 야기하는 메시지가 위협 없이 유사한 효과를 낼 수 있다. 예를 들어 합의가 이루어지지 않으면 상대방이 상사에게 비협조적인 사람으로 보일 것이라고 지적할 수 있다. 역으로 두려움을 감소시키는 방법으로 할 수도 있다. 예를 들어 합의가 이루어진다면 상대방이 상사에게 매우 협조적인 사람으로 보일 것이라고 강조할 수 있다.

○ 수신자 기대의 위반
협상가는 상대방이 기대하고 있는 목소리와 톤을 전혀 다르게 구사함으로써 설득의 효과를 가질 수 있다. 예를 들어 과격하게 말할 것으로 기대하는 연사가 낮은 톤으로 차근차근하게 말할 때 청중의 놀라움을 자아내고 설득력을 더 가질 수 있다. 반대로 조용하고 통제된 합리적 훈련을 기대한 청중에게 연사가 감정에 호소하는 목소리로 연설한다면 더 설득력을 가질 수 있다.

2) 출처의 특성

(1) 출처의 신뢰성

협상은 상대방이 오도하기를 시도할 동기가 있기 때문에 서로 잘 믿지 않으려는 경향이 있다. 그러나 주어지는 정보를 수용하고 믿지 않으면 협상의 성공과 합의는 불가능하다. 한 협상가가 독립적 검증 없이 수용하려는 정보가 많을수록 그는 더 잘 설득이 된다. 반대로 한 협상가가 상대방에게 신뢰성 있는 정보를 더 많이 보일수록 그는 설득력을 더 많이 가진다. 한 사람이 다른 사람이 말하는 것을 수용하고자 하는 정도는 세 가지 요소에 달려 있다. 즉, 출처의 신뢰성 정도(trustworthiness), 출처의 자격 정도(qualified), 출처의 사람 유형(type of person)에 따라 출처의 수용 정도가 달려 있다.

신뢰성의 인식에 영향을 주는 요소는 많이 있다. 신뢰성과 설득을 극대화하기 위해 협상가가 할 수 있는 실천 요소는 다음과 같다.

- 개인적 명성 높이기
- 낯선 사람들에 대한 호의적 편견 활용하기
- 설득의 의도를 줄이고 자연스러움 만들기
- 신뢰성을 높이는 외형(말, 행동, 외모)을 갖추기
- 전문성을 알려주기

(2) 개인적 매력

사람들이 어떤 사람을 좋아할 때는 그를 다르게 취급한다. 다른 사람이 좋아할 수 있도록 잘 행동하고 즐거워하는 것은 설득의 논리적 조치이다. 설득에 유용한 개인적 매력 전술을 몇 가지 소개하면 다음과 같다.

- 칭찬을 하기
- 상대방을 돕기
- 유사성을 강조하기

3) 수신자 요소

협상가가 상대방을 설득하려고 할 때 상대방은 방어적이 되고 설득 메시지를 평가하려고 한다. 상대방을 다루는 목적은 상대방의 방어적·전투적 자세를 없애고, 상대방이 들어서 이해했다고 느끼도록 하고, 상대방이 화자의 말을 듣고 이해하도록 돕는 것이다.

(1) 참여

음성, 신체 위치, 고개 움직임 등 참여하는 행동으로 불리는 많은 비언어적 행동이 다른 사람과의 접촉을 만들고 유지하는 데에 매우 중요하다. 이러한 행동은 상대방으로 하여금 화자가 듣고 있다는 것을 알게 하고 상대방이 메시지를 받도록 준비시킨다.

(2) 상대방 입장의 탐구

상대방의 욕구와 이해관계를 탐구하기 위해 질문을 사용하는 것은 매우 중요하다. 상대방의 관점을 탐구하는 것은 양측의 욕구를 충족시킬 해결책을 고안하도록 할 수 있는 더 많은 정보를 줄 뿐 아니라 상대방의 말을 들고 있다는 인식을 주고, 화자의 욕구 충족을 더 잘 수용하도록 해준다.

- 상대방 말을 풀어서 말하기
- 상대방 제안 중 좋아하는 점을 강조하기
- 공개적 약속을 하기
- 상대방 논의에 대해 자신을 지키는 예방접종을 하기

4) 추종 전략

추종 전략은 별로 생각 없이 설득의 일시적 현상으로 작용하고 있다. 이러한 설득 유형은 동물의 고정행동과 같이 거의 자동적으로 일어난다. 그래서 추종 전략은 장기적으로는 작동이 되지 않을지라도 단기적으로는 매우 강력한 설득 전략이 될 수 있다. Robert Cialdini(1993)는 사람들이 회고해보면 별로 순응하고 싶지 않은 어떤 요구에 왜 순응하는지를 연구하여 다음과 같은 6가지의 원칙을 제안했다.

(1) 호혜성(Reciprocity)

우리가 다른 사람에게서 어떤 것을 받으면 우리도 그에 보답하여 미래에 반응을 해야 한다. 협상에서도 마찬가지로 우리가 양보를 하면 그 보답으로 양보를 기대한다.

(2) 몰입(Commitment)

사람들은 어떤 것을 한번 결정했다면 그들의 믿음을 계속 유지하는 경향이 있다. 이 원칙은 자신과 다른 사람에게 일관성 있게 행동해야 한다는 공통된 욕구에 의존하고 있다. 협상에서는 악의 없는 진술에 동의하는 것이 추가적 양보를 위한 토대로 사용될 수도 있다.

(3) 사회적 증거(Social Proof)

사람들은 많은 상황에서 정확한 반응을 결정하기 위해 다른 사람을 쳐다본다. 말하자면 다른 사람이 하니까 나도 따라 한다는 식이다. 판매원은 아무도 명단을 입증하려 시간을 쓰지 않을 것을 알기에 판매하는 상품에 만족하는 고객의 명단을 사람들에게 보여준다.

(4) 좋아함(Liking)

우리가 좋아하는 사람은 우리에게 영향을 더 많이 준다. 매력적인 사람이 잡지나 텔레비전에서 맥주와 담배를 선전하고 있는 광고는 좋아함의 원칙을 이용한 것이다. 협상에서 상대방이 좋아하는 협상팀 구성원을 선정하는 것은 좋아함을 영향 전략으로 선택하는 한 방법이다.

(5) 권위(Authority)

권위 있는 사람이 권위 없는 사람보다 더 큰 영향을 가진다. 사람들이 전쟁이나 비상시가 아니라도 유니폼을 입은 사람의 명령을 더 잘 따르는 현상은 이 권위의 원칙이 적용된 것이다. 협상에서 박사나 교수의 직함을 사용하는 것이 그 사용자에게 더 큰 권위와 더 많은 영향을 준다.

(6) 희소성(Scarcity)

어떤 것이 희소할수록 더 많은 영향을 준다. 많은 판매 전략에서 이러한 희소성의 원칙이 사용되고 있다. 협상에서 판매원이 물건이 부족하여 재고가 있는지 확인해보고 마지막 물건이라며 가져다줄 때 고객은 행운의 느낌을 가지게 된다.

[생각해볼 점]

5-3 질문

1. 최대양보선과 BATNA는 어떤 역할을 하는가?

2. 설득의 추종 전략으로서 Robert Cialdini의 6가지 원칙은 무엇인가?

5-4. 협상코칭의 스킬 2: PAST, 평가 기준, 아이디어 차팅

앞 절에서는 분배적 협상의 스킬로서 BATNA와 설득에 대해 설명을 했다. 여기서는 통합적 협상의 스킬로서 PAST, 평가 기준에 의한 합의 결정, 아이디어 차팅에 대해서 설명한다. 평가 기준에 의한 합의 결정과 아이디어 차팅은 PAST에서 사용되는 단계(Steps, S)와 기법(Techniques, T) 중 일부이다. 이해관계, 옵션, 브레인스토밍, 합의도출 등은 4장에서 설명되어 있기 때문에 생략한다.

가. PAST

PAST는 Barrett(1998)가 개발한 윈윈 모델의 명칭을 약자로 쓴 것이다. P는 Principles(원칙), A는 Assumptions(가정), S는 Steps(단계), T는 Techniques(기법)의 약자이다. 그래서 PAST는 어떤 원칙을 세워서 가정을 하고 진행하며 일정한 단계를 거쳐서 진행하고 몇 가지의 유용한 기법을 사용함을 의미한다.

1) 원칙(Principles, P)

(1) 성격이 아니라 쟁점(issues)에 집중하라.
(2) 입장이 아니라 이해(interests)에 집중하라.
(3) 상호 이익(mutual gain)을 추구하라.
(4) 성과를 결정할 공정한 방법(fair method)을 사용하라.

이 네 가지의 원칙은 Fisher, Ury, & Patton(1991)의 II. The Method에서 제시하는 기본 원칙을 수용하여 설정되어 있다. Fisher, Ury, & Patton(1991)이 제시하는 방법을 보면 다음과 같다.

- 사람을 문제와 분리하라.
- 입장이 아니라 이해에 집중하라.
- 상호 이익을 위한 옵션을 창조하라.
- 객관적 기준을 사용하도록 요구하라.

여기서 쟁점은 협상의 주제이고 입장은 쟁점에 대한 한 당사자의 해결책이다. 이해는 쟁점에 관한 한 당사자의 관심을 의미한다. 4-3절의 통합적 협상 파트에서 이 원칙들을 다루었으므로 여기서 자세한 설명은 생략한다.

2) 가정(Assumptions, A)

(1) 협상은 당사자들의 관계를 개선한다.
(2) 양 당사자는 모두 협상에서 이길 수 있다.
(3) 당사자들은 서로 이길 수 있도록 도와야 한다.
(4) 개방적이고 솔직한 토론과 정보 공유는 상호 이해 영역을 확장하고 이것은 다시 당사자들에게 가용한 옵션을 확장한다.
(5) 옵션 평가를 위해 공동으로 개발한 기준은 의사결정을 힘에 의존하지 않도록 할 수 있다.

이 가정들은 당사자들이 서로 윈윈할 수 있다는 믿음을 구체적으로 풀어서 담고 있다. 여기서 이긴다(win)는 것은 상대를 제압하여 승자가 된다는 의미라기보다 자신의 목표를 달성한다는 의미를 내포하고 있다. 이 가정들은 정보를 공유하고 객관적 기준으로 평가하고 서로 목표를 달성하도록 도와주는 협력적 관계를 전제로 하고 있다.

3) 단계(Steps, S)
   (1) 협상 전 단계
      - 협상을 준비하라.
      - 개회사를 준비하라.
   (2) 협상 단계
      - 쟁점 목록에 합의하라.
      - 쟁점의 이해를 식별하라.
      - 쟁점의 옵션을 개발하라.
      - 수용 가능 기준을 창조하라.
      - 해결을 위한 기준으로 옵션을 평가하라.

협상 전 단계에서는 윈윈 협상을 잘 준비할 필요가 있다. 가장 중요한 것은 전통적·분배적 협상의 가정과 전략을 버리는 것이다. 입장을 결정하지 않고 쟁점을 식별해야 하고 필요시 윈윈 스킬의 훈련을 받아야 한다. 개회사에서는 당사자들이 윈윈의 필요성을 언급하고 상호 이익을 위해 노력할 것을 요청해야 한다. 협상 과정에서 필요한 기본규칙(ground rules)을 제시하여 합의해야 한다. 행정 지원 규칙으로는 테이블, 시간, 장소, 휴식, 점심, 플립차트, 복사기, 컴퓨터, 촉진자 또는 관찰자 여부 등이 있고 행동적 규칙으로는 참여, 한 번씩 발언, 한 주제씩 취급, 위협 불가, 평등 대우 등이 있다.

협상 단계는 쟁점(issues), 이해(interests), 옵션(options), 기준(standards), 해결(Settlement)의 5가지 단계로 되어 있는데 첫 영어 글자를 따서 PAST 모델의 IIOSS 단계라고 지칭한다. 4-4절에서 다루었던 내용이므로 여기서는 생략하고 기준에 의한 옵션의 평가 부분은 구체적으로 나중에 다룰 것이다.

4) 기법(Techniques, S)

   (1) 아이디어 차팅
   (2) 브레인스토밍
   (3) 합의에 의한 의사결정
   (4) 기타

여기서 제시된 이 기법들은 원윈 협상을 성공적으로 실시하기 위해 필요한 기법들이다. 브레인스토밍과 합의에 의한 의사결정은 1-5절에서 다루었으므로 여기서는 생략한다. 합의에 의한 의사결정은 합의도출이라는 이름으로 설명되었다. 기타로서는 문제해결, 의사결정, 문제 분석, 커뮤니케이션, 듣기 등이 있을 수 있는데 협상팀의 욕구와 스킬 평가에 기초해서 사용할 수도 있다. 언급하지 않은 아이디어 차팅은 이 절에서 설명할 예정이다.

나. 평가 기준에 의한 합의 결정

1) 기준

어떤 기준은 매우 주관적으로 "내가 좋으니까."라는 것일 수도 있지만 객관적으로 측정할 수 있는 미터, 그램 등의 척도가 기준에 해당되는 경우도 많다. 그러나 협상에서는 옵션을 평가할 적절한 기준이 필요하다. 옵션을 제거해야 할 암묵적 기준은 다음과 같다.

- 불법적
- 극단적 수용 불가
- 쟁점과 무관함
- 현재 쟁점보다 더 복잡하거나 어려움
- 쟁점에 대한 양 당사자의 상호 이해를 다루지 않음

어떤 기준은 다음과 같은 항목을 포함한다.

- 상호 이득
- 상호 이해 충족
- 작업 가능성 또는 실행 가능성

또 어떤 협상에서의 기준은 다음의 항목을 포함한다.

- 생산성
- 비용효과성
- 고객 서비스 또는 고객에 대한 영향
- 높은 품질
- 안전성
- 양측 공동 미션과의 일치성

2) 해결을 위한 기준 사용

(1) Yes-No-Maybe-If Combined

이것은 기준을 이용하여 옵션을 평가하는 가장 기본적인 방법이다. 3~5개의 기준을 사용하여 모든 옵션을 하나씩 평가하여 다음의 점수를 부여한다. 이때 합의에 의한 의사결정 방법을 사용하면 된다.

Yes(Y), if 그 옵션이 어떤 기준에 의해서도 제거되지 않는다면.
No(N), if 그 옵션이 어떤 기준에 의해서 제거된다면.
Maybe(MB), if 그 옵션이 yes나 no로 분명하지 않거나, 그룹이 나누어진다면.
If combined(IC), if 그 옵션이 다른 옵션과 결합해서 기준을 충족한다면.

이 과정은 각 옵션에 대해 어떤 옵션을 제거하고 어떤 옵션을 남길 것인지를 토론하는 과정이다. 이렇게 평가를 한 다음 남은 옵션들을 적절한 범주에 넣어 2차 옵션을 만들어낸다. 다시 기준을 이 2차 옵션들에 적용하여 어떤 옵션이 더 완전하게 기준을 충족하는지를 평가해야 한다. 합의가 도출될 때까지 기준과 상호 이해를 고려하여 옵션을 수정할 수 있다. 이 합의는 원칙에서 합의이고 해결의 윤곽이다. 옵션을 기준으로 평가하는 매트릭스를 만들면 <표 5-4>와 같다.

〈표 5-4〉 기준에 의한 옵션 평가 매트릭스

기준	옵션					
	1	2	3	4	5	6
A						
B						
C						
D						
E						

평가 방법:
  i) yes(Y), no(N), maybe(MB), if combined(IC)
  ii) yes(Y), no(N)
  iii) high(H), low(L), medium(M)
  iv) one(1) ~ four(4)

(2) 개별회의에서 옵션의 순위 평가

이 방법에서는 협상 당사자들이 각각 개별회의를 개최하여 모든 옵션을 10점 척도로 평가를 먼저 한다. 기준에는 객관적 기준도 있지만 각자 이해와 공동 이해의 주관적 기준도 사용할 수 있다. 양측 협상자는 각 옵션에 대해 10점 척도의 점수를 적어서 전체회의에 참가한다. 평가점수를 10점 척도 대신 5점 척도로 매우 높음, 높음, 중간, 낮음, 매우 낮음을 사용해도 된다. 전체회의에서 사각형 차트에 점수를 마크할 수 있도록 준비한다.

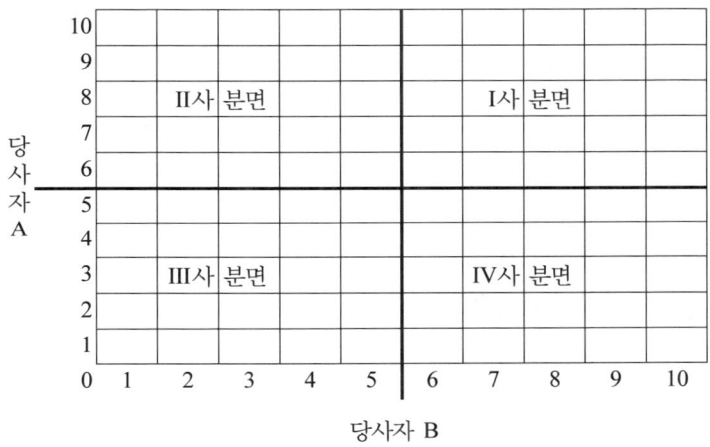

[그림 5-1] 옵션 순위 평가 차트

[그림 5-1]에 보면 당사자 A는 종축으로 평가점수를 적고 당사자 B는 횡축으로 평가점수를 적으면 어떤 한 좌표를 가리키게 되는데 그곳에 해당 옵션 번호를 적어두면 된다. 옵션의 숫자만큼 차트에 번호가 적히게 된다. III사분면은 양 당사자가 모두 낮게 평가하는 옵션이라 무시해도 될 것이다. II사분면과 IV사분면은 어느 한 당사자만 높은 평가를 주고 다른 당사자는 낮은 평가를 주기 때문에 기준, 이해, 옵션을 다시 검토하여 논의해야 할 부분이다. 재검토한 결과 II사분면과 IV사분면의 옵션이 I사분면으로 올라가든지 아니면 III사분면으로 내려가든지 할 수 있다.

이제 남은 I사분면의 옵션들은 양 당사자가 모두 높게 평가해서 해결 옵션으로 채택될 가능성이 크다. 다수가 I사분면에 있다면 기준과 양측의 이해에 중점을 두면서 그 옵션들을 결합시키거나 수정해서 원칙상 합의를 도출하면 된다.

(3) 상호 이득 옵션 평가

당사자들이 상호 이해와 개별 이해를 식별한 다음 각자 개별회의를 열어서 쟁점별로 두 개 이상의 옵션을 창조해내야 한다. 각 옵션은 상호 이득을 충족하는 옵션이어야 한다. 앞의 두 가지 평가 방법과 달리 옵션을 먼저 창출하고 기준을 적용하는 것이 아니라 상호 이득이라는 기준을 충족하는 옵션이 개발된다. 전체회의를 개최해서 각 당사자는 2개 이상의 옵션을 가지고 와서 상대방에게 어떻게 상호 이득을 충족하는지 설명해야 한다. 한 당사자가 자신의 옵션 중에서 상대방이 선택을 한다면 자신도 그 옵션을 선택해야 한다. 4개 이상의 옵션 중에서 가장 최선을 선택하거나, 부분적으로 혼합하거나, 새로운 옵션을 창조할 수 있다.

(4) 순위 옵션과 상호 이득 옵션 혼합

두 번째 순위 평가에서 차트에 모두 기록한 다음 Ⅰ 사분면에 있는 옵션들을 사용하여 각자 개별회의에서 2개의 포괄적 옵션을 만들어낸다. 세 번째 평가 방법과 마찬가지로 전체회의에서 각각 2개의 옵션을 설명하고 총 4개의 옵션의 수정, 변형, 선택 등을 통해 합의하는 옵션을 선정한다.

다. 아이디어 차팅

아이디어 차팅(idea charting)은 참가자들의 주의를 집중시키고 개인이나 집단의 아이디어를 외부화하고 집단 토의의 기록을 제공하기 위해 플립차트 종이에 아이디어를 작성하는 것을 말한다. 플립차트는 [그림 5-2]에서 보는 바와 같이 아이디어를 적을 수 있도록 세워진 받침대 위에 큰 종이 묶음이 걸려 있는 도구를 말한다.

[그림 5-2] 플립차트

협상의 양 당사자 중 최소한 한 사람은 차팅을 할 의사가 있고 할 줄 알아야 한다. 차팅을 하는 사람은 다른 사람의 아이디어를 정확하게 기록해야 한다. 비록 개인적인 해석이나 의견이 있다 해도 평가하거나 판단해서도 안 되며 들었던 대로 기록만 해야 한다. 차팅하는 사람이 해야 할 일을 정리하면 다음과 같다(Barrett, 1998, pp.85-86).

(1) 크고 명확하게 작성하라. 쓰기가 어려우면 프린트하라.
(2) 좋은 마킹 펜을 사용하라. 주기적으로 펜 색깔을 바꾸어라.
(3) 각 페이지의 상단에 날짜를 기록하라.
(4) 각 차트 페이지의 상단에 일련번호를 매겨라.
(5) 새 차트 페이지 시작할 때 주제를 정확하게 붙여라.

(6) 시리즈의 일부이면 주제의 번호를 매겨라.
(7) 필요하면 약자를 사용하라.
   예) Mgt.=경영자(management), Ag.=합의(agreement),
   ↑=증가(increase), ↓=감소(decrease), △=변화(change)
(8) 완성되는 순서대로 벽에 각 차트를 붙여라.
(9) 더 많은 아이디어가 예상되면 마지막 항목 다음의 숫자를 기입하라.
(10) 모든 사람이 작성된 글자를 읽을 수 있는지, 발언자의 아이디어가 정확하게 작성되었는지 주기적으로 질문하라.
(11) 아이디어를 파악했는지 발언자에게 물어보면서 편집하거나 자신의 아이디어를 강요하지 말라.
(12) 토론이나 성과를 지배하거나 통제하는 모습을 보이지 말라.

차트 기록자는 더 높은 권위를 가지는 사람이 아니라 아이디어 기록 과정을 돕는 역할을 하는 사람이다. 이 차트는 기록이기 때문에 차트를 관리하는 방법은 초기에 시작할수록 좋다. 어떤 부분의 차트는 복사하여 주기적으로 참가자에게 배포할 수 있다. 노트북을 사용하여 차트를 저장해둘 수도 있다. 전자 플립차트가 있다면 작성하는 즉시 프린트하여 서로 나누어 가질 수 있다.

[생각해볼 점]

5-4 질문

1. PAST 모델에서 원칙이란 무엇인가?
2. 아이디어 차팅(idea charting)은 무엇인가?

제6장
◇
협상코칭의 사례와 활용

6-1. 협상코칭의 계약과 평가

협상코칭을 시작하기 전과 종료한 후에 해야 할 중요한 일과 관련 자료를 소개할 필요가 있다. 협상코칭을 공식적으로 시작하기 위해서 코칭 계약이 필요하고 코칭을 종료한 다음 코칭 평가가 필요하기 때문에 이들에 대한 설명과 양식을 소개하고자 한다.

가. 협상코칭의 계약

코치는 고객에 대한 자신의 코칭 서비스를 구두로 합의할 수도 있으나 어떤 분쟁이 발생할 수도 있기 때문에 일반적으로 서면으로 합의를 한다. 협상코칭 계약서에는 코치의 역할과 책임, 고객의 역할과 책임, 비밀유지의 조건, 자발성, 회의 등이 포함될 수 있다. [그림 6-1]은 협상코칭 계약서의 양식을 소개한다.[1]

본 계약서는 협상코칭의 고객(   )와 협상코칭의 코치(   ) 사이에 (   )년 (   )월 (   )일에 체결된 협상코칭 합의이다.

고객과 코치는 함께 계약을 체결하는 기초로서 다음 사항을 이해한다.

1. 협상코칭

협상코칭은 훈련된 코치가 고객이 개인적 협상과 분쟁을 관리할 능력과 자신감을 증진할 수 있도록 지원하는 1대1 과정이다. 협상코칭은 개인의 협상 관리 목표에 중점을 둔 미래지향적이고 자발적인 과정이다. 협상코칭은 테라피나 카운슬링은 아니며 코치로서의 역할은 고객의 대리인이나 대표와 같은 자문이나 활동을 제공해주는 것은 아니다.

2. 코치의 역할

코치로서 책임과 역할은 다음과 같다. 코치는

- 고객이 목표를 식별하고 목표 도달에 필요한 단계를 거치도록 돕는다.
- 고객이 목표를 달성하는 노력을 하도록 지원하고 촉진하는 관계를 함께 만들어낸다.
- 분쟁을 관리하고 해결하거나, 분쟁이 불필요하게 증폭되지 않고 예방하도록 고객을 지원한다.
- 협상을 효과적으로 관리할 지식, 스킬, 능력을 강화하게 돕는다.
- 고객의 목표 달성에 도움이 되도록 설계한 단계별 모델을 사용하여 코칭 과정을 관리한다.
- 고객이 목표 달성에 가능한 도전을 개발하도록 돕는다.
- 고객이 노력하도록 돕는 정직한 관찰과 자료를 제공한다.
- 고객이 발전하는 것을 확인하고자 정기적으로 고객을 체크한다.

---

[1] 협상코칭 계약양식은 Noble(2012), pp.91-93의 내용을 참고하여 작성했다.

3. 고객의 역할

고객으로서 책임과 역할은 다음과 같다. 고객은

- 코치와 정직하게 의사소통한다.
- 상호관계를 함께 만들어내고 자신이 확실히 발전하기 위해 협력할 수 있는 최선의 방법을 식별한다.
- 코치의 관찰과 의견을 수용한다.
- 완전히 참여할 시간과 노력을 약속한다.
- 코치 과정과 상호 작업 관계의 경험에 대한 피드백을 코치에게 제공한다.
- 목표 달성에 필요한 과제를 할 책임을 진다.
- 목표에 관한 자신의 결정과 행동에 대해 전적으로 책임을 진다.

4. 비밀유지

코치는 다음의 특별한 상황이 없는 한 코칭 회의의 내용에 관한 완전한 비밀유지를 지켜야 한다.

- 정보 공개가 서면으로 고객에 의해 승인되었을 때
- 고객이 자신이나 타인을 상해할 의도를 드러낼 때
- 익명을 조건으로(식별 가능한 이름과 정보를 사용할 수 없음) 교육적 또는 통계적 목적으로 정보 요구가 있을 때
- 해당 법규와 법원 명령으로 요구가 있을 때

5. 회의 예약

고객과 코치는 회의하거나 대화할 상호 편안한 시간에 일정을 잡을 것이다. 회의 시간은 (   )개월 동안 월 최대 (   )회, 회의당 최대 (   )분으로 한다. 고객과 코치는 어느 장소에 회의할지 합의하여 변경할 수 있고 시간이 더 필요할지를 합의하여 결정할 수 있다. 회의가 다시 설정될 필요가 있다면, 가능한 한 적어도 24시간의 예

고를 조건으로 다른 회의 일정을 알려주기로 합의한다.

6. 자발성

고객과 코치 중 어느 쪽이라도 최종 완료하기 전에 코칭 회의를 종료할 수 있다. 어느 한쪽이 그렇게 하기로 결정할 경우 이유의 설명을 포함해서 상대방에게 알려줄 적절한 방법을 고려하기로 합의한다.

일시:(   )년 (   )월 (   )일 (   )시

고객 성명(   )   코치 성명(   )
  　　서명　　　　　　　　　　　　　　　 서명

[그림 6-1] 협상코칭의 계약서(예문)

나. 협상코칭의 평가

협상코칭이 제대로 진행되는지, 원하는 대로 성공했는지 등 평가를 해 볼 필요가 있다. 서면으로 공식적으로 하지 않는다 하더라도 코칭을 받은 고객의 입장에서 보면 일정한 금액을 투자해서 얻은 성과가 그에 충분한 가치가 있는지 당연히 생각해보게 된다. 고객이 코칭을 통해 좋은 성과를 얻었다면 만족하고 투자를 아깝다 생각하지 않겠지만 그렇지 않다면 코칭에 대한 평가를 좋게 하지 않을 것이다.

평가는 단계별로 여러 차례 시행될 수 있다. 코칭이 시작되기 전에 준비 여부를 평가할 수 있고, 코칭이 진행되는 동안 진척이 잘 이루어지는지를 평가할 수도 있다. 또한, 코칭이 바로 끝난 직후에 목표가 달성되었는지 평가해볼 수 있고 코칭이 종료된 후 수 주 이내 단기적으로 성과와 관계 등을 평가해 볼 수 있고 몇 개월이 지난 시점에 후속코칭(follow-up coaching)을 평가해 볼 수 있다. 지나치게 평가를 많이 하는 것은 고객에

게 부담이 될 수도 있기 때문에 코칭이 종료된 후 성과와 관계에 대한 종합적인 평가를 한 번 정도는 해볼 필요가 있다. 그래서 코칭을 평가하는 설문지를 [그림 6-2]에서 소개하고자 한다.[2]

고객님, 몇 분만 할애하여 코칭 과정이 고객님에게 어떻게 수행되었는지를 알려주시면 감사하겠습니다. 코칭 회의 수: 총 코칭 시간: 코칭 시작일: 코칭 종료일:	
갈등/분쟁에 어떤 점이 적용되는지를 체크(✔)하세요.	✔
가. 목표의 평가 코칭에서 나의 목표는 1. 동료 / 상사 / 지원 부서 / 직접 보고 라인 / 기타(고객 등)와 과거 / 현재 / 미래의 개인적 협상을 해결 / 관리하는 것이다. [해당되는 사항을 골라서 동그라미를 치세요. 다른 사람의 역할이 표시되지 않았다면 무기명으로 구체적 대상자를 적어주세요.] _____	
2. 협상에 더욱 효과적으로 개입하기 위한 나의 지식, 스킬 및 능력을 증진하는 것이다.	
3. 과거 / 현재 / 미래의 협상에 대한 나의 관심을 말하고 생각하는 것이다. [시간 구조를 골라서 동그라미 치세요]	
4. 협상상황에 관해 어떤 것을 할지, 그렇게 한다면 그것은 무엇이 될지를 결정하는 것이다.	
5. 개인적 협상에 대한 나의 기여를 어떻게 인정하고 사과할지 도움을 얻는 것이다.	
6. 협상상황에 대해서 나의 옵션을 고려하는 것이다.	

---

[2] 코칭의 평가 설문지는 Noble(2012), pp.218-223의 내용을 활용했다.

7. 협상을 해결하기 위한 조정이나 다른 과정을 준비하는 것이다.	
8. 예전 협상의 남아 있는 효과에 대해 도움을 얻는 것이다.	
9. 어려운 1대1 대화를 준비하는 것이다.	
10. 리더나 참여자로서 논쟁이 심한 집단 / 팀을 준비하는 것이다. [리더나 참여자를 골라서 동그라미 치세요]	
11. 개선이 요구되는 협상에 대한 나의 반응을 관리하는 것이다.	
12. 기타 사항(이름을 적지 말고 구체적으로 서술하세요.) _____ _____ _____ _____	
나는 나의 구체적인 목표를 달성했다: 예( ), 아니오( ), 부분적( ) 아니오 또는 부분적이라면 그 이유는 무엇입니까 _____ _____ _____ _____	

나. 코칭 성과의 평가

5점 척도를 이용하여 다음의 진술에 대한 귀하의 반응에 해당하는 번호를 골라 동그라미 치세요.

5점 척도: 1 매우 부정, 2 약간 부정, 3 보통, 4 약간 긍정, 5 매우 긍정

코칭의 결과로서	
1. 나는 코칭 없이 하는 것보다 나의 협상상황을 더 효과적으로 관리할 수 있었다.	1, 2, 3, 4, 5
2. 나는 객관적이고 판단하지 않는 사람과 대화할 기회를 가져 만족했다.	1, 2, 3, 4, 5

3. 나는 내가 협상을 잘 이해하도록 해주는 더 많은 통찰력과 자각을 얻었다.	1, 2, 3, 4, 5
4. 나는 나의 협상상황을 해결하는 실천 계획을 만들었으나 아직 실천하지 못했다.	1, 2, 3, 4, 5
5. 나는 나의 협상상황을 해결하는 실천 계획을 만들었으나 전혀 실천할 의도가 없다.	1, 2, 3, 4, 5
6. 나는 나의 협상상황을 해결하는 실천 계획을 만들었고 실천하여 성공했다.	1, 2, 3, 4, 5
7. 나는 나의 협상상황을 해결하는 실천 계획을 만들었고 비록 작동하지 않았지만 희망했던 대로 실천했다.	1, 2, 3, 4, 5
8. 내가 협상을 관리하는 방법을 향상시켰다는 말을 다른 사람에게서 들었다. 다른 사람이 어떤 방법으로 귀하가 발전했다고 말했는지 구체적으로 서술하세요. _____ _____ _____	1, 2, 3, 4, 5
9. 나는 다른 사람과 화해를 했다.	1, 2, 3, 4, 5
10. 나는 협상에서 나를 화나게 하고 내 반응을 유발한 것을 이해했다.	1, 2, 3, 4, 5
11. 나는 협상에 대한 나의 기여를 이해하게 되었다.	1, 2, 3, 4, 5
12. 나는 협상상황을 관리할 자신감을 얻었다.	1, 2, 3, 4, 5
13. 나는 협상상황에서 대처하고 소통하는 다른 상황에도 적용할 새로운 스킬과 방법을 얻었다.	1, 2, 3, 4, 5
14. 다른 사람과 상황에 대해 내가 가지고 있던 부정적인 감정이 감소했다.	1, 2, 3, 4, 5
15. 나는 협상에 대해 스트레스를 덜 받는다.	1, 2, 3, 4, 5
16. 나는 협상에 대한 일반적 접근방법과 태도의 긍정적 변화를 만들었으며 이것을 지금 사용하고 있거나 미래의 협상에서 사용하려고 한다.	1, 2, 3, 4, 5

협상코칭을 통해 위에서 언급한 방법 이외에 협상, 특별한 상황 또는 관계를 관리하는 자신의 방법에 대한 성과를 경험했다면 협상의 이름이나 실체를 밝히지 말고 구체적으로 기술하세요. _____ _____ _____	
코칭의 성과에 대한 다른 의견이 있으면 서술해주세요. _____ _____ _____	

다. 코치의 평가

5점 척도를 이용하여 코치에 대한 다음의 진술에 관련해 귀하의 반응에 해당하는 번호를 골라 동그라미 치세요.
5점 척도: 1 매우 부정, 2 약간 부정, 3 보통, 4 약간 긍정, 5 매우 긍정

코치는	
1. 코칭, 사용한 모델과 과정, 비밀유지, 자신과 코치의 역할이 무엇인지에 대해 정보를 제공하고 명확히 했다.	1, 2, 3, 4, 5
2. 시간을 지켰고 내가 있을 때 있었거나 아니면 가능한 한 많이 나의 일정에 맞추어주었다.	1, 2, 3, 4, 5
3. 훌륭한 청취자였다.	1, 2, 3, 4, 5
4. 나의 협상과 다른 사람에 대한 나의 감정을 내가 잘 관리하도록 돕는 데 능숙했다.	1, 2, 3, 4, 5
5. 판단을 내리지 않고 객관적이었다.	1, 2, 3, 4, 5
6. 나의 협상에 개입해 있는 다른 사람에 대해 공정했다.	1, 2, 3, 4, 5
7. 이해하고, 지원하고, 사려 깊고, 존중하고, 공감적이었다.	1, 2, 3, 4, 5

8. 내가 무엇을 할지 어떻게 목표를 달성할 수 있을지를 스스로 결정하도록 나를 신뢰했다.	1, 2, 3, 4, 5
9. 내가 원하는 것보다 내가 말하거나 행동하기를 코치가 원하는 것에 관한 성과로 이끌지 않았다.	1, 2, 3, 4, 5
10. 과정 내내 나와 나의 목표에 중점을 두었다.	1, 2, 3, 4, 5
11. 기타(구체적으로 서술하세요.) _____ _____	1, 2, 3, 4, 5

[그림 6-2] 협상코칭의 평가

[생각해볼 점]

6-1 질문

1. 협상코칭의 계약서에 포함될 주요 항목은 무엇인가?
2. 협상코칭의 평가는 언제 무엇을 평가하는가?

6-2. 협상코칭의 사례

가. 협상의 배경[3]

A 팀장은 서울에서 국제투자은행에서 근무하는 과장이다. 그는 30대 초반이고 수억 달러의 투자를 위임받아 일하고 있다. 매년 수익을 많이 남겨서 상당히 높은 연봉을 받고 있지만 최근 자신의 지위가 매우 불안한 상태에 있다. A 팀장은 세계 주요 지역의 정부 국채에 집중한 애널리스트의 관리자로서 새로운 역할을 수행하는 데 힘겨워 한다. 최근 두 명의 유능한 젊은 애널리스트가 A 팀장과 일하기 싫어서 기업을 떠나서 경쟁사 업체로 들어갔다. 더 괴로운 것은 우수한 팀원 한 사람이 다른 직무를 개발하고 있다는 것이다. A 팀장이 재무 성과는 올릴 수 있지만 조직은 팀원들이 회사를 떠나는 결과를 초래하는 그의 리더십 부족을 인내하지 않을 것이다.

A 팀장은 시장을 이해하는 능력은 자신이 있었으나 팀원들과 효과적으로 의사소통하는 방법을 배울 필요가 있다는 것을 깨달았다. A 팀장은 규율을 유지하기 위해 매수, 매각 결정을 잘 못 하는 팀원들을 공개적으로 비판함으로써 팀을 지배했다. 그런데 최근의 팀내 심각한 상황에 직면하여 조직 상부의 주요 쟁점에 대한 정기브리핑의 부담을 줄여주면서 편한 근무팀을 만들려고 노력했다.

그러나 분위기는 반전되지 못했다. A 팀장의 공격을 견뎠던 팀원들은 반격하거나 떠나는 경향을 보였고 팀 내의 사기는 추락했다. A 팀장은 팀 규모를 유지하기 위해 공석이 된 팀원을 신규 팀원으로 새로 교체하고 기존 팀원의 보상도 인상해 주려 했다. 이러한 계획을 직속 상관인 과장에

---

[3] 본 협상코칭의 협상 배경 사례는 Jones & Brinkert(2008), pp.203-204의 사례를 발췌하고 각색하여 재창조했다.

게 보고했을 때 과장은 기존의 팀원들이 새로운 방향에 대해 확실한 의견을 주고 있지 않다는 사실을 들며 발을 뺐다. A 팀장은 관리자 업무에 더 많은 시간을 할애하면서 핵심 전문 분야를 수행하지 못하고 있었다. 그래서 A 팀장은 일반 관리적 방향에서 팀원들에게 그가 필요하도록 함과 동시에 팀원들에게도 더 많은 정보를 요구하고 있었다.

팀 내에 가장 중요한 팀원인 B는 승진을 원하고 있다. A 팀장은 B에게 솔직하게 대화를 하고 싶고 팀 내에 남기를 요청하려고 한다. 또한, A 팀장은 B에게 업무 역할을 재정비하고 더 나은 업무 관계를 구축하기 위해 1대1 미팅을 원한다고 B에게 말했다. B는 그 미팅을 기꺼이 하겠다고 대답했다.

A 팀장은 B와 협력하고는 싶지만 B가 A 팀장의 협력에 대한 관심을 이용하거나 취약점으로 볼까 우려하고 있다. A 팀장은 조직에서 B의 운명에 절대적 영향력을 행사할 능력이 있지만 B를 위협할 의도는 없다. 만약 B가 조직을 떠나면 A 팀장도 지위가 안전할지 의문이다. 만약 A 팀장이 떠나거나 해고된다면 B가 자기 전문 직종의 일을 할 수는 있지만 관리 직위를 차지하고 투자은행에서 자신의 길을 만들어나가는 데 심각한 문제가 있을 것이다.

B는 A 팀장이 과거에 다른 사람들을 압박하는 것을 보았기 때문에 자신의 카드를 모두 보이고 싶지는 않다. 반면 B가 조직에 남는다면 일을 효과적으로 수행하기 위해 A 팀장이 가지고 있는 고위직 정보가 필요하다. A 팀장이 조직을 떠난다면 B는 A 팀장의 지위를 얻을 경쟁자가 되지만 그 자리를 차지할지는 보장 못 한다. A 팀장과 B는 팀과 개인적 명성이 조직 내에서 위험에 처해 있거나 그 이상일 수 있음을 공감했다.

나. 협상코칭의 준비

A 팀장은 B와 다른 팀원의 협력에 의존하고 있는 상황에서 팀을 이끌어가는 데에 어려움을 경험하고 있다. A 팀장은 이 문제를 B와 협상으로 해결하려고 마음을 먹고 협상 코치인 I에게 연락을 해서 의사를 표명했다. I 코치는 A 팀장과의 사전 미팅을 자신의 사무실에서 가졌다. I 코치는 A 팀장의 개인적 배경에 대해 간단한 의견을 나누고 협상코칭의 적합성 조사를 했다. I는 협상코칭을 설명하고 코치와 고객의 역할도 설명했다. A 팀장이 협상에 대해서는 경험이나 지식이 별로 없으나 문제해결을 위해서는 협상코칭을 받아 좋은 성과를 얻고 싶은 강한 욕구를 표현했다. I 코치는 A 팀장과 의논한 결과 협상 준비 세미나를 먼저 받고 본 협상코칭의 절차에 들어가기로 합의했다.

A 팀장은 협상코칭에 대한 개략적 설명을 듣고 서면계약서를 작성하고 서명했다. 계약서에는 협상 준비 세미나의 이수, 코치와 고객의 역할과 책임, 비밀유지의 약속, 자발성, 코칭 기간과 회의 시간 등이 포함되어 있다. 코칭 기간은 2개월로 했고 1회당 1시간, 총 8회까지 실시하기로 했다. 코칭 날짜와 시간은 매주 월요일 오후 3~4시에 하기로 하고 코치와 고객이 서로 합의할 경우 1회당 시간과 총횟수를 변경할 수 있도록 유연성을 두었다.

협상 준비 세미나는 협상코칭 시간과 횟수와 상관없이 별도의 날짜에 실시하기로 했다. 협상 준비 세미나는 1대1 협상코칭인 경우 4시간을 기본으로 하고 단체협상코칭인 경우 8시간을 기본으로 하되 협의 하에 시간을 조절할 수 있게 했다. A 팀장은 개인적 협상코칭을 받기 때문에 4시간의 세미나에 참석했다. I 코치는 협상의 개념과 가치, 협상의 전략과 전술, 협상의 표현 스킬 등의 주제에 대해 설명했다.

다. OASDAC-N 모델에 따른 진행

(1일 차)

1단계: 코칭 오프닝(Opening Coaching)

1-1. 라포 형성

1차 회의는 그다음 주 월요일 오후 3시에 같은 장소에서 실시되었다. I는 A와의 사전 미팅과 세미나에서 대화를 통해 어느 정도 친밀감이 형성되었지만 A의 가정환경과 성장과정 등에 대해 간단하게 설명을 들으며 친밀감을 높이게 되었다. I는 조직의 문제를 협상코칭을 받아 잘 해결하려는 A의 용기에 대해 칭찬하고 감사를 표시했다.

1-2. 코칭 안내

I는 사전 미팅에서 코칭의 개괄적인 내용은 설명했으나 중요한 사항에 대해서 조금 더 설명했다. 특히 고객 A의 역할로서 A는 협상의 주체이면서 코칭의 주체이기 때문에 자기결정의 원칙에 따라 스스로 결정을 내려야 하며 I 코치는 이를 지원하고 촉진하는 역할을 수행한다는 점을 강조했다. I는 협상코칭의 절차에 관해서도 설명하고 코칭의 결과로서 어떤 혜택을 받을지도 의견을 나누었다. A가 궁금한 점에 대해 추가적인 설명을 하고 다음 단계로 넘어갔다.

1-3. 고객 니즈 확인

I는 A가 협상코칭이 필요로 하는 어떤 니즈가 있는지를 질문했다. A는 팀 조직을 이끌면서 난관에 봉착한 자신의 문제를 핵심 팀원 B와 협상을 통해 해결하고 안정된 조직문화를 구축하고 자신의 입지를 강화하고 싶다고 니즈를 밝혔다.

(2일 차)

2단계: 협상상황 분석(Analyzing Negotiation Context)

2-1. 협상상황 분석

A는 자신이 처해 있는 협상상황에 대해 자유롭게 설명했다. 그 내용은 앞의 '협상의 배경'에서 소개한 내용이었다. A 팀장은 서울에서 국제투자은행에서 근무하는 과장인데 수억 달러의 투자를 위임받아 일하고 있다. 매년 수익을 많이 남겨서 상당히 높은 연봉을 받고 있지만 최근 자신의 지위가 매우 불안한 상태에 있다. A 팀장은 세계 주요 지역의 정부 국채에 집중한 애널리스트의 관리자로서 새로운 역할을 수행하는 데 힘겨워 한다. 최근 두 명의 유능한 젊은 애널리스트가 A 팀장과 일하기 싫어서 기업을 떠나서 경쟁사 업체로 들어갔다. A 팀장이 재무 성과는 올릴 수 있지만 조직은 팀원들이 회사를 떠나는 결과를 초래하는 그의 리더십 부족을 인내하지 않을 것이다.

A 팀장의 공격을 견뎠던 팀원들은 반격하거나 떠나는 경향을 보였고 팀 내의 사기는 추락했다. A 팀장은 팀 규모를 유지하기 위해 공석이 된 팀원을 신규 팀원으로 새로 교체하고 기존 팀원의 보상도 인상해 주려 했다. 이러한 계획을 직속 상관인 과장에게 보고했으나 과장은 팀 분위기를 보고 부정적인 반응을 보였다. A 팀장은 관리자 업무에 더 많은 시간을 할애하다 보니 전문 분야의 정보에는 멀어져 있어서 팀원들에게 정보를 달라고 요구하고 있었다.

팀 내에 가장 중요한 팀원인 B는 승진을 원하고 있다. A 팀장은 B에게 솔직하게 대화를 하고 싶고 팀 내에 남기를 요청하려고 한다. 또한, A 팀장은 B에게 업무 역할을 재정비하고 더 나은 업무 관계를 구축하기 위해 1대1 미팅을 원한다고 B에게 말했다. B는 그 미팅을 기꺼이 하겠다고 대답했다.

A 팀장은 B와 협력하고는 싶지만 B가 A 팀장의 협력에 대한 관심을 이용하거나 취약점으로 볼까 우려하고 있다. A 팀장은 조직에서 B의 운명에 절대적 영향력을 행사할 능력이 있지만 B를 위협할 의도는 없다. 만약 B가 조직을 떠나면 A 팀장도 지위가 안전할지 의문이다. 만약 A 팀장이 떠나거나 해고된다면 B가 자기 전문 직종의 일을 할 수는 있지만 관리직위를 차지하고 투자은행에서 자신의 길을 만들어나가는 데 어려움이 있을 수 있다.

2-2. 협상상황 분석

협상코칭의 고객은 코치의 도움으로 자신의 협상상황을 분석함으로써 그 원인과 결과를 알게 되고 협상을 객관적 시각으로 볼 기회를 가지게 된다. 협상상황 분석에 유용한 몇 가지 질문에 따라 확인해보도록 한다.

- 협상은 어떻게 시작되었는가?
  A 팀장이 강압적 분위기로 팀을 이끌면서 팀원들이 팀을 이탈하고 결속력이 약해지자 A 팀장은 팀의 조직문화를 반전시키려고 충원과 보상 증대를 하려고 하나 상부에서 부정적인 반응을 보이자 문제해결을 팀 내부로 돌리게 되었다.

- 협상의 원인은 무엇인가?
  협상은 사전에 결정된 것이 아니고 A 팀장이 팀 조직의 위기를 극복하기 위해 핵심 팀원인 B와 협상을 해보기로 결심하면서 발생했다.

- 고객과 상대방은 반응을 어떻게 했는가?
  A 팀장이 B의 역할 조정과 관계 개선을 위한 1대1 면담을 하자고 제안했고 B도 기꺼이 미팅을 하겠다고 응답했다.

○ 고객과 상대방이 협상할 인센티브는 무엇인가?

　A 팀장은 팀 조직의 안정과 팀장 지위 유지를 위해 B의 협조가 필요하고 B는 더 중요한 역할을 담당하고 고위직 정보를 얻어서 승진을 위한 발판을 마련하고 싶어 한다.

○ 고객과 상대방의 협상적 합의의 최선 대안(BATNA)은 무엇인가?

　A 팀장의 BATNA는 자신의 팀을 B 이상으로 강화하고자 노력하면서, 조직 외부에서 기회를 찾아보는 것이다. 반면 B의 BATNA는 머리를 푹 숙이고 기존의 직무를 잘 수행하거나 외부의 기회를 보는 것이다.

○ 고객과 상대방의 협상력의 원천은 무엇인가?

　A 팀장의 협상력 원천은 고위직 정보, 팀장의 지위, 인사고과 등이고, B의 협상력 원천은 전문 분야 정보, 팀 성과의 기여도, 팀원들과 연대 등이다.

○ 고객과 상대방은 커뮤니케이션을 어떻게 했는가?

　A 팀장은 팀을 이끌면서 억압적 방법을 주로 사용했다가 유화적 제스처를 쓰고 있지만 효과가 없다. B는 우수 팀원으로서 A 팀장과 직접적인 분쟁을 겪지는 않았고 팀 회의에서 팀장의 지시를 참고 수용하며 일을 잘 수행해 왔다. A 팀장의 단독 면담 요청에도 거부하지 않고 기꺼이 응하겠다고 대답했다. 결국 A 팀장은 적극적 지배적 대화를 주로 하는 데 비해 B는 소극적 수용적 대화를 주로 하고 있다.

○ 초기에 협상이 있었다면 그 성과는 무엇인가?

　아직 면담이나 정식 협상을 하지 않았고 면담 성사는 합의한 상황이다.

(3일 차)

3단계: 고객 목표 설정(Setting Goal)

3-1. 고객 니즈 재확인

앞에서 처음 고객 니즈를 확인했을 때 A는 팀 조직을 이끌면서 난관에 봉착한 자신의 문제를 핵심 팀원 B와 협상을 통해 해결하고 안정된 조직 문화를 구축하고 자신의 입지를 강화하고 싶다고 니즈를 밝혔다. A는 본인의 니즈가 충족될 수 있다면 B의 니즈도 충족하도록 도와줄 수도 있다고 했다.

3-2. 고객 목표 설정

A는 팀을 이끌어가는 데 B의 적극적 협조를 받아 팀 조직 분위기를 쇄신하고 팀장 지위를 공고히 하는 목표를 설정했다.

(4일 차, 5일 차)

4단계: 협상 전략 개발

4-1. 협상 전략 옵션 개발

이제 'A가 팀을 이끌어가는 데 B의 적극적 협조를 받아 팀 조직 분위기를 쇄신하고 팀장 지위를 공고히 하는 목표'를 어떤 협상 전략으로 달성할 수 있을지 옵션을 개발할 단계이다. 목표 달성을 위해 분배적 협상 전략과 통합적 협상 전략의 두 가지 옵션을 먼저 검토할 필요가 있다.

1) 분배적 협상 전략

분배적 협상은 협상가가 자신의 입장을 주장하고 입장에 기초한 요소들로서 협상 전략을 시작하게 된다. 목표점(target point), 최대양보점(resistance point), 해결 영역(settlement range), BATNA 등이 분배적 협상에서 활용되는 개념이다. 협상은 처음 초기 제안(opening offer)을 제시하면서 시작한다. 각자는 초기 제안, 목표, 최대양보를 정해두고 시작하지만 상대방에게는 목표와 최대양보는 알려주지 않는다. 초기 제안은 최초의 입장(initial position)이 된다. 이 초기 제안은 상대방의 최대양보점으로 짐작되는 곳까지 개발해야 한다. 합의를 하려면 양보를 해야 하는데 합의점은 목표점과 같거나 높아야 한다.

상대방 제안에 역제안을 하고 다시 양보하는 과정을 거치면서 합의점을 향해 움직이게 된다. 그런데 쟁점이 하나가 아니라 두 개 이상이 될 때 역제안과 양보 과정은 좀 복잡한 구조를 띠게 된다. A는 B에게서 얻는 정보는 보유하고 있지만 자기 자신의 상황에 대해서는 많이 누설하지 말아야 한다. 최종적으로 합의에 이르는 단계에서 취할 수 있는 전술이 몇 가지 있다.

1) 최종 제안을 제시하기
2) 종결을 가정(세부 사항은 끝내지 않았으나 계약서 작성)
3) 차이의 중간점 자르기(협상 종결을 위해 타협의 공정성 강조)
4) 제안의 폭파(결정을 강요하는 기한 설정)
5) 감미료 제공(협상을 종결하기 위한 인센티브 제공)

이러한 기본적인 분배적 협상의 전략과 구조에서 협상 당사자의 변수들을 탐구해볼 수 있다.

(1) BATNA

A 팀장의 BATNA는 자신의 팀을 B 이상으로 강화하고자 노력하면서, 조직 외부에서 기회를 찾아보는 것이다. 반면 B의 BATNA는 머리를 푹

숙이고 기존의 직무를 잘 수행하거나 외부의 기회를 보는 것이다.

(2) 최대양보점

A 팀장의 최대양보점은 B에게 자신이 팀 성과를 개선하는 데 도움을 주겠다는 약속 없이 보다 고위직 정보에 완전히 접근하도록 하거나 보다 높은 역할을 약속하는 것이다. B의 최대양보점은 A 팀장과 공개적 연합을 약속하고 미래에 A 팀장의 위치를 넘보지 않겠다고 약속하는 것이다.

(3) 쟁점의 중요성 결정

쟁점이 복수로 존재할 때 어떤 쟁점이 당사자들에게 중요하고 어떤 것이 타협을 쉽게 할 수 있는지를 결정하는 데 코치가 도움을 줄 수 있다. 본인에게 덜 중요한 쟁점은 양보하고 더 중요한 쟁점 양보를 받아내는 구조의 타협이 나올 수 있다.

(4) 신뢰의 개발

신뢰는 정보제공, 질문하기, 우호적 목소리 유지를 통해 달성될 수 있다. 적절한 신뢰는 가식을 줄이고 합의의 몰입을 증가시킨다. A 팀장은 협상이 어떻게 진행되더라도 B와의 신뢰를 증가시킬 필요가 있다.

(5) 유연성 표시

이것은 복수의 제안을 동시에 제공하고 각자의 다른 우선순위를 언급하는 타협을 제시함으로써 달성된다. 유연성의 커뮤니케이션은 생산적 유동성을 창조하고 유지하는 데 중요하다. 코치는 A 팀장이 다른 제안을 브레인스토밍하는 데 도움을 줄 수 있다.

(6) 공통의 이해에 집중

비록 경쟁적이라도 협상자는 상대방과의 공통의 이해가 있다는 것을 인지해야 한다. 분배적 협상이라도 A 팀장은 그와 B가 공통적 이해가 무엇인지를 고려하는 것이 유익하다는 것을 고려했다. 예를 들어 A 팀장은 좋은 작업 관계, 조직 내의 전문성 위상, 투자은행계의 전문성 위상, 개인 경력 성장 기회 등을 두 사람 공통의 이해로 간주했다.

2) 통합적 협상 전략

통합적 협상 전략은 모든 당사자의 이해(interests, 利害)를 충족하는 해결 방안을 식별해내는 협력적인 협상 전략을 말한다. 이 전략은 공개적 커뮤니케이션이 발생하는 신뢰를 강조하고 협력적 해결을 구조화하도록 입장에서 이해로 전환시키는 데 주의를 집중시킨다. 당사자들이 관계가 서로 긍정적이고 각자의 유권자에 대한 높은 책임감이 있을 때 사용되는 경향이 있다(Ben Yoav & Pruit, 1984). 이러한 통합적 협상 전략의 개념과 절차는 Fisher, Yuri, & Patton(1991)에 잘 정리되어 있는데 본 사례에 적용하여 탐구해볼 수 있다.

(1) 쟁점 식별

A 팀장과 B는 각자의 역할, 상호관계, 팀 조직의 미래 등의 쟁점에 직면해 있다.

(2) 이해 조사

이해는 쟁점 아래에 숨어 있는 기본적 관심이나 욕구를 말한다. A 팀장은 B와 대화를 하기 전에 자신의 이해를 개발함과 동시에 B의 이해에 관한 어떤 예감을 개발하기 위해 코치와 작업하기를 원하고 있다.

(3) 옵션 개발

잠재적 해결 방안으로서 옵션이란 하나 이상의 이해와 관련이 있는데 모든 옵션은 양 당사자의 이해를 언급해야 한다. 코치는 A 팀장이 B와 대화를 하기 전에 자신의 이해가 무엇인지 찾아내는 데 주의를 집중하도록 권장한다. 가능한 양 당사자에게 가용한 기회를 강조하는 복수의 옵션을 개발하는 것이 유익할 수 있다.

(4) 기준 설정

객관적 기준은 개발한 옵션들을 체계적으로 평가하는 방법을 제시한다. 기준은 종종 해결에서 고려해야 할 시간, 돈, 인적자원 등을 포함한다. A 팀장은 코치의 도움을 받아 기준을 개발함으로써 이 중요한 단계에 대한 편안함과 능력을 제고할 수 있을 것이다. 만약 A 팀장과 B가 불편한 관계에 있다면 어떤 합의의 실행이 향후 일정 기간 신속하게 측정될 수 있도록 명백한 몰입(demonstrable commitments)의 증가에 따른 시간 기반 성과 기대(time-based performance expectations)를 구조화하는 것이 적절해 보인다.

(5) 해결 방안 선택

설정된 기준에 따라 옵션을 평가해서 가장 적합한 옵션이나 결합된 옵션을 해결 방안으로 선택하면 협상은 종결되는 상황이다. 통합적 협상의 결과로 양 당사자가 만나게 될 성과를 정확하게 예측하기란 불가능하다. 하지만 이러한 협상의 접근방법에 충실히 따랐다면 그 해결은 각자의 관점과 개별적 및 공통적 상황에 부응하도록 맞춰질 것이다.

3) 복합적 협상 전략

앞에서는 분배적 협상 전략과 통합적 협상 전략의 구조와 변수들에 대해 살펴보았는데 이들 협상 전략을 혼합한 복합적 협상 전략(composite negotiation strategy)이 있다. 일부 학자들은 협상이란 완전히 승패나 윈윈으로 나누어진다거나 순전히 경쟁적이거나 협력적으로 나누어지는 것이 아니고 파이를 확대하더라도 결국 서로 나누어야 하므로 경쟁과 협력의 전략이 혼합되어 있다고 주장한다.[4] 이때 좋은 협상 결과는 경쟁적 협상으로 시작하여 문제해결로 결론이 나오는 것이다. Bazerman, Magliozzi, & Neale(1985)는 협상가들이 자유시장에서 경험을 하면서 복합적 협상 행동을 학습하게 된다는 것을 보여주고 있다.

조직의 상하 관계에서 복합적 협상 전략의 매력이 있다는 주장이 있다. 협력적 상황에서는 상사가 자신의 힘을 사용하여 부하의 성과를 촉진할 가능성이 있지만 경쟁적 상황에서는 이러한 관계가 발생하지 않는다. 그래서 부하는, 그리고 지속적 학습에 몰입하는 조직은 경쟁적 상황을 협력적 상황으로 전환함으로써 이익을 볼 수 있다(Tjosvold, 1985).

5-2절에서 소개를 했지만 다시 A 팀장에게 복합적 협상 전략을 위해 권고할 사항을 정리하면 다음과 같다.

(1) 분배적 협상과 통합적 협상을 모두 마스터하라.
(2) 협력적으로 협상을 시작하도록 시도하라.
(3) 상대방이 분배적 협상을 시도하면 협력적 조건을 거듭 주장하라.
(4) 상대방이 계속 분배적 협상을 한다면 당신도 같이 분배적 협상을 해야 한다.
(5) 협력적 트랙을 취할 수 있다는 열린 마음을 유지하라.

---

[4] Watkins(1999), Lax & Sebenius(1986), Morley & Stephenson(1977) 등 참조.

(6) 신뢰는 당신이 선택해야 할 접근방법의 지표이다. 협력 스타일은 높은 신뢰를 요구한다.

복합적 협상 전략을 옵션으로 선택할 경우 먼저 신뢰를 보이면서 협력적으로 협상을 시작하다가 도저히 어려울 경우 분배적 협상으로 전환하는 방법을 선택할 수 있다는 것이다.

4-2. 최선 협상 전략 선택

앞에서 개발한 세 가지의 협상 전략 중에서 어떤 전략을 최선의 전략으로 선택할 것인가? 이것은 분쟁 상황의 특성과 상대방과의 관계에 따라 달라질 수 있을 것이다. 5-2절에서 소개를 했지만 다시 정리하면 다음과 같다.

1) 공통 이해

분쟁의 쟁점에 대한 이해가 서로 상충될 수밖에 없고 공통의 이해가 없다면 분배적 협상 전략을 선택하고 공통의 이해가 많을수록 통합적 협상 전략을 선택하는 것이 바람직할 수 있다.

2) 상호관계

상대방과의 관계가 중요하고 신뢰가 필요하다면 통합적 협상 전략을 선택해야 하고 그렇지 않으면 분배적 협상 전략을 선택해도 상관없다.

3) 복합 이해와 상호관계

이해가 상충되는 면도 있고 공통적인 부분도 있는 경우와 상대방과의 신뢰 관계가 협상의 결과에 따라 미래에 중요할 수도 있는 경우에는 복합적 협상 전략을 선택하여 상대방의 협상 전략과 그 강도에 따라 분배적 또는 통합적 전략을 유연하게 구사하면 된다.

본 협상 사례에서 이러한 요소들을 검토해볼 수 있다. A 팀장은 좋은 작업 관계, 조직 내의 전문성 위상, 투자은행계의 전문성 위상, 개인 경력 성장 기회 등을 두 사람 공통의 이해로 간주했다. 이해가 상충되거나 다른 부분은 A 팀장은 팀장의 지위 안정, B는 승진 등이라 볼 수 있다. 이해가 다른 부분이 완전 상충된다고 볼 수는 없고 많은 공통의 이해가 있는 상황에서 통합적 협상 전략이 더 적절해 보인다. A 팀장은 협상이 어떤 식으로 진행되더라도 B와 신뢰 관계를 유지하겠다는 생각이 있어서 이 또한 통합적 협상 전략이 적합한 상황이라 보인다.

만약 A 팀장이 통합적 전략으로 시작해서 진행하는데 B가 분배적 전략으로 나올 경우 A 팀장은 자신의 힘을 이용하여 B도 통합적 전략을 구사하도록 촉진할 수 있다. 이러한 노력이 전혀 결실을 보지 못할 때 A 팀장은 분배적 전략을 구사해야 한다. 따라서 결론적으로 말하면 A 팀장은 통합적 협상 전략을 우선적으로 선택하고 그가 노력했음에도 B가 끝까지 분배적 협상 전략을 구사한다면 분배적 협상 전략으로 전환할 수밖에 없다. 전체적으로 봐서는 A 팀장은 복합적 협상 전략을 선택했다고 볼 수 있다.

(6일 차)

5단계: 액션플랜 수립(Action Planning)

5-1. 액션플랜 수립

A 팀장은 코치의 도움을 받아 목표 달성의 바람직한 성과를 위해 어떻게 복합적 협상 전략을 구사할 수 있는지 그 액션플랜을 수립했다.

1) 공통 이해의 강조

통합적 협상 전략을 우선적으로 구사하기 위해 필수적인 공통 이해를 조사하고 이를 강조하는 것이 중요하다. A 팀장은 자신이 조사한 좋은 작업 관계, 조직 내의 전문성 위상, 투자은행계의 전문성 위상, 개인 경력 성장 기회 등의 공통의 이해를 위해 노력해야 한다는 점을 강조해야 한다.

2) 상호 신뢰·협력 관계 강조

또한, A 팀장은 통합적 협상 전략을 우선적으로 구사하기 위해 그리고 공통 이해를 충족하기 위해 두 사람의 협력 관계가 중요하다는 점을 강조해야 한다.

3) 쟁점의 식별

A 팀장은 각자의 역할, 상호관계, 팀 조직의 미래 등 3개의 쟁점을 식별해내었다. 이 쟁점은 물론 B도 실제 협상에서 공감해야 할 부분이다.

4) 입장과 이해의 탐구

통합적 협상에서는 입장은 크게 중요하지는 않지만 A 팀장은 B가 팀 성과를 위해 협력해줄 것을 요구하고 B가 가지고 있는 전문 분야의 정보를 공유해주도록 요구하는 입장을 결정했다. A 팀장은 B가 아마도 A 팀장이 가지고 있는 고위직 정보를 접근할 수 있게 허용해 달라는 입장을 보일 것으로 예상했다.

공통의 이해는 앞에서 조사한 그대로이고 A 팀장 개인의 이해는 팀 성과가 개선되고 팀장의 지위가 안정되는 것으로 생각되었다. A 팀장은 B의 개인 이해가 가까운 장래의 승진이 되는 것으로 예상했다.

5) BATNA와 최대양보점의 탐구

A 팀장은 자신의 BATNA는 자신의 팀을 B 이상으로 강화하고자 노력하면서, 조직 외부에서 기회를 찾아보는 것으로 생각했고 반면 B의 BATNA는 머리를 푹 숙이고 기존의 직무를 잘 수행하거나 외부의 기회를 보는 것으로 간주했다.

A 팀장은 자신의 최대양보점은 B에게 자신이 팀 성과를 개선하는 데 도움을 주겠다는 약속 없이 고위직 정보에 완전히 접근하도록 하거나 보다 높은 역할을 약속하는 것으로 판단했다. 반면 A 팀장은 B의 최대양보점은 A 팀장과 공개적 연합을 약속하고 미래에 A 팀장의 위치를 넘보지 않겠다고 약속하는 것이라고 간주했다.

6) 옵션 개발

가능한 양 당사자에게 가용한 기회를 강조하는 복수의 옵션을 개발하는 것이 유익할 수 있다. 실제 협상에서 B와 대화를 하면서 옵션을 만들어가기 때문에 미리 모든 옵션을 준비할 수는 없고 미리 준비했다 하더라도 그대로 결정되지 않을 수도 있다. 그러나 준비 차원에서 A 팀장은 몇 가지의 옵션을 마련할 필요가 있다. A 팀장이 생각해낸 옵션은 다음과 같다.

- 고위적 정보와 전문 분야 정보를 모두 공개한다.
- 고위적 정보와 전문 분야 정보를 절반 정도 공개한다.
- 팀 성과 향상을 위해 MBO(목표에 의한 경영)를 실시한다.
- 개인별 성과에 따라 추가 보너스를 차등으로 지급한다.
- 팀 조직문화 개선을 위해 1박2일 팀 워크숍을 실시한다.

7) 기준 설정과 평가 및 해결 방안

객관적 기준은 개발한 옵션들을 체계적으로 평가하는 방법을 제시한다.

A 팀장은 쉽게 동의할 수 있는 기준으로 예산 가능성, 팀 성과 기여도, 상호 수용성이라는 세 가지의 기준을 준비했다. 물론 실제 협상에서 이 기준은 바뀔 수 있다.

이 기준에 따라 앞의 옵션을 평가해볼 때 다음의 옵션들을 선택할 수 있다. 복수로 선택한 것은 서로 다른 쟁점에 대한 해결 방안이거나 보완적 해결 방안이기 때문이다. A 팀장은 스스로 기준에 의해 옵션을 평가해보고 다음과 같은 해결 방안을 도출했다.

- 고위적 정보와 전문 분야 정보를 절반 정도 공개한다.(상호관계)
- 팀 성과 향상을 위해 MBO(목표에 의한 경영)를 실시한다.(역할)
- 팀 조직문화 개선을 위해 1박 2일 팀 워크숍을 실시한다.(팀 조직의 미래)

5-2. 액션플랜 로지스틱

앞의 액션플랜을 언제, 어디에서, 어떻게 실시할 것인가를 결정해야 한다. 언제와 어디에서는 당사자들이 같은 팀에서 근무하기 때문에 비교적 쉽다. 금요일 다른 팀원들이 퇴근한 다음 팀장 사무실에서 1대1 면담 시간을 마련하여 협상하기로 A 팀장은 B에게 제안하기로 했다. 다른 팀원이 없는 상황에서 비밀리 협상하는 것이 적절하고 합의한 다음 주말과 휴일이라는 공백 기간을 가지는 것도 좋을 것으로 생각되었다. 그리고 합의가 이루어졌다면 두 사람이 함께 저녁식사를 하는 것도 필요하다.

A 팀장은 통합적 협상 전략을 우선적으로 구사하려고 하기 때문에 B가 편안한 마음으로 협력적 관계에 동참할 수 있도록 분위기를 만드는 노력이 필요하다는 점을 코치는 강조했다. 그래서 A 팀장은 편안한 분위기를 만들고 대화하도록 하며, B의 말에 대해 공감적 경청을 하고, 긍정적 질문, 개방형 질문을 구사하기로 했다. A 팀장은 B의 다른 시각이 존재한다는

점을 인정하고 존중하는 자세가 필요하다.

(7일 차)

6단계: 코칭 클로징(Closing Coaching)

6-1. 리허설과 피드백

A 팀장이 목표 달성을 위한 준비된 액션플랜을 리허설을 하여 실제에서도 그러한 협상을 할 수 있도록 준비한다. 액션플랜에서 필요한 요소들을 조사하고 결정한 상황이기 때문에 이들을 머리에 그리면서 자신의 힘으로 능숙하게 협상할 수 있도록 리허설을 할 필요가 있다. 코치는 A 팀장이 순서대로 준비한 내용들을 설명해나가는 것을 듣고 부족한 부분은 새로 수정하여 다시 할 수 있도록 코칭을 했다.

A 팀장이 리허설을 하는 동안 잘된 점과 부족한 점을 피드백으로 준 것을 정리하면 다음과 같다.

- 노력은 많이 했으나 목소리의 톤이 여전히 높고 강한 점이 우려스러워서 중간 중간에 지적을 해서 점차 좋아졌다. 실전에서도 연습한 이 정도라도 최소한 유지할 수 있기를 코치는 요청했다.
- 공통 이해의 설명과 옵션 개발에서 팀장의 권위가 습관적으로 나올 가능성이 커 주의할 것을 지적했다. 코치는 평등한 관계에서 협상하는 자세가 필요함을 강조했다.
- 팀장으로 회의를 계속해 온 습관에 따라 듣기보다 주로 말하면서 회의를 주도해갈 가능성이 크다. 공감적 경청의 훈련이 되어 있지 않아서 이 부분의 연습을 많이 해야 한다는 점을 지적했다. 그래서 가족들과의 대화 기회를 만들어 별도의 경청 훈련을 하도록 주문했다.

6-2. 자신감과 결심

7차례의 코칭을 통해, 특히 액션플랜의 리허설을 통해 A 팀장은 B와의 협상을 효과적으로 실시할 수 있고 좋은 관계를 만들어나갈 수 있을 것이라는 자신감을 가지게 되었다. A 팀장은 "코칭을 통해 협상을 어떻게 하는지를 많이 배웠으며 특히 상대방의 관점을 이해하는 자세와 아량을 가지게 되어 매우 감명을 받았습니다."라고 소감을 표현했다.

(8일 차)

6-3. 코칭의 평가

코칭을 하고 난 다음 일정 기간이 지나서 코칭 프로그램을 평가할 필요가 있다. 코칭의 성과를 평가해서 고객에게 피드백을 해줄 필요가 있기 때문이기도 하지만 코칭 프로그램의 개선을 위해서도 필요하기 때문이다. 코칭 프로그램 평가는 과정과 결과의 평가를 포함한다. 실제 협상을 하고 난 다음 1주일 후에 마지막 코칭의 날에 A 팀장은 결과를 코치에게 전달하고 평가를 해주었다. A 팀장과 B는 2시간 정도 협상을 한 결과 다음과 같은 합의를 도출했다고 한다.

- A 팀장은 고위직 정보 중 업무 수행에 필요한 정보를 B를 포함한 팀원들에게 공개하고 B가 요구하는 추가 정보는 특별한 사유가 없는 한 B에게만 공개한다.
- B는 전문 분야 정보 중 관리자가 알아야 할 정보를 A 팀장에게 공개하고 A 팀장이 요구하는 추가 정보는 특별한 사유가 없는 한 A 팀장에게 공개한다.
- 팀 성과 향상을 위해 MBO(목표에 의한 경영)를 실시하되 A 팀장과 B가 협의하여 결정한다.
- 팀 조직문화 개선을 위해 2주 후 목요일, 금요일 1박2일 팀 워크숍을 양평 H 콘도에서 실시한다.

다음은 A 팀장이 과정과 결과에 대한 평가이다.

1) 과정의 평가
- 계획 과정: 협상코칭을 받기 위해 상담하는 사전 회의가 이해하는 데 많은 도움이 되었다. 다만 바쁜 상황에서 전화로 상담해서 코칭을 받을 결정을 할 수 있는 선택이 있으면 유용할 것이다.
- 협상 준비 세미나: 개인적 1대1 코칭이기 때문에 사전 교육은 4시간을 이수했는데 협상코칭을 효과적으로 준비하려면 1일 8시간 정도로 확대하는 것을 고려해볼 필요가 있다. 코칭 과정 내에서 새로운 개념을 이해하고 실행하는 데 어려움을 겪었는데 사전 교육에서 보충되었더라면 좋았을 것이다.
- 코칭 프로그램 실시 과정: 코칭 프로그램은 긴 과정이지만 매우 이해하기 쉽게 단계별로 잘 이끌어가는 절차라 잘 설계된 것으로 보인다.
- 상황/환경 요소: 협상은 고도의 숙련 기술이 필요한 전문영역인데 2개월 만에 이만한 능력이 개발된 것은 놀라운 일이다. 직장의 근무와 병행해서 코칭을 받는 상황이라 어려움이 많았다. 요일과 시간이 미리 정해져 있어서 때로는 유연한 시간을 원했지만 코치의 일정 조절이 어려워 애로점이 있었다.

2) 결과의 평가
- 스킬과 능력의 학습: 협상에 대한 지식이 매우 증가했으며 유익한 스킬도 많이 배웠다. 아직 공감적 경청은 더 노력해야 할 부분이다.
- 태도의 변화: 지금까지 팀장의 권위로서 이끌려고 했는데 팀원들의 관점과 이해를 이해하는 요령이 늘어서 나도 놀라웠다.
- 행동의 변화: 타인과 대화할 때 목소리 톤이 조금 바뀌었고 매사 신중

하고 인간관계를 고려한 행동을 하는 변화를 보였다.
- 프로그램의 효용성: 고도의 협상코칭 프로그램으로 협상을 잘 모르는 일반인이 따라가기엔 어려움이 많지만 열심히 노력하면 성과가 충분히 나오는 프로그램이라 그 효용성이 매우 높다고 평가할 수 있다.

협상코칭 사례의 정량적 평가를 별도로 [그림 6-3]에서 볼 수 있다.

고객님, 몇 분만 할애하여 코칭 과정이 고객님에게 어떻게 수행되었는지를 알려주시면 감사하겠습니다. 코칭 회의 수: 8회 총 코칭 시간: 9시간 코칭 시작일: ~년 12월 1일 코칭 종료일: 다음 해 1월 31일	
협상에 어떤 점이 적용되는지를 체크(✔)하세요.	✔
가. 목표의 평가 코칭에서 나의 목표는 1. 동료 / 상사 / 지원 부서 / 직접 보고 라인 / 기타(고객)등)와 과거 / 현재 / 미래의 개인적 협상을 해결 / 관리하는 것이다. [해당되는 사항을 골라서 동그라미를 치세요. 다른 사람의 역할이 표시되지 않았다면 무기명으로 구체적 대상자를 적어주세요.] 부하 팀원_____	✔
2. 협상에 더욱 효과적으로 개입하기 위한 나의 지식, 스킬 및 능력을 증진하는 것이다.	✔
나는 나의 구체적인 목표를 달성했다: 　　　예(ㅇ), 아니오( ), 부분적( ) 아니오 또는 부분적이라면 그 이유는 무엇입니까 _____	

나. 코칭 성과의 평가

5점 척도를 이용하여 다음의 진술에 대한 귀하의 반응에 해당하는 번호를 골라 동그라미 치세요.
5점 척도: 1 매우 부정, 2 약간 부정, 3 보통, 4 약간 긍정, 5 매우 긍정

코칭의 결과로서	
1. 나는 코칭 없이 하는 것보다 나의 협상상황을 더 효과적으로 관리할 수 있었다.	1, 2, 3, 4, ⑤
2. 나는 객관적이고 판단하지 않는 사람과 대화할 기회를 가져 만족했다.	1, 2, 3, 4, ⑤
3. 나는 내가 협상을 잘 이해하도록 해주는 더 많은 통찰력과 자각을 얻었다.	1, 2, 3, 4, ⑤
4. 나는 나의 협상상황을 해결하는 실천 계획을 만들었으나 아직 실천하지 못했다.	①, 2, 3, 4, 5
5. 나는 나의 협상상황을 해결하는 실천 계획을 만들었으나 전혀 실천할 의도가 없다.	①, 2, 3, 4, 5
6. 나는 나의 협상상황을 해결하는 실천 계획을 만들었고 실천하여 성공했다.	1, 2, 3, 4, ⑤
7. 나는 나의 협상상황을 해결하는 실천 계획을 만들었고 비록 작동하지 않았지만 희망했던 대로 실천했다.	1, 2, 3, 4, ⑤
8. 내가 협상을 관리하는 방법을 향상시켰다는 말을 다른 사람에게서 들었다. 다른 사람이 어떤 방법으로 귀하가 발전했다고 말했는지 구체적으로 서술하세요. 상대방 B가 협상 후 소감을 말하면서 '대화 방법과 협상하는 기술이 전문가 같다.'라고 말했다.	1, 2, 3, ④, 5
9. 나는 다른 사람과 화해를 했다.	1, 2, 3, ④, 5
10. 나는 협상에서 나를 화나게 하고 내 반응을 유발한 것을 이해했다.	1, 2, 3, ④, 5
11. 나는 협상에 대한 나의 기여를 이해하게 되었다.	1, 2, 3, 4, ⑤

12. 나는 협상상황을 관리할 자신감을 얻었다.	1, 2, 3, 4, ⑤
13. 나는 협상상황에서 대처하고 소통하는 다른 상황에도 적용할 새로운 스킬과 방법을 얻었다.	1, 2, 3, 4, ⑤
14. 다른 사람과 상황에 대해 내가 가지고 있던 부정적인 감정이 감소했다.	1, 2, 3, ④, 5
15. 나는 협상에 대해 스트레스를 덜 받는다.	1, 2, 3, 4, ⑤
16. 나는 협상에 대한 일반적 접근방법과 태도의 긍정적 변화를 만들었으며 이것을 지금 사용하고 있거나 미래의 협상에서 사용하려고 한다.	1, 2, 3, 4, ⑤

다. 코치의 평가

5점 척도를 이용하여 코치에 대한 다음의 진술에 대한 귀하의 반응에 해당하는 번호를 골라 동그라미 치세요.
5점 척도: 1 매우 부정, 2 약간 부정, 3 보통, 4 약간 긍정, 5 매우 긍정

코치는	
1. 코칭, 사용한 모델과 과정, 비밀유지, 자신과 코치의 역할이 무엇인지에 대해 정보를 제공하고 명확히 했다.	1, 2, 3, 4, ⑤
2. 시간을 지켰고 내가 있을 때 있었거나 아니면 가능한 한 많이 나의 일정에 맞추어주었다.	1, 2, 3, ④, 5
3. 훌륭한 청취자였다.	1, 2, 3, 4, ⑤
4. 나의 협상과 다른 사람에 대한 나의 감정을 내가 잘 관리하도록 돕는 데 능숙했다.	1, 2, 3, 4, ⑤
5. 판단을 내리지 않고 객관적이었다.	1, 2, 3, 4, ⑤
6. 나의 협상에 개입해 있는 다른 사람에 대해 공정했다.	1, 2, 3, 4, ⑤
7. 이해하고, 지원하고, 사려 깊고, 존중하고, 공감적이었다.	1, 2, 3, 4, ⑤
8. 내가 무엇을 할지 어떻게 목표를 달성할 수 있을지를 스스로 결정하도록 나를 신뢰했다.	1, 2, 3, 4, ⑤

9. 내가 원하는 것보다 내가 말하거나 행동하기를 코치가 원하는 것에 관한 성과로 이끌지 않았다.	1, 2, 3, ④, 5
10. 과정 내내 나와 나의 목표에 중점을 두었다.	1, 2, 3, 4, ⑤

[그림 6-3] 협상코칭 사례의 평가

[생각해볼 점]

6-2 질문

1. 협상코칭을 시작하기 전에 어떤 준비 과정을 거치는가?
2. 만약 고객이 복합적 협상 전략을 선택한다면 그 액션플랜을 어떻게 수립하는 것이 좋은가?

6-3. 협상코칭의 활용

가. 연봉협상의 코칭

협상코칭이 활용되는 분야 중 개인적 협상으로서 현실에서 쉽게 활동하고 있는 분야는 바로 연봉협상 코칭이다. 실무에서 연봉협상 코칭을 제공하는 사례를 보면 우리가 앞에서 논의한 협상코칭의 개념과 방법을 충분히 응용하고 있는 것으로 보기는 어렵지만 현실적으로 상당한 수의 연봉협상 코칭이 제공되고 있음을 볼 수 있다. 여기서는 KMD Solutions 코칭 회사가 제공하는 연봉협상 코칭의 내용과 방법에 대해 소개하려고 한다.[5]

1) 연봉협상 코칭의 주요 서비스

연봉협상 코칭은 고객에게 가장 높은 연봉을 협상하도록 해주는 코칭이다. 연봉협상 코칭에서 코치가 제공하는 주요 서비스는 다음과 같다.

- 고객이 연봉협상을 두려워하지 않도록 해준다.
- 코치는 연봉협상 과정에 고객을 지원해준다. 코치가 시작부터 끝까지 고객과 함께한다. 코치는 고객이 여러 가지 시나리오를 검토해보게 한다.
- 코치는 고객이 위험과 보상을 평가해보도록 도와준다.
- 코치는 고객의 특별한 상황을 모두 맞추어 코칭을 해준다. 코치는 남성뿐 아니라 여성 고객에게도 코칭을 하고 계약 조건이든 역제안이든 어떤 다른 특수한 상황이든 그에 맞는 맞춤식 코칭을 제공한다.
- 연봉협상 코칭은 임금인상 협상도 포함하고 있다.
- 코치는 고객이 연봉협상을 어떻게 하는지 코치하고 훈련시킨다.
- 코치는 고객이 잡 인터뷰에서 바로 연봉협상을 잘할 수 있도록 연봉협

---

[5] KMD Solutions 코칭 회사의 코칭 관련 정보는 다음의 웹사이트에서 얻을 수 있다.
https://kmd-solutions.com/salary-negotiation-coaching-in-sydney/

상을 준비하게 해준다.
- 코치는 고객이 다른 영역에서 사용할 수 있는 유용한 협상 스킬을 습득하도록 도와준다. 고객이 제품 판매나 구매에서 협상을 잘할 수 있는 협상 스킬을 코치가 훈련시켜준다.

2) 연봉협상 코칭의 효용성

연봉협상 코칭을 받음으로써 얻을 수 있는 효용적 가치를 정리하면 다음과 같다.

- 고객의 보상과 위험을 평가할 수 있다. 고객의 개인적 상황을 코치가 검토하고 간단한 단계를 거쳐 높은 연봉을 협상하는 방법을 배울 수 있다.
- 코치의 풍부한 채용관리 경험과 지식을 공유할 수 있다.
- 고객이 연봉 패키지를 협상함으로써 더 많은 연봉을 얻을 수 있다.
- 연봉협상 코칭은 고객이 역제안 협상 스킬을 습득하는 데 도움을 준다.
- 연봉협상 코칭은 고객이 계약 조건에 대한 지식을 습득하는 데 도움을 준다.
- 연봉협상은 요구하고 있는 훈련, 계획 및 실습을 제공한다.
- 협상 과정에서 더 많은 자신감을 얻을 수 있다.
- 거부의 두려움을 극복할 수 있다.
- 모든 토론에는 비밀이 보장된다.
- 고객이 최고의 연봉을 얻을 수 있도록 도움을 받는다.

3) 연봉협상 코칭의 방법

연봉협상 코칭은 코치가 고객과의 개인적 면대면의 협의, 회의 또는 토론을 하거나, 전화나 화상회의를 통해 토론하거나, 온라인과 이메일을 통해 대화함으로써 제공된다. 연봉협상은 세 가지의 경우에 실시하게 되는데 신입사원 연봉협상, 통상적 연봉 또는 임금인상 협상, 승진 연봉협상을 포함한다. 신입사원 연봉협상에서는 기업이 고객을 채용하기로 먼저 결정한 다음 연봉을 협상하게 된다. 회사의 연봉 제안을 수용하기 전에 협상을 잘해야 한다. 복수의 채용 제안을 받았다면 협상하기가 더 쉬울 것이다.

통상적 연봉인상에서 임금인상을 협상할 경우는 다음과 같은 시기에 연봉인상을 요구하는 것이 가장 적기이다.

- 회사가 양호한 재무 성과를 발표한 다음
- 차기년도의 예산을 책정하기 전
- 경쟁사에게서 채용 제안을 확보했을 때
- 주요 프로젝트를 성공적으로 완성했을 때

여기서 주의할 점은 사표를 내어야 할 수밖에 없는 경우라면 어쩔 수가 없지만 새로운 직장의 제안을 받기 전에는 절대로 사표를 내서는 안 된다는 것이다. 위와 같은 시기라면 연봉협상 코치의 도움을 받아서 협상을 할 것을 고려해볼 것을 적극 권장하고 있다.

승진 연봉협상은 지위 상승이 있을 때나 추가적 업무에 대한 보상을 받아야 할 때 실시된다. CEO, 엔지니어, 회계사 등 모든 직업에서 연봉협상 코칭이 가능하며 사용자의 구조조정 패키지나 화해적 사표 패키지에 대한 보상 패키지에 대한 코칭도 가능하다.

나. 온라인 협상코칭

협상코칭이 오프라인에서 면대면 코칭을 전제로 하여 기술되고 발전되고 있는 것이 사실이지만 온라인으로 제공될 가능성도 매우 크다. 온라인 분쟁해결(Online Dispute Resolution, ODR)은 매우 빠르게 발전하고 있는 분야이다. 2004년의 조사에 의하면 전 세계적으로 115개 이상의 ODR 사이트가 활동하고 서비스를 제공하고 있다(Conley Tyler, 2005). 그 후 15년이 경과한 상황에서 훨씬 많은 ODR 사이트가 활동하고 있는 것으로 추측된다. 실제 2017년 제8차 아시아태평양조정포럼(Asia Pacific Mediation Forum, APMF) 컨퍼런스에서 발표된 논문 40편 중에서 ODR에 대한 연구와 방법에 대한 발표가 11편이나 있었던 것은 그러한 추세를 반영하고 있다.[6]

이렇게 ODR 서비스가 크게 성장하는 상황에서 갈등코칭과 협상코칭도 온라인을 통한 서비스 제공이 발전될 것으로 예상된다. 이는 온라인 조정이나 중재 서비스를 계획하는 이들이 분쟁 당사자들에게 갈등, 협상코칭의 요소를 가미할 가능성이 매우 크기 때문이기도 하다(Jones & Brinkert, 2008, p.288).

최근 온라인에서 갈등과 협상코칭을 제공하는 회사들을 몇 개 소개할 필요가 있다. 영국의 CAOS Conflict Management 회사는 Skype, FaceTime, 전화, 온라인 형태를 이용하여 갈등코칭 서비스를 제공하고 있다.[7] CAOS Conflict Management는 런던을 기반으로 하므로 영국에서는 면대면 코칭을 하지만 특히 해외 코칭일 경우 이러한 전화나 온라인 코칭을 실시하고 있다. Skype나 온라인으로 제공하는 갈등코칭의 비용은 한 시간에 개인 코칭 £50에서 비즈니스 코칭 £150으로 책정되어 있다. 이 범위 내에서 재정적 상황에 따라 협의하여 결정할 수 있다. 보통 한 번의 코칭 회의는 1시간 30분 정도이다. 갈등코칭에 사용하는 자료는 자체 출판사에

---

[6] 8th Asia Pacific Mediation Forum Conference, https://apmf2017.mediation.vn/

[7] CAOS Conflict Management, "Conflict Coaching," https://www.communicationandconflict.com/conflict-coaching.html/

서 출판한 Sharland(2018), *A Guide to Effective Communication for Conflict Resolution: How Mindful Communication Supports Growth Through Conflict*, London, UK: A CAOS Conflict Management Publication이라는 책이다.

Scott Docherty의 pocketconflictcoach는 갈등을 효과적으로 관리하기 위해 지원하는 자동화된 온라인 갈등코칭 과정이다.[8] 자신의 속도에 맞추어 갈등코칭의 이론과 도구를 습득할 수 있다. 현재 갈등을 겪고 있는 사람이나 최근에 갈등을 경험한 사람이나 다른 사람의 갈등에 조정인, 협상가, 변호사로 개입하는 사람에게 이 과정은 매우 유익하다. 또 pocketconflictcoach에서 프로그램을 소지하면서 언제든 원할 때마다 갈등 코치에게 코칭을 받으면 스킬 향상과 목표 달성에 도움을 받을 수 있다. 비용은 £199이다.

마스터 생애 코치(Master Life Coach)인 Talane Miedaner(2000)는 "Coach Yourself to Success"라는 저서를 통해 52주간의 온라인 라이프 스킬 과정을 제공하고 있다.[9] 이 과정은 금전, 관계, 경력, 시간 등 생애의 모든 분야에서 성공할 수 있도록 도와주는 온라인 코칭 과정이다. Lifecoach.com에서는 코칭 과정이 진행되는 동안 라이프 코치에게 한 달에 두 번씩 코칭 전화를 할 수 있도록 코칭을 제공한다. 12개월간 진행되는 온라인 코칭 비용은 매월 $97이며 첫 달은 무료이다.

APEX는 커리어 서비스를 제공하는 미국 캔자스시티에 있는 회사이다. 코칭 서비스로는 경력 코칭(Career Coaching), 인터뷰 코칭(Interview

---

[8] scott docherty's pocketconflictcoach, https://mediationinyourpocket.com/pocketconflictcoach-home/

[9] Lifecoach.com, https://dr148.infusionsoft.app/app/storeFront/showProductDetail?productId=92&cookieUUID=57cd0f48-fe01-44b0-b772-4893c5ef0208

Coaching), 연봉협상 코칭(Salary Negotiation Coaching) 등을 실시하고 있다.[10] 커리어 관련 자격인증서는 Certified Professional Career Coach (CPCC)에서 받고 있다. APEX는 고객에게 경력 선택과 발전을 할 수 있는 전문적 자기증진 방법을 제공하고 있으며 고객의 개인적 성장과 생애 소득 잠재성을 증가시킴으로써 생애 만족을 주는 목적으로 활동하고 있다. 코칭 서비스는 이메일, 전화, 팩스, Skype, 온라인 등의 방법으로 제공하고 있다. 코칭의 비용은 1시간당 $149이다.

다. 협상 스킬 향상 코칭

협상 스킬의 교육이 학문적 차원에서 제공되어 왔던 방식과는 다르게 코치에 의한 협상 스킬 훈련이 실무적 차원에서 제공되고 있다. 코칭이 실제 현실의 협상이 진행되는 과정 중에 제공되면서 고객의 성공적 협상 목표 달성에 기여할 뿐 아니라 고객의 협상 스킬 향상에도 기여한다는 것은 익히 알려져 있다. 그래서 협상 코치는 협상 스킬 훈련에만 집중하여 협상코칭의 전문성을 활용할 수 있다.

실제로 많은 코칭 회사는 협상코칭과 협상 스킬 훈련을 동시에 수행하고 있다. 영국 런던에 기반을 둔 Negotiation Coach는 The Negotiator Programme을 제공하고 있는데 이는 개인 고객이나 팀이 모든 협상에서 통제하고 가치를 극대화하기 위해 권한을 위임해 주도록 설계한 협상 훈련과 코칭 프로그램이다.[11] 행동을 통해서 배우는 것이 가장 효과적이라는 철학을 바탕으로 코치가 많은 상호작용의 학습 경험을 창조하여 제공함으로써 학습자들이 모든 협상상황에서 대처하는 능력을 기를 수 있도록 도

---

[10] APEX, https://www.apexcareerservices.com/
[11] The Negotiation Coach,
https://thenegotiationcoach.co.uk/the-negotiator-programme

와주게 된다. 이 프로그램은 개인과 기업이 협상 스킬을 증진하고 자신감을 가지고 협상력을 기를 수 있도록 지원할 목적으로 제공되고 있다.

1일 Negotiator 워크숍은 효과적 협상의 스킬, 절차, 도구, 행동을 제공하도록 일정이 짜여 있다. 참가자들은 자신의 행동 적절성을 평가할 비디오 피드백을 통해 협상의 준비, 행동, 분석을 할 수 있다. 이 워크숍을 이수하고 난 다음 학습을 직장에 응용하기 위해 1대1 코칭을 받게 된다. 워크숍 후 1개월간 면대면이나 전화로 실제 협상에 적용하는 데 코칭을 제공한다. 또한, Negotiation Coach는 직장 내 맞춤식 협상 스킬 훈련인 In-house Programmes을 제공하고 있다. 이 프로그램은 전 세계 어느 곳에서든 장소와 시간 상관없이 고객과 협의하여 제공하는 맞춤식 훈련 프로그램이다.

홍콩에 기반을 둔 Scotwork는 협상 스킬의 정규강좌, 공개강좌 및 사내 교육과정을 제공하고 있다.[12] 정규강좌로는 고급 협상 스킬(Advanced Negotiation Skills(ANS)) 1, 고급 협상 스킬(Advanced Negotiation Skills) 2, 스캇워크 접략 협상(Scotwork Strategic Negotiating), 코칭 협상 스킬(Coaching Negotiation Skills), 협상 기초 워크샵(Negotiating Foundation Workshop) 등이 있다. Advanced Negotiation Skills 1은 2.5일 동안 실시되고 과정당 12명만 참여할 수 있으며 2명의 강사가 진행하는 과정이다. ANS 2는 ANS 1을 이수해야 신청할 수 있는 심화된 협상 스킬 과정으로서 2일 동안 실시되고 코치에 의한 1대1 지도가 더 많이 진행된다. 나머지 과정들은 협상의 전략, 코칭, 구성요소에 대한 교육과정이다. 공개 협상 강좌는 모든 수준의 경험, 직장, 스킬을 가진 사람들에게 제공된다. 이러한 다양성은 협상 훈련 코치뿐 아니라 서로에게서 배울 기회를 준다. 개인적

---

[12] Scotwork, https://www.scotwork.hk/negotiation-skills-training-courses/coaching-negotiation-skills/

으로 등록을 해도 되고 3명까지 단체로 예약을 하면 강의를 개설할 수 있다. 사내 교육과정은 한 기업에 특화된 과정으로서 기업의 욕구를 정확하게 반영하여 설계된 맞춤 교육 내용을 제공한다. 사내 교육과정은 과정당 최대 12명까지 수용할 수 있다.

네덜란드 Antwerpen에 기반을 둔 Expert Academy는 협상 스킬 훈련과정을 제공하고 있는데 조직의 맞춤 교육을 제공하기도 한다.[13] 훈련 내용은 협상의 개념, 요소, 과정, 사례, 시뮬레이션 실습, 개별 피드백, 참가자 사례의 협상 인터뷰 등을 포함하고 있다. 이 실습 중심의 훈련 과정은 모든 근로자와 협상에 개입한 위원들, 스킬을 증진하려는 사람들에게 적합하다. 보다 주체적으로는 구매 담당자, 임원, 관리자, 영업 담당들이 이 과정을 신청하기에 적절한 훈련 대상자들이다. Expert Academy는 1대1 개인 훈련이나 코칭도 제공하고 있다. 개인적 코칭에 의한 훈련은 어떤 다른 교육이나 훈련의 형태보다 더 효과적인 것으로 평가되고 있다. 개인적 코칭에서는 개인적 자질 이해, 개인적 장애 요소, 개인적 목표 설정, 올바른 의사결정 코칭 등이 다루어진다. 개인적 코칭을 통해 개인적 자질 이해, 중요 발표 준비, 대중연설 기술이나 자신감 습득, 리더십 스킬, 갈등해결방법, 감정 관리, 일 가정 균형 등의 효과를 얻을 수 있다.

라. 조직분쟁 체계와 협상코칭

최근 20년간 조직 내 분쟁 체계를 도입하려는 시도가 증가하는 추세이다. 조직분쟁체계설계(Organization Dispute System Design, ODSD)의 최초 원칙을 도입한 연구는 Yuri, Brett, & Goldberg(1988)이다. 그들은 갈

---

[13] Expert Academy, https://www.expertacademy.be/en/educations/1275/leadership-management/negotiating-skills

등관리에 이해기반, 권리기반, 무력기반, 회피 방법 등 네 가지 방법이 있음을 처음으로 제안하고 후속 ODSD 연구들의 토대를 마련해주었다. 그 이후 많은 연구가 있었지만 Lipsky, Seeber, & Fincher(2003)가 ODSD를 체계적이고 종합적으로 연구했다. 그들은 작업장에서 ADR을 촉진하는 역사적·사회적·정치적·경제적 상황을 토론하고 조직 내 분쟁 체계를 설계하고 사례를 제시했다. 국내에서는 작업장 내 고충처리제도의 ADR식 접근방법에 대한 연구와 통합갈등관리체계에 대한 종합적 연구가 있었다 (원창희, 2011a, 2011b).

조직 내 분쟁 체계를 활용하면서 갈등코칭과 협상코칭이 어떤 역할을 할 수 있을까? 존스·브린커트의 연구에서 이러한 질문에 대한 해답을 찾아볼 수 있다. 그들은 갈등코칭이 6가지 기능을 수행할 수 있을 것으로 제안했다(Jones & Brinkert, 2008, pp.234-242). 갈등코칭의 6가지 기능은 조사, 설명, 준비, 체계 접근의 선택과 시기, 반사적 분석, 미래 계획이다.

1) 조사(investigation)

고객인 조직 내부와 외부의 분쟁해결 옵션들을 조사하는 데 코치가 도움을 주어야 한다. 많은 조직구성원이 자신의 조직 내외 분쟁해결 정책, 절차, 체계를 잘 모르고 있다. 코치는 ODSD를 알고 있으므로 고객에게 공통적으로 사용하는 과정과 개발된 정책을 안내해 줄 수가 있다.

2) 설명(explanation)

조정과 중재의 차이점이 무엇이며, 초기 중립 평가(early-neutral evaluation)가 무엇이며, 옴부즈맨이 무엇을 하는지, 사실조사(fact-finding)는 내게 어떻게 도움을 줄 수 있을지 하는 질문들은 고객들에게 많이 들을 수 있는 질문인데 이에 대해 코치는 설명해 줄 수 있다. 여러 종류의 ADR

과정과 특성에 대해 코치가 설명해준다면 고객이 판단하는 데 도움이 된다.

3) 준비(preparation)

스포츠 코치는 어떤 수준의 성과를 달성하는 데 어떤 스킬이 필요한지를 잘 아는 사람이다. 마찬가지로 갈등 및 협상 코치도 어떤 분쟁해결 과정이 사용되더라도 그 최적을 얻을 수 있도록 고객이 준비하는 데 도움을 주어야 한다. 이러한 준비가 필요한 부분을 살펴보면 다음과 같다.

(1) 옴부즈맨 준비하기
- 조직의 정치적 상황 학습
- 분쟁해결 과정 현실 시험
- 성과의 대안을 시험
- 행동 비용 평가

(2) 조정 준비하기
- 조정인과 조정 과정 이해
- 조정을 위한 이야기 준비
- 이해와 기준 식별
- 옵션 브레인스토밍
- 한계 결정

(3) 중재 준비하기
- 중재인 선정 고려
- 증명과 증거 준비

4) 체계 접근의 선택과 시기(selection and timing of system access)

갈등 코치는 다음의 중요한 질문에 대한 답을 스스로 가지고 있어야 할 것이다.

(1) 갈등에 대한 어떤 수준의 개입(옴부즈맨, 조정, 중재, 사실조사, 소송 등)이 고객에게 가장 적절할 것인가?
(2) 어떤 지점에서 고객이 분쟁 체계에 개입하는 것이 적절할 것인가?
(3) 갈등코칭이 분쟁 체계의 과정에 언제 어떻게 개입할 것인가?

5) 반사적 분석(reflective analysis)

갈등 코치가 개입한 이후 고객이 ODSD를 잘 활용했는지를 평가할 때 반사적 분석이 매우 유용하다. 고객이 분쟁 체계를 다 거친 후 또는 전체 경험을 하고 난 다음 갈등 코치는 반사적 분석을 통해 고객을 지도할 수 있다.

6) 미래 계획(future planning)

갈등 코치는 고객이 다음 단계를 보고 미래 행동의 과정을 그려보도록 도와줄 수 있다.

조직 내에서 협상코칭이 갈등코칭과 유사한 역할을 하게 될 경우 이러한 질문들은 협상 코치에게 도움이 될 것이다. 갈등코칭과 협상코칭이 조직구성원들의 갈등과 협상 스킬의 향상을 위한 훈련에 활용되고 있는 것은 분명하나 ODSD 내에서 어떤 역할을 하는지는 더 구체적인 연구가 필요하다.

[생각해볼 점]

6-3 질문

1. 연봉협상의 종류와 시기를 설명하라.

2. 조직 내 분쟁 체계를 활용하면서 갈등코칭과 협상코칭이 어떤 역할을 할 수 있을까?

참고문헌

도미향(2008), "가족역량 강화를 위한 리더십 코칭 적용," 『코칭연구』, 1, pp.21-41.
딜츠(2009), 『비전과 변화를 위한 긍정 코칭』, 박정길 역, 아카데미북.
박윤희·기영희(2010), "커리어코칭 전개 과정에 관한 연구," 『Journal of Korean HRD Research』, 5(2), pp.63-85.
박종규(2014), "조직개발(OD)의 또 다른 접근법: 강점에 기반한 긍정적 변화, AI(Appreciative Inquiry)," 『월간인재경영』, 2014년 4월호, 제110호.
앙젤, 피에르·파트릭 아마르(2012), 『코칭 이론과 실행』, 홍성호 역, 성균관대학교 출판부.
에노모토 히데타케(2000), 『마법의 코칭』, 황소연 역, 새로운 제안.
원창희(2005), 『노동분쟁의 조정: 이론과 실제』, 법문사.
원창희(2009a), "고용분쟁해결의 ADR식 접근방법," 『산업관계연구』, 제19권 제1호, pp.87-109.
원창희(2009b), 『사례로 배우는 대안적 분쟁해결: 협상, 조정, 중재』, 이지북스.
원창희(2011a), "고충처리의 ADR식 해결방법," 『산업관계연구』, 제21권 제1호, pp.95-114.
원창희(2011b), "한국형 통합갈등관리체계," 『산업관계연구』, 제21권 제4호, pp.79-104.
원창희(2012), 『갈등관리의 이해』, 한국문화사.
원창희(2016), 『협상조정의 이해』, 한국문화사.
이달곤(2000), 『협상론』, 법문사.
이소희(2008), 『멋진 응원, 코칭』, 신정출판사.
이소희(2010), "2010 서울특별시 여성발전기금사업 학습코치사 양성교육교

재," 서울특별시.
이소희·길영환·도미향·김혜연(2016), 『코칭학개론』, 신정출판사.
이종수(2009), 『행정학사전』, 대영문화사.
장동운(2009), 『갈등관리와 협상기술』, 무역경영사.
존스·브린커트(2011), 『리더의 소통전략』, 전형준·김학린·김무겸 역, 지식노마드.
콜린스, 게리(2011), 『코칭바이블』, 양형주·이규창 역, 한국기독학생출판부.
킴지하우스·킴지하우스·샌달·휘트워스(2016), 『코엑티브 코칭』, 김영순·임광수 역, 김영사.
한국부모코칭센터(2005), "우리아이 잠재력 개발을 돕는 부모코칭전략."

Amadei, Robin(2011), "Conflict Coaching," Article, Mediate.com.
Barge, J. K.(2001), "Creating Healthy Communities Through Affirmative Conflict Communication," *Conflict Resolution Quarterly*, 19, pp.89-101.
Barrett, Jerome T.(1998), *PAST is the Future: A Model for Interest-Based Collective Bargaining That Works!* 5th ed., Falls Church, Virginia: Jerome Barrett & Sons Publishing Co.
Bazerman, M. H., T. Magliozzi, and M. A. Neale(1985), "Integrative Bargaining in a Competitive Market," *Organizational Behavior and Human Decision Process*, 35, pp.294-313.
Ben Yoav, O. and D. G. Pruitt(1984), "Accountability to Constituents: A Two-Edged Sword," *Organizational Behavior and Human Performance*, 34, pp.283-295.
Berglas, S.(2002), "The Very Real Dangers of Executive Coaching," *Harvard Business Review*, 80(6), pp.86-92.
Bergquist, William(2007), "The Application of Appreciative Perspectives to the Coaching Enterprise," *International Journal of Coaching in Organizations* 4, pp.44-54.
Boulding, Kenneth E.(1963), *Conflict and Defense: A General Theory*, New

York: Harper & Row.
Brahm, Eric(2003), "Conflict Stages," in Guy Burgess and Heidi Burgess(Eds.), *Beyond Intractability*, Conflict Research Consortium, University of Colorado, Boulder, September 2003.
Brandon, Mieke and Leigh Robertson(2007), *Conflict and Dispute Resolution: A Guide for Practice*, South Melbourne, Australia: Oxford University Press.
Brinkert, R.(1999), "Challenges and Opportunities for a Campus Conflict Education Program," Paper presented at the Conflict Resolution in Education Network [CREnet] Conference, Boston, MA.
Canfield, Jack and Peter Chee(2013), *Coaching for Breakthrough Success: Proven Techniques for Making Impossible Dreams Possible*, New York: McGraw-Hill Education.
Cialdini, Robert B.(1993), *Influence: Science and Practice*, 3rd ed., New York, NY: Harper-Collins.
Coddington, Alan(1968), *Theories of the Bargaining Process*, Chicago: Aldine Pub. Co.
Conexus, "How is Coaching Different from Mentoring, Consulting and Counselling?" http://www.conexus.ie
Conley Tyler, M.(2005), "115 and Counting: The State of ODR 2004," in M. Conley Tyler, E. Katsh, and D. Choi(Eds.), *Proceedings of the Third Annual Forum on Online Dispute Resolution*, Melbourne, Australia: International Dispute Resolution Centre.
Cooperrider, David and Suresh Srivastva(1987), "Appreciative Inquiry into Organizational Life," in R. Woodman & W. Pasmore(Eds.), *Research in Organizational Change and Development*, Vol. 1, Greenwich, CT: JAI Press, pp.129-169.
Cooperrider, David and Diana D. Whitney(2005), *Appreciative Inquiry: A Positive Revolution in Change*, San Francisco, CA: Berrett-Koehler

Publishers.

Covey, Stephen R.(1989), *The 7 Habits of Highly Effective People: Powerful Lessons in Personal Change*, Simon & Schuster.

Deutsch, M.(1973), *The Resolution of Conflict*, New Haven, CT: Yale University Press.

Eiseman, J. W.(1978), "Reconciling Incompatible Position," *Journal of Applied Behavioral Science*, 14, pp.133-150.

Fisher, Roger(1964), "Fractioning Conflict," in R. Fisher(Ed.), *International Conflict and Behavioral Science: The Craigville Papers*, New York, NY: Basic Books.

Fisher, Roger(1969), *International Conflict for Beginners*, New York, NY: Harper & Row.

Fisher, R. and S. Brown(1988), *Getting Together: Building a Relationship that gets to Yes*, Boston, MA: Houghton Mifflin.

Fisher, Roger, William Ury and Bruce Patton(1991), *Getting to Yes*, New York, NY: Penguin Books.

FMCS(2004), "Interest-Based Bargaining Program," Training Manual, FMCS.

Folberg, Jay and Dwight Golann(2011), *Lawyer Negotiation: Theory, Practice, and Law*, 2nd ed., New York, NY: Wolters Kluwer.

Folger, J. P. and T. S. Jones(1994)(Eds.), *New Directions and Mediation: Communication Research and Perspectives*, Thousand Oaks, CA: Sage.

French J. R. P. and B. Raven(1959), "The Bases of Social Power," In D. Cartwright(Ed.), *Studies in Social Power*, Ann Arbor, MI: Institute of Social Research.

Frey, Martin A.(2003), *Alternative Methods of Dispute Resolution*, Canada: Delmar Learning.

Furlong, G. T.(2005), *The Conflict Resolution Toolbox*, Mississausa, Canada: Wiley.

Gergen, K. J.(1999), *An Invitation to Social Construction*, London: Sage.

Guttman, H. M.(2005), "Conflict Management as a Core Leadership Competency," *Training*, 42(11), pp.34-39.

Hammer, M. R.(2005), "The Intercultural Conflict Style Inventory: A Conceptual Framework and Measure of Intercultural Conflict Resolution Approaches," *International Journal of Intercultural Relations*, 29, pp.675-695.

Hammond, S. A.(1996), *The Thin Book of Appreciative Inquiry*, 2nd ed., Bend, OR: Thin Book Publishing.

Harvard Business School(2003), *Negotiation*, Harvard Business Essentials, Harvard Business School Press.

Henderson, B.(1973), *The Nonlogical Strategy*, Boston, MA: Boston Consulting Group.

Hocker, Joice L. and William W. Wilmot(1995), *Interpersonal Conflict*, 4th ed.

Holt, J. L. and C. J. DeVore(2005), "Culture, Gender, Organizational Role, and Styles of Conflict Resolution: A Meta-analysis," *International Journal of Intercultural Relations*, 29, pp.165-196.

Jameson, J. K.(1998), "Diffusion of a Campus Innovation: Integration of a New Student Dispute Resolution Center into the University Culture," *Mediation Qarterly*, 16, pp.129-146.

Jones, Tricia S. and Ross Brinkert(2008), *Conflict Coaching: Conflict Management Strategies and Skills for the Individual*, Thousand Oaks, CA: Sage.

Kennedy-Moore, Eileen and Jeanne C. Watson(1999), *Expressing Emotion: Myths, Realities, and Therapeutic Strategies*, New York: The Guilford Press.

Kilburg, R. R.(2000), *Executive Coaching: Developing Managerial Wisdom in a World of Chaos*, Washington, DC: American Psychological Association.

Kneeland, Steven(1999), *Effective Problem Solving*, Oxford, UK: How to Books.

Koone, Richard(2010), "Executive Coaching: Leadership Development in the Federal Government," *The Public Manager*, Vol. 39, No. 2, pp.44-51.

Kotter, J.(1979), *Power in Management*, New York, AMACOM.

Kovac, Kimberlee K.(2000), *Mediation*, 2nd ed., West Group.

Kovac, Kimberlee K.(2005), "Mediation," in Michael L. Moffitt and Robert C. Bordone(Eds.), *The Handbook of Dispute Resolution*, San Francisco, CA: Jossey-Bass, pp.304-17.

Kuhn, T. and M. S. Poole(2000), "Do Conflict Management Styles Affect Group Decision Making?" *Human Communication Research*, 26(4), pp.588-590.

Lax, D. and J. Sebenius(1986), *The Manager as Negotiator: Bargaining for Cooperation and Competitive Gain*, New York: Free Press.

Lewicki, Roy J.(1992), "Negotiating Strategically," in A. Cohen(Ed.), *Portable MBA in Management*, New York, NY: John Wiley and Sons.

Lewicki, Roy J., Joseph A. Litterer, John W. Minton and David M. Saunders(1985), *Negotiation*, 2nd ed., Burr Ridge, Illinois: IRWIN.

Lewicki, Roy J., Bruce Barry, and David M. Saunders(2009), "Best Practice in Negotiation," *Negotiation*, 6th ed., McGraw-Hill/IRWIN.

Lewicki, Roy J., Bruce Barry, and David M. Saunders(2015), "Best Practice in Negotiation," in Lewicki, Barry, and Saunders(Eds.), *Negotiation Reading, Exercises and Cases*, 7th ed., New York, NY: McGraw-Hill. pp.465-474.

Libsky, D. B., R. L. Seeber, and R. D. Fincher(2003), *Emerging Systems for Managing Workplace Conflict: Lessons from American Corporations for Managers and Dispute Resolution Professionals*, San Francisco: Jossey-Bass.

Ludema, J. D.(1997), "Narrative Inquiry: Collective Storytelling as a Source of Hope, Knowledge, and Action in Organizational Life," *Dissertation Abstracts International Section A: Humanities and Social Sciences*, 58(1-A), 0218.

Ludema, J. D.(2002), "Appreciative Storytelling: A Narrative Approach to Organization Development and Change," in R. Fry, F. Barrett, J. Seiling, & D. Whitney(Eds.), *Appreciative Inquiry and Organizational Transformation: Reports from the Field*, Westport, CT: Quarum Books/Greenwood, pp.230-261.

Luthans, F. and R. Kreitner(1985), *Organizational Behavior Modification and Beyond*, Glenview, IL: Scott, Foresman.

McCorkle, Suzanne and Melanie J. Reese(2010), *Personal Conflict Management: Theory and Practice*, Boston, MA: Allyn & Bacon.

Menkel-Meadow, Carrie(2005), "Roots and Inspiration: A Brief History of the Foundations of Dispute Resolution," in Michael L. Moffitt and Robert C. Bordone(Eds.), *The Handbook of Dispute Resolution*, San Francisco, CA: Jossey-Bass.

Miedaner, Talane(2000), *Coach Yourself to Success*, New York, NY: McGraw-Hill.

Miller, Brain Cole(2012), *Quick Brainstorming Activities for Busy Managers*, New York: AMACOM

Missner, M.(1980), *Ethics of the Business System*, Sherman Oaks, CA: Alfred Publishing Company.

Moffitt, Michael L. and Andrea Kupfer Schneider(2014), *Dispute Resolution: Examples and Explanations*, 3rd ed., New York, NY: Wolters Kluwer.

Morley, I. and G. Stephenson(1977), *The Social Psychology of Bargaining*, London: Allen and Unwin.

Moore, Christopher W.(2003), *The Mediation Process: Practical Strategies for Resolving Conflict*, 3rd ed., San Francisco, CA: Jossey-Bass.

Noble, Cinnie(2012), *Conflict Management Coaching: The CINERGY*^{TM}

Model, 2012 CINERGY™ Coaching.

Osgood, Charles E.(1962), *An Alternative to War or Surrender*, Urbana, IL: University of Illinois Press.

Passmore, Jonathan(2016)(Ed.), *Excellence in Coaching: The Industry Guide*, 3rd ed., London; Philadelphia: Kogan Page.

Patterson, Susan and Grant Seabolt(2001), *Essentials of Alternative Dispute Resolution*, 2nd ed., Dallas, Texas: Pearson Publications.

Patton, Bruce(2005), "Negotiation," in Michael L. Moffitt and Robert C. Bordone(Eds.), *The Handbook of Dispute Resolution*, San Francisco, CA: Jossey-Bass, pp.279-303.

Robbins, Stephen P.(2005), *Organizational Behavior*, 11th ed., Upper Saddle River, New Jersey: Pearson Prentice Hall.

Robbins, Stephen P. and Timothy A. Judge(2010), *Essentials of Organizational Behavior*, 10th ed., Upper Saddle River, New Jersey: Pearson Prentice Hall.

Rock, David and Linda J. Page(2009), *Coaching with the Brain in Mind: Foundations for Practice*, Hoboken, NJ: John Wiley & Sons.

Salancik, G. R. and J. Pfeffer(1977), "Who Gets Power and How They Hold on to it: A Strategic-Contingency Model of Power," *Organizational Dynamics*, 5, pp.3-21.

Sharland, Alan(2018), *A Guide to Effective Communication for Conflict Resolution: How Mindful Communication Supports Growth Through Conflict*, London, UK: A CAOS Conflict Management Publication.

Shell, G. Richard(2006), *Bargaining for Advantage: Negotiation Strategies for Reasonable People*, New York: Penguin Books.

Srivastva, Suresh(1999), *Appreciative Management and Leadership: The Power of Positive Thought and Action in Organizations*, San Francisco, CA: Jossey-Bass.

Stern, L.(1994), "Executive Coaching : A Working Definition," *Consulting*

Psychology Journal: Practice and Research, 56(3), pp.154-162.

Susskind, Lawrence E.(1999), "An Alternative to Robert's Rules of Order for Groups, Organizations, and Ad Hoc Assemblies that Want to Operate by Consensus," in Susskind, Lawrence E., Sarah McKearnen, and Jennifer Thomas-Lamar(Eds.), *The Consensus Building Handbook: A Comprehensive Guide to Reaching Agreement*, 1st ed., Thousand Oaks, California: SAGE Publications, Inc., pp.3-60.

Susskind, Lawrence E., Sarah McKearnen, and Jennifer Thomas-Lamar(1999), *The Consensus Building Handbook: A Comprehensive Guide to Reaching Agreement*, 1st ed., Thousand Oaks, California: SAGE Publications, Inc.

Tavris, Carol(1989), *Anger: The Misunderstood Emotion*, New York: Simon & Schuster.

Thomas, Kenneth W. and Ralph H. Kilmann(1974), *Thomas-Kilmann Conflict Mode Intrument*, Consulting Psychologists Press, Inc.

Tidwell, A.(1997), "Problem Solving for One," *Mediation Quarterly*, 14, pp.309-317.

Ting-Toomey, S., J. G. Oetzel and K. Yee-Jung(2001), "Self-construal Types and Conflict Management Styles," *Communication Reports*, 14(2), pp.87-104.

Tjosvold, D.(1985), "Power and Social Contexts in Superior-Subordinate Interaction," *Organizational Behavior and Human Decision Process*, 35, pp.281-293.

Ury, W.(1991), *Getting Past No: Negotiating with Difficult People*, New York, NY: Bantam Books.

Ury, W., J. M. Brett, and S. B. Goldberg(1988), *Getting Dispute Resolved: Designing Systems to Cut the Costs of Conflict*, San Francisco: Jossey-Bass.

Walton, R. E. and R. B. McKersie(1965), *A Behavioral Theory of Labor Negotiations*, New York, NY: McGraw-Hill.

Watkins, M.(1999), "Negotiating in a Complex World," *Negotiation Journal*, 15, pp.229-270.

Winslade, J. and G. Monk(2000), *Narrative Mediation: A New Approach to Conflict Resolution*, San Francisco: Jossey-Bass.

Winslade, J. and G. Monk(2005), "Does the Model Overarch the Narrative Stream?" in M. Herrman(Ed.), *Blackwell Handbook of Mediation: Theory and Practice*, New York: Blackwell, pp.217-228.

[사전]

나무위키, "나비 효과."
Wikipedia, "Coaching."

[웹사이트]

8th Asia Pacific Mediation Forum Conference,
　　https://apmf2017.mediation.vn/
Amadei, "Conflict Coaching," http://www.commongroundmediation.com
APEX, https://www.apexcareerservices.com/
CAOS Conflict Management, "Conflict Coaching,"
　　https://www.communicationandconflict.com/conflict-coaching.html/
Communityboards, "Conflict Coaching,"
　　https://communityboards.org/resolution-services/conflict-coaching/
Conexus, http://www.conexus.ie
Expert Academy,
　　https://www.expertacademy.be/en/educations/1275/leadership-management/negotiating-skills
ICF, "Standards of Ethical Conduct,"
　　https://coachfederation.org/code-of-ethics

Jackcanfield, https://www.jackcanfield.com
John Curtis, "Negotiation Coaching,"
  https://www.johncurtis.ca/services/negotiation/
John Curtis, "Conflict Coach Training,"
  https://www.johncurtis.ca/services/conflict-coach-training/
KMD Solutions,
  https://kmd-solutions.com/salary-negotiation-coaching-in-sydney/
Lifecoach.com,
  https://dr148.infusionsoft.app/app/storeFront/showProductDetail?productId=92&cookieUUID=57cd0f48-fe01-44b0-b772-4893c5ef0208
MBTI, https://www.myersbriggs.org/my-mbti-personality-type/mbti-basics/
NGA, "Dr. Sanders Joins NGA,"
  https://negotiationguidance.com/2009/01/05/dr-sanders-joins-nga/
NGA, "Negotiating Coaching,"
  https://negotiationguidance.com/about/negotiation-coaching/
NGA, "Negotiation Coaching Program Details,"
  https://negotiationguidance.com/coaching-program/negotiation-coaching-program-details/
Scott Docherty's pocketconflictcoach,
  https://mediationinyourpocket.com/pocketconflictcoach-home/
Scotwork,
  https://www.scotwork.hk/negotiation-skills-training-courses/coaching-negotiation-skills/
Temple University, Student Conduct and Community Standards,
  https://studentconduct.temple.edu/process-review-meeting
The Negotiation Coach,
  https://thenegotiationcoach.co.uk/the-negotiator-programme

찾아보기

■ 한글

➡ ㄱ

가능성 질문(possibility questioning)__122
가사소송__259
가시성__180
가정(Assumptions, A)__203, 284
가치__6
가치 요구__223
가치 창조__223
갈등__3, 4, 72, 78
갈등 상담__29
갈등 스타일__18
갈등 완화 전략__228
갈등 정의__5
갈등 코치__76
갈등 평가__29
갈등 후 평화구축__11
갈등관리__73
갈등관리 모형__202
갈등관리 스타일__24
갈등관리 코칭(conflict management coaching)__70
갈등대처 방법__14
갈등상황__72, 94
갈등상황 분석__95, 147, 148
갈등상황 파악__147
갈등의 결과__149
갈등의 단계__10
갈등의 동태적 모형__15

갈등의 발단__95
갈등의 어원__4
갈등의 원인__149
갈등의 원천__7
갈등의 진행경로__13
갈등조정__70
갈등코칭(conflict coaching)__7, 16, 29, 70, 71, 73, 74, 76, 78, 91, 241
갈등코칭의 6가지 기능__335
갈등코칭의 개념__70
갈등코칭의 계약__136
갈등코칭의 원칙__74
갈등코칭의 절차__84, 85
갈등코칭의 정의__71, 72, 243
갈등코칭의 평가__139
갈등해결__72, 73, 74, 164, 244
갈등해결의 기초 스킬__41
갈등해결의 접근방법__29
감사__257
감상적 듣기__47
감정(Emotion)__15, 119, 181
감정이입__120
강력한 질문(powerful questions)__121
강점탐구__111
강점탐구 과정__112
강점탐구의 질문__113
강제중재(binding arbitration)__39
개방형 질문__47
개별회의__288

개인 간 갈등__5, 30, 72
개인 간 협상__244
개인·라이프 코칭__57
개인적 갈등__6, 70
개인적 매력__180, 279
개인적 힘__174, 180
객관적 기준__288
거래 관계__164
거래형 협상__165
결과의 평가__270, 322
결렬점__223
결심__269, 321
결핍 효과(scarcity effect)__203
결합 회의__253
경력 코칭__331
경영자 코치__73
경영자 코칭__72
경쟁__217
경쟁적 협상__208, 209
경청__44, 52, 63, 65, 103, 108
경청 5단계__104
계약__64, 80, 247
계약 조건__82
계약 회의__253
고객(coachee)__56
고객 니즈__97, 147, 150, 258, 262, 305, 309
고객 목표__97
고객 목표 설정__150, 262, 309
고객 위임__76
고객 중심의 경청__106
고객의 감정__149
고객의 니즈__93
고객의 목표__245
고객의 역할__137, 295

고충처리제도__335
공감적 경청__103, 104, 105, 154
공감적 듣기__47
공감하기(empathizing)__120
공동 문제 진술__234
공동 문제해결__210
공동 이익__54
공동의 적__232
공유의 목표__219
공정성__131, 225
공통 이해__315, 317
공통의 목표__219, 237
공통의 이해__312
과잉약속(overcommitment)__203
과정 목표__6
과정검토회의(Process Review Meeting)__85
과정의 평가__269, 322
관계__67, 118
관계 목표__6
관계 형성__117
관계적 듣기__47
관계적 힘__174
관련성__179
관찰__124
광고__217
교섭__209
교착상태__11
교환(exchange)__182
구체적 쟁점__231
국가인권위원회__39
국제코치연맹(International Coach Federation, ICF)__126, 127
권리에 기초한 개입__38
권위__281

찾아보기 | 351

규범적 메시지__275
긍정적 문제해결__154
긍정적 의사소통__237
기법(Techniques, S)__203, 286
기본규칙__285
기준__285, 286
기준 설정__313, 318
까다로운 협상가__236, 237
끈기__180

➡ ㄴ

나비효과(Butterfly Effect)__17
난국(impasse)__210
내부 코치__82, 248
내적 갈등__30
높은 최대양보수준(reservation price, RP)__208

➡ ㄷ

다자 간 협상__252
단계(Steps, S)__203, 285
단면적 메시지__276
단호함(assertiveness)__184
대안(alternative)__166, 167
대안의 개발__205
대안의 평가__205
대안적 분쟁해결(代案的 紛爭解決, Alternative Dispute Resolution, ADR)__38, 39, 70, 71
대응 제의(counter offer)__200
대한상사중재원__39
동기 유발__220
동태적 의사결정 과정__165
두려움__277

듣기(경청) 5단계__103
듣기__67, 103

➡ ㄹ

라운드로빈식__43
라포(rapport, 친밀감) 형성__91, 146, 257, 305
라포__183
레버리지(leverage)__201
리더십 개발 코칭__73
리허설__101, 153, 268, 269, 320

➡ ㅁ

매력적 제안__275
매슬로__6
매슬로의 욕구 5단계__60, 61
맥락적 경청__106
메시지__274
메시지 구조__274, 276
메시지 내용__274, 275
메시지 전달 유형__274, 276
메타 협상(meta-negotiation)__199
메타커뮤니케이션__65
멘토링(mentoring)__58
면대면 의사소통__70
명료화__107
명성__225
명시적 협상__200
명확화__108
목표__68
목표의 평가__297
몰입__280
무형 요소__224
묵시적 협상__200

문제__63
문제해결__73, 187
문제해결 기법(problem-solving technique)__34
문제해결 능력__219
문제해결식 협상__164, 165
문제해결형 질문__237
문화적 상황__78
미국 연방조정알선청(Federal Mediation and Conciliation Service, FMCS)__188
미래 계획__337
미래 전망__115, 116

➡ ㅂ

반사적 분석__337
반응(Response)__15
방아쇠(Trigger) 행위__15
변화 촉진__62
변화관리 과정__115
변화관리 기법__114
복합 이해__315
복합적 협상__221
복합적 협상 전략__264, 265, 266, 314, 316
본 협상__200
부모 코칭__57
부부와 가족 코칭__57
분노 조절__96
분배의 공정성__218
분배적 개입(distributive engagement)__26
분배적 전술__235
분배적 협상(distributive negotiation)__35, 187, 189, 190, 191, 192, 194, 195, 198, 207, 210, 221
분배적 협상 사례__195
분배적 협상 전략__193, 263, 265, 309
분쟁__78
분쟁 평가__254
불신__216, 224
브레인스토밍__41, 54
브레인스토밍 기법__98
브레인스토밍 기본규칙__43
비밀 정보__80
비밀유지__77, 83, 129, 132, 138, 247, 248, 295
비선형 협상 과정__215
비열한 수법__235
비영합 게임(nonzero-sum game)__191
비용편익 분석(cost-benefit analysis)__33
비용효과 분석(cost-effectiveness analysis)__32
비위 맞추기(ingratiation)__183
비윤리적 전술__218, 219
비윤리적 행동__218
비재량(non-judgmental)__131
비전개발(visioning)__113, 114
비정형 모델__61
비즈니스 코칭__56
비판적 듣기__47

➡ ㅅ

사전 교섭__203
사전 협상__198, 199
사전준비 단계__198
사회 스타일__22
사회적 스타일 모델__23
사회적 증거__281

살라미 전략__231
상대방__227
상대방과의 관계__265
상대방에 대한 인식__261
상대방의 BATNA__273
상대방의 관점__220, 279
상대방의 이해관계__234
상대의 관점__262
상대의 역할__268
상위 목표__232
상호 신뢰__317
상호 의사소통__165
상호 이득 옵션 평가__290
상호 이익__198
상호관계__96, 192, 315
생애 코칭__73
서면계약서__304
서사 이론(narrative theory)__115
선례의 문제__231
설득(persuasion)__181, 242, 274, 275, 278
설득력__278
설득의 단계__237
설명__335
성격 스타일__18, 20
성공적 협상__214
성과__179
성취__68
세미나 후 세션__252
소극적 반응__276
손을 떼라__222
송신자가__274
수신자__274
수신자 요소__279
승승(win-win)__171

승진 연봉협상__329
승패(win-lose)__13, 171
신뢰(trust)__67, 117, 118, 216, 224, 265
신뢰 제스처__228
신뢰의 개발__311
신입사원 연봉협상__329
신중성 기준__217
실용성 기준__217
실질적 목표__6
심리적 요소__96

➡ ㅇ

아시아태평양조정포럼(Asia Pacific Mediation Forum, APMF)__330
아이디어__291
아이디어 차팅__290
아이스브레이킹__91, 257
안전수준(security level)__199
압력(pressure)__185
애널리스트__302
액션플랜__68, 99, 265, 316
액션플랜 로지스틱__100, 152, 267, 319
액션플랜 수립__152
양면적 메시지__276
양보 전략__202
어려운 협상가__235
언론중재위원회__39
역지사지__228, 229
역지사지 기법__96
역할연기__243, 268
연방조정알선청(FMCS)__204
연봉협상__327
연봉협상 코칭__327, 328, 332
연합(coalition)__185, 224

연합의 목표__219
영향 전략__175, 181
영향력__175
온라인 분쟁해결(Online Dispute Resolution, ODR)__329
온라인 코칭 과정__331
옴부즈맨__70
옴부즈맨 준비하기__336
옵션__167, 285
옵션 개발__313, 318
옵션 순위 평가 차트__289
옵션 평가 매트릭스__288
외부 코치__82, 248
외적 갈등__30
요구__63, 235
욕구__6
원칙(Principles, P)__203, 283
원칙 협상(principled negotiation)__187, 188
원칙에의 합의__275
원칙의 고수__223
원칙의 문제__231
위협__235, 277
윈윈(win-win)__12
윈윈 협상(win-win negotiation)__35, 165, 188, 203, 235
유동성의 탄력__223
유연성__179, 311
윤리 기준__77
윤리적 기준__217
윤리적 행동규범(codes of ethical conduct)__126, 127, 134, 135
은유(metaphor)__109, 277
의뢰서(retainer letter)__83, 248
의미상 해결 방안__234

의사소통__23, 200, 244
의사소통 스타일__257
이미징(imaging)__229
이상적인 상황__233
이윤__217
이익기반 교섭(interest-based bargaining, IBB)__189
이해__285, 312
이해 조사__312
이해관계__31, 50, 165, 168, 170, 191, 204, 209
이해관계 충돌__128, 132
이해기반 협상(interest-based negotiation, IBN)__188, 203
이해에 기초한 개입__38
이해에 기초한 협상(interest-based negotiation)__36
이해의 탐구__317
인정(acknowledgment)__109
인터뷰 코칭__331
일관성__225
일방을 위한 문제해결__84
일방적 행동__228
입장 교섭__231
입장 협상(positional negotiation)__187
입장에 기초한 협상(position-based negotiation)__35

➡ ㅈ

자각(自覺)을 촉진__62
자기결정(self-determination)__92, 130, 135, 258
자기결정 원칙__119
자기결정권__172

자기결정권 원칙__97, 263
자기중심적 경청__105
자발성__131, 138, 247, 296
자신감__102, 154, 269, 321
자신의 이해관계__234
자원의 통제__177
자유토론식__43
자율성__172
자율적 해결__28
잠재적 갈등__11
재구성__108
쟁점__204, 285
쟁점 관리 방법__230
쟁점 식별__312
쟁점의 숫자__230
쟁점의 식별__317
적극적 듣기(Active Listening)__44, 45, 94, 260
적극적 참여__276
적합성__82
적합성 조사__78, 145
전략 코칭__73
전략의 고수__223
전문성의 힘__177
전자 플립차트__292
전통적 협상(traditional negotiation)__187
절차 모델__84
정보 교환__202, 209
정보의 힘__176
정의__217
정직__180
정체성__6
정합 게임(positive-sum game)__191
제3자에 의한 해결__29
제3자의 개입__40

제로섬 게임(zero-sum game)__191
제안__67
제안 체계__235
제의(offer)__200
조사__335
조정(調停, mediation)__38
조정__31, 32, 39, 73, 74, 258
조정 준비하기__336
조직변화 코칭__73
조직분쟁 체계__77
조직분쟁체계설계(Organization Dispute System Design, ODSD)__334
존중__172
종료 마무리__209
종합갈등코칭__70
좋아함__281
주관적 기준__288
준비__336
중심 위치__179
중재(仲裁, arbitration)__31. 38, 39
중재 준비하기__336
직관__67
직업적 행동__128, 133
질문__63, 65, 108
집단 간 갈등__30
집단적 협상__244

➡ ㅊ

차원의 숫자__233
차트 기록자__292
참여__279
천연자원 협상__252
체계 접근__337
체면 목표__6

촉진 기술__76
총체적 경청__106
최대양보(Reservation)__166
최대양보가치__166, 167
최대양보선__223, 271, 272
최대양보수준__199
최대양보점__192, 311, 318
최선 협상 전략__264, 315
최선의 시나리오__98, 150, 151
최선의 옵션__99
최저선(bottom line)__208
추종 전략__280
출처__274
출처의 사람 유형__278
출처의 신뢰성__278
출처의 자격__278
충분조건__169
친밀감__117, 183, 202, 216
친화력(friendliness)__183
침묵의 중요성__123
칭찬(praise)__109, 184, 257

➡ ㅋ

카운슬링(counselling)__58, 79
카타르시스__260
커리어 코칭__57
커리어·학습 코칭__57
커뮤니케이션__7, 44, 96, 165, 170, 242, 261, 268, 308
커뮤니케이션 스킬__247
컨설팅(consulting)__59
코엑티브 코칭(coactive coaching)__105
코치(coach)__55
코치의 역할__137, 294

코치의 평가__158, 300, 325
코칭(coaching)__55, 56, 72
코칭 계약서__248
코칭 기간__81, 246
코칭 성과의 평가__157, 298, 324
코칭 안내__92, 146, 305
코칭 오프닝__91, 146, 305
코칭 의뢰__248
코칭 정신__66
코칭 준비지수(coaching readiness index)__80, 146
코칭 클로징__101, 153, 267, 320
코칭 회의__81, 246
코칭 후 결과__154
코칭의 성공원칙__66
코칭의 평가__269, 321
코칭의 효과성__156
콘피게레__4

➡ ㅌ

타협(compromise)__171, 200
탐구형 질문__47
테라피__79
토머스(Thomas)-킬먼(Kilmann)__202
토머스-킬먼의 갈등관리 모형__25
통상적 연봉인상__329
통합갈등관리체계__335
통합적 개입(integrative engagement)__26
통합적 관점__229
통합적 시각(Meta-view)__108
통합적 체계__233
통합적 협상(integrative negotiation)__35, 187, 188, 189, 190, 191, 193, 194, 195, 203, 207, 210, 221, 232

통합적 협상 사례__196
통합적 협상 전략__263, 265, 266, 312, 316
통합적 협상 촉진법__219

➡ ㅍ

파트너십__64
패러독스__223
패패(lose-lose)__12, 171
편의적 친화력__183
평가__215
평가 기준__205, 286
평가 도구__81, 247
평등__172
평판__179
포괄적 듣기__47
프라이버시__129
플립차트__290
피드백__65, 67, 101, 123, 124, 153, 255, 268, 320
필수성__179
필요조건__169

➡ ㅎ

하버드 비즈니스스쿨__214
하버드대학교 협상 프로그램(Program on Negotiation)__188
학습 코칭__57
합리성__225
합법성(legitimacy)__183
합법성의 힘__178
합의__51, 273
합의 가능 영역__166
합의도출__50, 52

합의도출의 절차__53
합의문__210
합의안__206
합의안의 도출__206
합의의 대안__273
합의의 정당성__237
해결__285
해결 방안__313, 319
해결 탐구__65
행동규범__126
행동패턴__18
행위규범__200
협력적 관계__245
협력적 협상__209, 242
협상__31, 35
협상 7단계__210
협상 결과__201
협상 계획__254
협상 과정 사례__212
협상 기본 구조__221
협상 기술 향상__251
협상 단계__285
협상 산출__201
협상상황 분석__260, 307
협상상황 파악__259, 306
협상 스킬 훈련__332
협상 시작하기__250
협상 자원(negotiation resources)__170
협상 쟁점__231
협상 전 단계__285
협상 전략__263
협상 절차 비교__207
협상 절차의 7단계 비교__211
협상 준비__198, 214, 215
협상 준비 세미나__304

협상 코치__242
협상 파괴__227
협상 행동__247
협상력(negotiation power)__170
협상력__174
협상력 원천__175
협상력의 원천__261, 308
협상안__201
협상의 10가지 성공 법칙__220
협상의 7요소__169
협상의 개념__163
협상의 결과__171
협상의 구성요소__169
협상의 배경__302
협상의 성공__245
협상의 원인__307
협상의 윤리__217
협상의 조건__167
협상의 효용성__171
협상적 합의의 최선 대안__165
협상지도협회(Negotiation Guidance Associates, NGA)__241, 249
협상코칭__241, 244, 245, 247, 249, 257, 294
협상코칭 계약서__293

협상코칭의 개념__242
협상코칭의 요소__244
협상코칭의 정의__242, 244
협상코칭의 준비__304
협상코칭의 평가__296
협상할 인센티브__308
협약서 작성__206
협의(consultation)__184
호감의 법칙__216
호기심__67
호혜성__280
환경적 경청__106
환경적 힘__174
회의 예약__138, 295
회피(avoidance)__26
효과적 듣기(effective listening)__46, 183
효과적 듣기의 8가지 단계__47
효율성의 원칙__76
후속코칭__139, 296
희소성__281
힘(power)__174
힘에 기초한 개입__37
힘의 원천__176
힘의 적용__181

■ 영문

➡ A

ADR 옵션__77
ADR__335
Amadei 모델__88
APEX__331

➡ B

BATNA__165, 166, 199, 208, 222, 238, 261, 271, 272, 273, 308, 310, 318
Brahm 모형__10

➡ C

CAOS Conflict Management__330
CCC 모델__86
CERT 모델__85
CINERGY 갈등관리 코치 윤리행동규범__130
CINERGY 모델__6, 87, 126
consensus building__50

➡ E

Expert Academy__334

➡ F

FMCS(Federal Mediation and Conciliation Service, 미국 연방조정알선청)__42

➡ G

GRIT__228

➡ I

"I" 메시지__48
IIOSS 단계__285

➡ K

KMD Solutions__327

➡ M

MBO__318, 319
MBTI__20
Myers Briggs 유형지수(MBTI)__18

➡ N

Negotiation Coach__332
NGA__242
nonzero-sum game(비영합 게임)__189

➡ O

OASDAC 모델__89, 90, 146
OASDAC-N 모델__305
OASDAC-N 협상코칭 절차 모델__255
ODSD__335

➡ P

PACS__62
PAST 모델__203
PAST__283
pocketconflictcoach__331
positive-sum game(정합 게임)__189
PS1 모델__84

➡ R

Robbins & Judge의 갈등과정 모형__13

➡ S

Scott Docherty__331
Scotwork__333

➡ T

TER Conflict Dynamics Model__16
TER 갈등 동태 모델__15, 16
TER 나비 모델__17
TER 모델__16

W

win-lose game(승패 게임)__189
win-win game(윈윈 게임)__189

Y

Yes-No-Maybe-If Combined__287

"You" 메시지__48

Z

zero-sum game(영합 게임)__189
ZOPA__166

생각해볼 점 정답

1-1 정답

1. 방해를 받게 되면 갈등이 발생하게 되는 네 가지 목표는 실질적 목표, 과정 목표, 관계 목표, 체면 목표이다.
2. 개인 간 갈등이란 '자신의(기본 욕구) 중 하나 또는 그 이상이 상대방에 의해(방해)를 받았다고(인식)하는 상황'으로 정의한다.

1-2 정답

1. 일반적으로 갈등의 해소 기간이 짧을수록 바람직하다. 그러나 당사자들이 모두 다 만족하는 경우를 전제한 것이고 그렇지 않을 경우에는 갈등 해소 기간이 조금 길더라도 당사자의 만족이 더 중요할 수 있다.
2. 중립적인 제3자의 활용: 스스로 해결이 어려울 경우 조정인, 중재인 등 중립적인 제3자의 도움을 받으면 효과적으로 갈등 경로를 바꿀 수가 있다. 또한, 갈등해결에 핵심 열쇠를 가지고 있는 사람이나 후원자 등의 도움을 받는 것도 경로변경의 요소가 된다.

1-3 정답

1. 유순한 사람은 추진하는 사람이 폭력적이라고 생각하는 반면 추진하는 사람은 유순한 사람을 느리고 무능한 사람이라 생각하기 때문이다. 스타일 차이를 밝히는 것은 서로 존중하게 하고 생산성을 높일 수 있다.
2. 토머스-킬먼의 갈등관리 모형 중 타협은 갈등관리 세 가지 스타일에서는 분배적 개입의 한 전략이거나(상호 차이를 반분하기), 통합적 개입이 실패할 때 후퇴하는 입장으로 해석할 수 있다.

1-4 정답

1. 갈등 상담과 갈등코칭이 있는데 상담이 갈등의 어려움을 겪고 있는 당사자를 안정시키고 도움이 될 만한 자문적 의견을 제시해 주는 데 비해서 코칭은 한 당사자가 자신이 원하는 바대로 갈등을 해결할 수 있도록 촉진하고 자신이 변화하여 그러한 목표를 달성하도록 도움을 주고 훈련하는 방식이다.
2. 힘에 기초한 개입, 권리에 기초한 개입, 그리고 이해에 기초한 개입의 세 가지 접근방법이 있으며 힘에 기초한 개입으로는 외부 폭력, 권리에 기초한 개입으로는 재판, 이해에 기초한 개입으로는 조정과 중재가 있다.

1-5 정답

1. 효과적 듣기와 적극적 듣기의 차이점은 적극적 듣기가 화자가 말하는 모든 메시지, 즉 내용, 감정, 및 생각을 모두 잘 파악하기 위해 듣고 상대에게 확인하는 듣기인 데 반해서 효과적 듣기는 상황에 따라 여러 가지 듣기 스킬을 선택하여 듣고 분석하고 해석하여 어떻게 반응할지를 선택하는 것이다.
2. 합의의 장점 중 과정에 해당하는 것은 다음 세 가지이다.
   - 그룹의 모든 구성원이 참가하여 결정한다.
   - 모든 참가자의 아이디어를 경청한다.
   - 거래가 아니다.

   합의의 장점 중 결과에 해당하는 것은 다음의 세 가지이다.
   - 수용성이 강하다.
   - 실행이 빠르다.
   - 저항을 감소시킨다.

2-1 정답

1. 멘토링은 경험이 다른 두 사람 간의 전문적 관계인데 유경험자가 무경험자에게 지혜, 숙련, 지식을 전수해줌으로써 무경험자의 전문적 성장을 지원해주는 관계이다. 이에 반해 코칭은 코치가 고객으로 하여금 비직접적 학습과 개발을 통해 성과를 제고할 수 있도록 도와주는 전문적 관계이다.
2. 코칭의 세 가지 핵심적 가치는 원하는 것을 이룰 수 있는 가치, 변화를 촉진하는 가치, 스스로 깨우치게 하는 가치이다.

2-2 정답

1. 갈등코칭이란 코치가 갈등상황에 있는 고객으로 하여금 갈등을 해결할 스킬과 전략을 구사하는 능력을 개발하도록 지원하는 양자 간의 1대1 의사소통을 말한다.
2. 고객은 코치가 고객의 목표 달성을 도와줄 뿐 아니라 건설적인 방법을 제공하고, 상호 합의된 시간과 장소에서 만나 대화하고, 단계적 절차를 사용하고, 고객의 코칭이 진척되고 있는가를 정기적으로 점검해줄 것으로 기대한다. 한편 코치는 고객이 자신의 갈등과 목표에 관한 정보를 공유할 의지와 정직성을 기대하고 협력적 관계를 기대하고, 불편한 사항이 있으면 문제를 개선하기 위해 코치에게 알려주기를 기대한다.

2-3 정답

1. OASDAC 모델의 단계
   1단계: 코칭 오프닝(Opening Coaching)
   2단계: 갈등상황 분석(Analyzing Conflict)
   3단계: 고객 목표 설정(Setting Goal)
   4단계: 최선의 시나리오 개발(Developing Best Scenario)
   5단계: 액션플랜 수립(Action Planning)
   6단계: 코칭 클로징(Closing Coaching)

2. 고객은 자신이 달성하고자 하는 바람직한 목표에 대한 기대를 가지고 그 목표를 달성하기 위한 최선의 시나리오를 설계하고 이를 실천할 구체적인 액션플랜을 수립한 다음 충분한 리허설을 통해 자신감을 가지게 된다. 마치 준비된 오페라의 각본을 연기하는 충분한 리허설을 통해 공연의 자신감을 가지게 되는 것과 같다.

2-4 정답

1. 코엑티브 코칭(coactive coaching)의 3단계 경청은 다음과 같다.

   1단계 경청: 자기중심적 경청
   나는 상대방의 말을 듣지만 그 말이 나에게 어떤 의미가 있는가에 주의를 기울인다. 나의 생각, 판단, 느낌, 나 자신과 타인에 대해 내가 내린 결론에 집중한다.

   2단계 경청: 고객 중심의 경청
   이것은 듣는 사람이 상대방에게 주의 깊게 집중을 하며 듣는 방식이다. 고객의 말과 표정, 감정 그리고 고객이 제공하는 모든 것을 듣고 고객이 말하지 않은 것도 알아차린다.

   3단계 경청: 총체적 경청
   코치의 감각으로 관찰할 수 있는 모든 것, 즉 감정적인 것뿐만 아니라 촉각으로 보는 것, 듣는 것, 냄새 맡는 것, 느껴지는 것을 모두 포함한다. 고객의 에너지가 활기 넘치는지, 차분한지, 가벼운 상태인지, 통제되고 있는지 등을 감각적으로 알아차린다.

2. 공감적 경청의 코칭 스킬 5가지는 다음과 같다.

   1) 명료화(Articulating)
   명료화는 현재 무슨 일이 일어나고 있는지를 간단명료하게 묘사하는 능력이다.

2) 명확화(Clarifying)
명확화는 고객이 모호하거나 불완전한 생각에 빠져 있을 때 코치는 고객이 좀 더 명확하게 볼 수 있도록 도와주는 역할을 하는 것이다.

3) 통합적 시각(Meta-view)
통합적 시각 스킬은 고객이 틀에 박힌 생활을 하고 매우 편협한 시각을 갖고 있을 때 큰 그림을 보여주고 다른 관점을 가질 수 있도록 도와주는 것이다.

4) 은유(metaphor)
은유는 이미지와 경험을 도입해서 고객이 좀 더 빠르고 쉽게 이해할 수 있도록 도와주는 스킬이다.

5) 인정(acknowledgment)
인정 스킬은 고객의 내적 성품을 인정하고 고객의 존재 자체를 강조함으로써 고객이 어떤 존재인지를 설명해준다.

2-5 정답

1. 강점탐구는 결함을 토대로 한 변화과정이 아니라 강점을 토대로 한 변화과정을 실행하기 위해 조직이나 개인이 사용하는 도구이다. 강점탐구의 네 가지 절차는 다음과 같다.

   1) 현재의 최선을 인정하고 가치를 줌(what is)
   2) 가능성을 상상함(what might be)
   3) 목표에 대해 대화함(what should be)
   4) 해야 할 것을 혁신함(what will be)

2. 고객이 미래 전망을 이야기로 만들기 위해 코치가 해야 할 두 가지의 역할은 첫째, 고객이 중요하다고 생각하는 비전의 요소들이 무엇인지를 물어보고 식별해내도록 하는 역할과, 둘째, 고객이 현실로서 가지고 싶은 것을 묘사하고 현재의 한계에 구속되지 않도록 상기시켜 줘야 하는 역할이다.

2-6 정답

1. 공감하기(empathizing)는 갈등의 감정적 영향을 표현하고 싶은 고객을 돕는 중요성을 강조하는 스킬이다. 감정은 사람들이 갈등과 분쟁에 개입할 때 불가피하게 생기며 문제해결, 창의성, 의사결정에 영향을 미친다. 고객은 코치가 자신의 말을 듣고 공감함을 확실히 알게 되면 그 갈등 차원을 표현하고 경험을 반영하는 단어를 말하는 데 편안함을 느낀다.
2. 가능성 질문(possibility questioning)은 고객이 대안적인 견해를 고려하도록 자신의 관점을 숙고하고 재검토하게 해주는 질문이다. 가능성 질문은 고객이 자신의 상황과 상대방에 대한 생각과 느낌의 방법을 변화시키도록 도와준다.

3-1 정답

1. 국제코치연맹의 윤리적 행동규범의 5가지 조항은 직업적 행동 일반, 이해관계 충돌, 고객과의 직업적 행동, 비밀유지와 프라이버시, 지속적 개발이다.
2. 국제코치연맹과 CINERGY의 공통적 윤리적 행동규범 조항을 고려한 윤리적 행동규범을 제안하면 다음과 같다.
   - 이해관계의 충돌
   - 비밀유지
   - 자기결정
   - 자발성
   - 공정성
   - 지속적 개발
   - 직업적 행동

3-2 정답

1. 갈등코칭 계약서에 포함할 항목들은 코치의 역할과 책임, 고객의 역할과 책임, 비밀유지의 조건, 자발성, 회의 등이 있다.

2. 갈등코칭의 평가에는 목표의 평가, 코칭 성과의 평가, 코치의 평가 등 세 가지를 기본적으로 포함할 필요가 있다.

3-3 정답

1. 코칭을 시작하기 전에 코치는 코치와 고객의 역할과 책임, 비밀유지의 약속, 자발성, 코칭 기간과 회의 시간 등에 대해 설명하고 고객에게 동의를 받아야 한다.
2. 리허설에 대한 평가 차원에서 피드백용으로 제기할 질문은 다음과 같다.
   - 고객은 바람직한 성과를 내고 있는가?
   - 고객은 전달해야 할 메시지를 모두 포함하고 있는가?
   - 고객은 의도한 목소리와 태도를 유지하고 있는가?
   - 고객은 우연히 부딪히게 될 상황에 대처해서 의도한 변화를 만들고 있는가?
   - 고객은 상대에게 기대하는 도전적 메시지에 대해 반응하는 방법을 잘 수행하는가?

4-1 정답

1. 영어로 'The Best Alternative to a Negotiated Agreement'의 약자로서 '협상적 합의의 최선 대안'이라고 번역할 수 있다. 모든 협상 당사자는 상대방과의 합의에 이르지 못하면 가질 수 있는 대안이 있는데 현재 진행 중인 협상이 결렬되면 취할 수 있는 가장 최선의 대안이 바로 BATNA이다. 협상가는 BATNA보다 나쁜 합의는 절대로 해서는 안 된다는 점에서 BATNA는 협상의 기준점 역할을 한다.
2. 협상의 여섯 가지 구성요소는 당사자, 이해관계, 협상 자원, 커뮤니케이션, 협상력, 협상 결과이다.

4-2 정답

1. 협상력에서 힘의 원천으로 정보와 전문성의 힘, 자원의 통제, 합법성의 힘, 조직 구조에서 위치, 개인적 힘 등 다섯 가지가 있다.

2. 힘의 원천에 영향을 줄 수 있도록 실행하는 11가지 영향 전략은 다음과 같다.
   1) 설득, 2) 교환, 3) 합법성, 4) 친화력, 5) 비위 맞추기, 6) 칭찬
   7) 단호함, 8) 영감의 호소, 9) 협의, 10) 압력, 11) 연합

4-3 정답

1. 분배적 협상은 이해관계가 상반되어 있다는 기본 전제 하에 주어진 몫을 서로 많이 갖기 위해 서로 경쟁하고 승리하려는 전략을 사용하는 반면, 통합적 협상은 이해관계가 공통된 부분도 존재하고 동시에 상반된 부분도 공존한다는 전제에서 몫을 키우려면 협력 전략을 구사하고 다시 확대된 파이를 나누려면 경쟁 전략도 구사해야 한다.

2. 합의도출 과정에서는 분배적 협상이 자기 입장을 고수하기 위해 위협과 압력을 가하고 경합하여 승리하려고 하는 데 반해, 통합적 협상은 압력과 설득을 사용하고 객관적 기준에 따라 합의하도록 유도한다.

4-4 정답

1. PAST 모델 중 단계(Steps)에 해당하는 교섭 단계는 다음의 절차를 거친다.
   1) 쟁점의 리스트에 합의하라.
   2) 쟁점의 이해관계를 식별하라.
   3) 쟁점의 옵션을 개발하라.
   4) 수용 가능한 기준을 창조하라.
   5) 해결을 위해 기준으로 옵션을 평가하라.

2. 입장은 협상 쟁점에 대한 자신의 주장이고 이해관계는 그 주장의 숨어 있는 관심 사항을 말한다. 분배적 협상에서는 입장을 근거로 하여 승리하기 위한 논쟁, 설득, 위협 등 전략을 구사하는 데 반해 통합적 협상에서는 이

해관계를 근거로 하여 상호 이해관계를 충족시키는 대안 개발과 평가 전략을 구사한다.

4-5 정답

1. 비윤리적 전술을 사용했거나 사용하려고 하는 협상가는 그 전술의 세 가지 가능한 결과를 고려해야 한다. 비윤리적 전술은 목표 달성에 도움이 될 것인가? 비윤리적 전술은 미래에 상대방과의 관계에 영향을 줄 것인가? 비윤리적 전술은 자신의 평판에 영향을 줄 것인가? 간과하기 쉬운 사실은 비윤리적 전술이 단기적으로 원하는 것을 얻을 수 있지만 장기적으로는 문제가 생기며 효과성도 감소할 것이라는 점이다.
2. 통합적 협상을 촉진하는 방법으로는 공통의 목표를 찾기, 문제해결 능력에 대한 믿음, 상대방 입장의 타당성에 대한 믿음, 함께 일하도록 동기 유발 등 네 가지가 있다.

4-6 정답

1. 상대방이 감정적이고 공격적일 때 극복하는 방법은 역지사지와 이미징이다. 역지사지(role reversal)는 다른 사람의 관점에서 사물을 바라보도록 돕는 방법이다. 상대방이 무엇을 생각하고 느끼는지 정확하게 알 수는 없지만 상대방의 관점과 느낌에 대한 유익하고 놀라운 직관력을 가지게 된다. 이미징(imaging)은 다음 네 가지를 차례로 묘사해보도록 하는 것이다.
   1) 나는 스스로를 어떻게 보는지 묘사해보라.
   2) 나는 상대방을 어떻게 보는지 묘사해보라.
   3) 상대방은 나를 어떻게 본다고 생각하는지 말해보라.
   4) 상대방이 스스로를 어떻게 본다고 생각하는지 말해보라.
   당사자들은 이런 정보를 서로 교환해보면서 놀랍게도 양측의 묘사가 너무나 차이가 난다는 것을 알게 된다. 서로 오해와 편견을 명확하게 하고 수정할 수 있으며 서로 상대방의 진정한 욕구를 더 잘 이해하게 될 것이다.
2. 힘의 불균형이 있으면 개인적 욕구의 충족과 협력적 과정에 명백한 위험이 존재할 수 있다. 이럴 경우 네 가지의 대안을 구사할 필요가 있다.

- 스스로 보호하라.
- 자신의 BATNA를 개발하라.
- 우호적 협상가에 의한 경보시스템을 구축하라.
- 협상 파워의 불균형을 교정하라.

5-1 정답

1. 협상코칭의 요소는 다음과 같다.
   주체: 코치
   객체: 고객(개인, 집단)
   문제: 분쟁(협상 쟁점)
   목표: 해결(협상 성공)
   도구: 스킬, 전략
   대상: 고객 능력(자신감)
   방법: 1대1, 1대 다수 의사소통
   이 협상코칭 요소를 잘 결합하여 협상코칭의 정의를 다음과 같이 제시한다. "협상코칭이란 코치가 분쟁이나 쟁점에 대해 협상을 원하는 고객으로 하여금 협상을 성공적으로 완수할 스킬과 전략을 구사하는 능력을 개발하도록 지원하는 1대1 또는 1대 다수 의사소통을 말한다."

2. 갈등코칭과 협상코칭의 근본적 차이점은 갈등코칭이 갈등상황에서 갈등해결을 목표로 코칭을 하는 데 반해 협상코칭은 정해져 있는 협상의 틀에서 협상의 성공을 목표로 코칭을 하는 점이다. 경우에 따라서는 갈등코칭이 갈등해결을 목표로 한 협상에 의한 합의라면 협상코칭이 될 수도 있지만 협상코칭은 처음부터 주어진 쟁점에 대한 협상에 의한 합의를 지향한다. 또한, 갈등코칭이 주로 개인 간 갈등을 대상으로 하지만 협상코칭은 개인 간 협상뿐 아니라 집단 간 협상도 중요하게 다루고 있다는 점도 중요한 차이다.

5-2 정답

1. OASDAC-N 협상코칭 모델은 다음의 6단계로 이루어져 있다.
   1단계: 코칭 오프닝(Opening Coaching)
   2단계: 협상상황 분석(Analyzing Negotiation Context)
   3단계: 고객 목표 설정(Setting Goal)
   4단계: 협상 전략 개발(Developing Negotiation Strategy)
   5단계: 액션플랜 수립(Action Planning)
   6단계: 코칭 클로징(Closing Coaching)

2. 4단계 협상 전략 개발은 세부 두 단계로 나뉜다.

1) 협상 전략 옵션 개발
   분배적 협상 전략과 통합적 협상 전략의 두 가지 기본 협상 전략과 이들을 혼합한 복합적 협상 전략 등 세 가지 협상 전략 옵션을 개발하여 비교할 수 있도록 준비한다.

2) 최선 협상 전략 선택
   분쟁의 쟁점에 대한 이해관계가 서로 상충된다면 분배적 협상 전략을 선택하고 공통의 이해관계가 많을수록 통합적 협상 전략을 선택하는 것이 바람직할 수 있다. 상대방과의 관계가 중요하고 신뢰가 필요하다면 통합적 협상 전략을 선택해야 하고 그렇지 않으면 분배적 협상 전략을 선택해도 상관없다. 이해관계가 상충되는 면도 있고 공통적인 부분도 있는 경우와 상대방과의 신뢰 관계가 협상의 결과에 따라 미래에 중요할 수도 있는 경우에는 복합적 협상 전략을 선택하여 상대방의 협상 전략과 그 강도에 따라 분배적 또는 통합적 전략을 유연하게 구사하면 된다.

5-3 정답

1. 최대양보선과 BATNA는 다음과 같은 역할을 한다.
   최대양보선을 채택하는 것은 몹시 나쁜 합의를 수용해야 할 상황에서 자신을 보호하는 역할을 하지만 창조적 안을 만들지 못하게 하고 또한 수용하는 것이 현명할 수도 있는 해결 방안에 합의하지 못하게 할 수 있다.

반면 BATNA는 협상가가 거부해야 할 합의를 수용하지 못하게 자신을 보호함과 동시에 수용해야 할 합의를 거절하지 못하게 자신을 보호하는 합의의 측정 역할을 한다.

2. 설득의 추종 전략으로서 Robert Cialdini의 6가지 원칙은 호혜성(Reciprocity), 몰입(Commitment), 사회적 증거(Social Proof), 좋아함(Liking), 권위(Authority), 희소성(Scarcity)이다.

5-4 정답

1. PAST 모델에서 원칙(Principles, P)은 다음과 같다.
   1) 성격이 아니라 쟁점(issues)에 집중하라.
   2) 입장이 아니라 이해(interests)에 집중하라.
   3) 상호 이익(mutual gain)을 추구하라.
   4) 성과를 결정할 공정한 방법(fair method)을 사용하라.
2. 아이디어 차팅(idea charting)은 참가자들의 주의를 집중시키고 개인이나 집단의 아이디어를 외부화하고 집단 토의의 기록을 제공하기 위해 플립차트 종이에 아이디어를 작성하는 것을 말한다.

6-1 정답

1. 협상코칭 계약서에는 코치의 역할과 책임, 고객의 역할과 책임, 비밀유지의 조건, 자발성, 회의 등이 포함될 수 있다.
2. 코칭이 바로 끝난 직후에 목표가 달성되었는지 평가해볼 수 있고 코칭이 종료된 후 수 주 이내 단기적으로 성과와 관계 등을 평가해 볼 수 있으며 몇 개월이 지난 시점에 follow-up coaching을 평가해 볼 수 있다. 지나치게 평가를 많이 하는 것은 고객에게 부담이 될 수도 있기 때문에 코칭이 종료된 후 성과와 관계에 대한 종합적인 평가를 한 번 정도 해볼 필요가 있다. 평가 항목은 목표의 평가, 코칭 성과의 평가, 코치의 평가를 포함한다.

6-2 정답

1. 협상코칭을 시작하기 전 준비 과정으로 다음의 세 가지를 하게 된다.

1) 코치는 고객의 개인적 배경에 대해 간단한 의견을 나누고 협상코칭의 적합성 조사를 한다. 코치는 협상코칭을 설명하고 코치와 고객의 역할도 설명한다.

2) 고객은 협상코칭에 대한 개략적 설명을 듣고 서면계약서를 작성하고 서명한다. 계약서에는 협상 준비 세미나의 이수, 코치와 고객의 역할과 책임, 비밀유지의 약속, 자발성, 코칭 기간과 회의 시간 등이 포함되어 있다.

3) 협상 준비 세미나는 협상코칭 시간과 횟수와 상관없이 별도의 날짜에 실시하고 4~8시간으로 진행되며 협상의 개념과 가치, 협상의 전략과 전술, 협상의 표현 스킬 등의 주제에 대해 설명하게 된다.

2. 만약 고객이 복합적 협상 전략을 선택한다면 액션플랜은 통합적 협상 전략을 구사하기를 시도해보고 상대방이 호응을 하면 통합적 협상 전략을 진행하고 상대방이 호응하지 않고 분배적 협상 전략을 고수한다면 같이 분배적 협상 전략을 진행하는 액션플랜을 수립해야 한다. 그래서 사실은 통합적 협상 전략과 분배적 협상 전략의 액션플랜을 모두 준비해야 한다. 특히 공통 이해와 상호신뢰 및 협력 관계를 강조하고 통합적 협상 전략을 리드하면서 상대방의 반응을 주시해야 한다.

6-3 정답

1. 연봉협상은 세 가지의 경우에 실시하게 되는데 신입사원 연봉협상, 통상적 연봉 또는 임금인상 협상, 승진 연봉협상을 포함한다. 신입사원 연봉협상에서는 기업이 고객을 채용하기로 먼저 결정한 다음 연봉을 협상하게 된다. 통상적 연봉인상에서 임금인상을 협상할 경우는 다음과 같은 시기에 연봉인상을 요구하는 것이 가장 적기이다.
    - 회사가 양호한 재무 성과를 발표한 다음
    - 차기년도의 예산을 책정하기 전
    - 경쟁사에게서 채용 제안을 확보했을 때

- 주요 프로젝트를 성공적으로 완성했을 때

승진 연봉협상은 지위 상승이 있을 때나 추가적 업무에 대한 보상을 받아야 할 때 실시된다.

2. 갈등코칭의 6가지 기능은 조사, 설명, 준비, 체계 접근의 선택과 시기, 반사적 분석, 미래 계획이 그것이다.

저자 **원 창 희** (元昌熙, Won, Chang Hee)

[학력]
고려대학교 경영대학 경영학학사(1975.3~1979.2)
고려대학교 대학원 경제학석사(1979.3~1981.8)
미국 오하이오주립대(The Ohio State University) 경제학박사(1983.9~1988.9)

[경력]
한국국방연구원 연구위원(1989.3~1995.10)
한국노동교육원 교육본부장, 교수(1995.1~2009.2)
숭실대 노사관계대학원 겸임교수(2005.9~2007.8)
한국노동경제학회 부회장, 이사(2006.2~2013.1)
서울지방노동위원회 공익위원(2007.6~2012.11)
국회 환경노동위원회 전문위원(2009.3~2012.2)
한국노사관계학회 부회장(2011.7~2012.6)
한국기술교육대학교 고용노동연수원 교수실장(2012.3~2017.12)
아주대학교 경영대학원 겸임교수(2012.3~2017.12)
경기지방노동위원회 공익위원(2015.3.~2018.2)
한국조정중재협회 부회장(2007.9~현재)
서울중앙지방법원 조정위원(2014.1~현재)
서울가정법원 조정위원(2015.1~현재)
고려대학교 노동문제연구소 연구위원(2018.2~현재)
9th Asia Pacific Mediation Forum(APMF) Conference 준비위원장(2018.3~현재)
인천재능대학교 마케팅경영과 초빙교수(2018.9~현재)
한국갈등조정가협회 회장(2019.3~현재)

[저서]
FMCS노사분쟁조정기법(중앙노동위원회, 1999)
노사간 신뢰구축의 길(공저, 나남출판사, 2004)
노동분쟁의 조정: 이론과 실제(법문사, 2005)
사례로 배우는 대안적 분쟁해결: 협상조정중재(이지북스, 2009)
필수유지업무와 노동법(공저, 한국학술정보, 2010)
갈등관리의 이해(한국문화사, 2012)
직장인 행복서(인더비즈, 2014)
협상조정의 이해(한국문화사, 2016)

[논문]
노사분규 원인과 효과적 예방기법(노동경제논집, 1999)
우리나라 노사관계 질적 수준의 결정요인과 과제(노동경제논집, 2000)
노사분쟁의 예방적 조정(산업관계연구, 2003)
예방적 조정제도의 도입방안(조정과 심판, 2003)

고용분쟁해결의 ADR식 접근방법(산업관계연구, 2009)
고충처리의 ADR식 해결방법(산업관계연구, 2011)
한국형 통합갈등관리체계(산업관계연구, 2011)
성공적 노동분쟁해결의 핵심 요소(공저, 조정과 심판, 2013)
자문적 조정제도 도입과 중소기업 갈등 관리(노사공포럼, 2014)
지역고용서비스에서의 지방정부역할(한국노동경제학회, 2015)
Dispute Resolution System and Practices in Korea(Asia Pacific Mediation Forum, 2017)

갈등코칭과 협상코칭

1판 1쇄 발행 2019년 5월 20일

지은이 | 원창희
펴낸이 | 김진수
펴낸곳 | 한국문화사
등 록 | 1991년 11월 9일 제2-1276호
주 소 | 서울특별시 성동구 광나루로 130 서울숲 IT캐슬 1310호
전 화 | 02-464-7708
팩 스 | 02-499-0846
이메일 | hkm7708@hanmail.net
웹사이트 | www.hankookmunhwasa.co.kr

ISBN 978-89-6817-765-1 03330

· 이 책의 내용은 저작권법에 따라 보호받고 있습니다.
· 잘못된 책은 구매처에서 바꾸어 드립니다.
· 책값은 뒤표지에 있습니다.

· 이 도서의 국립중앙도서관 출판예정도서목록(CIP)은 서지정보유통지원시스템 홈페이지
  (http://seoji.nl.go.kr)와 국가자료종합목록시스템(http://www.nl.go.kr/kolisnet)에서
  이용하실 수 있습니다. (CIP제어번호: CIP2019018381)